열매 없는 목회, 7가지를 점검하라

7 Challenges Pastors Face

© 2008 by David Horner

Originally published in English under the title *7 Challenges Pastors Face* by Baker Books, a division of Baker Publishing Group, Grand Rapids, Michigan, USA.
All rights reserved.

This Korean translation edition © 2021 by Timothy Publishing House, Inc., Seoul, Republic of Korea
Translated and used by permission of Baker Publishing Group, Grand Rapids, MI 49516, USA.

이 한국어판의 저작권은 Baker Publishing Group과 독점 계약한 (주)도서출판 디모데에 있습니다. 신 저작권법에 의하여 한국 내에서 보호받는 저작물이므로 무단 전재와 무단 복제를 금합니다.

열매 없는 목회, 7가지를 점검하라

1쇄 발행 2021년 12월 20일

지은이 데이비드 호너
옮긴이 김진선
펴낸이 고종율

펴낸곳 주)도서출판 디모데〈파이디온선교회 출판 사역 기관〉
등록 2005년 6월 16일 제 319-2005-24호
주소 서울특별시 서초구 서초대로 141-25(방배동, 세일빌딩)
전화 마케팅실 070) 4018-4141
팩스 마케팅실 031) 902-7795
홈페이지 www.timothybook.com

값 18,000원
ISBN 978-89-388-1682-5 (03230)
ⓒ 2021 도서출판 디모데 All rights reserved. 〈Printed in Korea〉

열매 없는 목회, 7가지를 점검하라

데이비드 호너 지음
김진선 옮김

하나님이 맡겨주신 사역을 감당할 때
변함없는 지지와 기도로 함께해주고,
이 책이 나오기까지 한결같이 도움을 준
아내 캐시에게 이 책을 드립니다.

이 책을 준비하고 편집하는 데 수고를 아끼지 않은
다이애나 매틱스와 제니퍼 샤프에게 감사의 말을 전합니다.

차례

들어가는 글　　　　　　　　　　　　　　　　　　9
서론_만족감이 없는 사역　　　　　　　　　　　　13

1부　목회에 대한 부르심 공고히 하기
　1장. 쫓겨 다니는 존재인가, 소명을 받은 존재인가?　29
　2장. 사역의 균형점 찾기　　　　　　　　　　　39

2부　비전을 선명하게 하기
　3장. 거룩한 비전이 없는 사역　　　　　　　　69
　4장. 균형 잡힌 비전의 개발　　　　　　　　　91

3부　사역 팀 구성하기
　5장. 팀 사역에 대한 하나님의 계획　　　　　113
　6장. 효과적인 팀을 구축하는 비결　　　　　133

4부　진정한 겸손함 기르기
　7장. 꼭 필요한 겸손이라는 자질　　　　　　161
　8장. 겸손한 마음을 지켜내기 위한 싸움　　　173
　9장. 겸손에 뿌리내린 삶　　　　　　　　　195

5부 실수와 잘못을 통해 성장하기
- 10장. 실수를 고백하는 훈련   213
- 11장. 실수와 잘못을 통해 배우기   229
- 12장. 목회자를 향한 공격   245
- 13장. 인신공격에 대처하는 법   265

6부 목회자와 교회가 변화를 맞이할 자세 갖추기
- 14장. 변화의 적절한 시기 파악하기   293
- 15장. 변화를 도모하기 위한 모범 보이기   311

7부 영혼의 메마름과 싸우기
- 16장. 영혼이 메마르고 있는 징후 인지하기   337
- 17장. 영혼이 메마르는 원인   351
- 18장. 영혼을 회복시키시는 하나님을 의지하기   373
- 19장. 그리스도의 영광을 드러내는 목회자   389

부록   391

들어가는 글

　　이 책을 집필하는 작업에 착수했을 때는 1998년 여름이었다. 그 뒤로 무려 6년이 흐른 뒤에도 초고를 완성하지 못하리라는 사실을 당시에는 알지 못했다. 그때는 몰랐지만, 주님은 집필 기간이 지연된 것을 오히려 기회로 사용하셔서 가장 최신 사례와 예화를 이 책에 수록할 수 있게 해주셨다.

　　그런 시간을 거치면서 우리 가족은 성장했고, 캐시와 나는 30년이 넘도록 인생의 동반자로서 생사고락을 함께하고 있다. 현재 섬기는 교회는 노스캐롤라이나 롤리에 있는 프로비던스 침례교회로, 우리 교회는 그동안 근본적인 변화를 경험했다. 계속 교인 수가 증가했고, 그리스도의 은혜로 온 회중의 삶에 변화가 일어났으며, 인격적 변화도 두루 경험했다. 교회의 20회, 25회 기념일은 하나님의 신실하심을 확인하는 놀라운 이정표 역할을 했다. 이 책을 집필하는 중에 우리는 새 교회를 개척하여 300명이 넘는 건강한 교인을 파송했다.

하나님은 나와 우리 가족과 교회에 형언할 수 없을 정도로 놀라운 은혜를 부어주셨다. 그렇다고 만사가 늘 형통하지는 않았다. 이 책의 대략적 얼개를 작성한 뒤 2년간은 목회자로서 가장 힘든 시간을 보냈다. 3개월의 안식 휴가를 마치고 복귀한 뒤, 그동안 생각할 수도 없었던 방법으로 여러 사역의 위기에 휘말려 너무나 고통스러운 시간을 보내야 했다. 낮에는 낮대로 힘들었고, 나의 능력에 대한 회의와 의문으로 뜬눈으로 밤을 새다시피 하는 날이 허다했다. 과연 앞으로 목회자로 살아갈 수 있을지 의구심이 사라지지 않았다.

이 모든 일을 겪으면서 나는 힘든 사역 환경 속에서 균형 잡힌 신앙생활을 유지하고 더욱 견고하게 하는 방법에 관한 책을 집필해야겠다는 의지를 다졌다. 그리스도를 더욱 의지하여 살아가는 법을 배우면서 나는, 나를 위해 하나님이 무엇을 준비해두셨는지 보여달라고 더욱 주님을 의지하며 구했다. 이 책에 수록된 원리나 관찰 내용은 도서관이나 교실에서 공부하고 얻은 결과물이 아니다. 오랜 기간 개인적으로 학습한 경험, 사유와 기도의 결과물이다. 목회자로서 30년 넘게 살아온 나는 시행착오를 겪으며, 일반적이고 전형적인 연구로는 절대 알 수 없는 교훈을 습득하고 깨우칠 수 있었다.

이 책에서는 삶의 모든 영역에서 그리스도를 온전히 섬긴다는 의미가 무엇인지 오랜 시간 고민하고 얻은 지혜를 공유하는 데 집중할 작정이다. 논의한 주제에 최종 결론을 제시한다거나 거론한 문제에 명확한 해답을 제시하려는 시도는 전혀 하지 않았다. 다만 목회자들에게 중요하고 다양한 문제를 가능한 한 폭넓게 다루려고 했다.

독자들이 이 책을 읽을 때 그리스도에 대한 열정과 그분의 빛나는 영광을 고스란히 느낄 수 있도록 기도한다. 그리스도가 내게 주신 소명은 너무나 소중하다. 목회자로서 하나님의 말씀 사역을 통해 성도들이 사명을 감당하도록 준비시키는 것보다 더 소중한 일은 없다. 이런 마음은 같은 사역으로 부르심을 받은 사람도 품고 있을 것이다. 그래서 나는 내 전철을 되풀이하지 않도록 그들을 돕고 싶다.

이 책을 읽는 법

각자 처한 상황에 따라 이 책의 내용을 다른 의미로 받아들일 것이다. 각 장은 앞에서 제시한 정보를 바탕으로 내용을 꾸리지 않았기 때문에 건너뛰고 싶은 부분이 있다면 그렇게 해도 좋다. 다만 균형을 잃고 넘어지더라도 그대로 주저앉거나 뒷걸음질 치거나 안주하지 않도록 용기를 내기를 바란다. 또 하나님 말씀의 영원한 진리가 우리의 모든 소유와 존재로 그리스도를 섬긴다는 의미를 정립하는 데 어떤 영향을 미치는지 생각하고 고민하며, 평가하고 분석하고 싶은 의욕이 생기기를 기도한다. 이 책에서 나누는 내용을 깨닫고 배우기까지 긴 시간이 걸렸고, 나 자신과 독자의 유익을 위해 이것을 글로 쓰고 정리하는 데는 훨씬 더 많은 시간이 걸렸다. 그래서 독자들이 이 책을 읽고 그 내용을 곱씹을 때 하나님이 그들의 양 떼를 더 잘 목양하도록 준비되게 해주시기를 기도한다.

바울은 "나를 능하게 하신 그리스도 예수 우리 주께 내가 감사함은 나를 충성되이 여겨 내게 직분을 맡기심이니"(딤전 1:12)라는 글로 이 점을 매우 잘 표현했다. 당연하겠지만 그리스도는 우리를 지명하여 부르실 때 모든 일에서 그분을 온전히 섬길 수 있도록 그리고 그 과정에서 균형을 잃고 흔들리지 않도록 믿음을 지키는 데 필요한 모든 것을 다 준비해두셨다.

서론

만족감이 없는 사역

서재에 앉아 책을 뚫어져라 보고 있던 젊은 목사는 차라리 설교를 준비하며 바쁘게 시간을 보내는 편이 낫다고 생각했다. 그러나 그의 머릿속은 방금 끝낸 통화 내용으로 여전히 어수선했다. 교회를 섬기는 목회자로서 단순하게 살라는 하나님의 소명에 충실하겠다는 그의 꿈에 어떤 문제가 생겼을까? 그가 원한 것은 오직 하나님의 뜻을 발견하고, 그 뜻대로 살려는 것이었다. 8년 전만 해도 이 교회에서 목회하는 것이 사역에 대한 자신의 열정과 은사에 완벽하게 맞아떨어지는 일이라고 생각했다. 하지만 이제 그가 하는 모든 행동이 누군가를 불행하게 하거나 좌절감을 주고, 화를 돋우는 일처럼 보였다.

차라리 그가 게으르고 나태해졌거나, 교리상으로 타협하고 도덕적으로 타락했거나, 리더로서 오만하게 행동했다면 이런 상황을 납득할 수 있었을 것이다. 그러나 그를 극렬히 비판하는 사람조차 그런 문제는 없었다고 스스럼없이 말할 수 있었다. 그렇다면 이렇게 상황이 꼬일 대로 꼬인 이유는 무엇인가? 신학교에 다닐 때 한 교회를 책임지는 사역자가 되면 목회자로서 불가피하게 어떤 위험에 맞닥뜨리게 될지 충분히 배웠고, 사역자 콘퍼런스에서 가르치는 내용도 꼼꼼히 적고 주의를 기울였다. 그러나 지금, 그는 사역자로서 부닥친 절박한 상황에 대처할 준비가 전혀 돼 있지 않았다.

조금 전에 받은 이 전화에서 그는 교회를 위해 헌신한 그의 공로를 인정하지 않는 교인들의 잇따른 질책과 비판에 이어, 또 한 번 더해진 질책과 비판을 들었다. 장로 두 명은 그가 새로운 안건을 제안할 때마다 어깃장을 놓기로 작정한 사람 같았다. 집사 중에는 그의 설교가 성경적이지 않다고 비난하는 데서 그치지 않고 다른 교인들까지 선동하려는 사람도 있었다. 오랫동안 신뢰했고, 늘 그를 격려해주던 친한 사역자들은 다들 눈코 뜰 새 없이 바빠서 그의 전화를 받지 못하거나 몇 주일이고 그가 보낸 이메일에 답장해주지 못했다.

이런 사태가 벌어진 데 그의 책임이 전혀 없다고는 할 수 없었다. 목표 설정에 관한 세미나를 듣고 시간 관리에 대한 강의를 들었지만, 그가 할 수 있는 최선은 언젠가 그 멋진 아이디어를 실제로 실행하리라는 희망을 품고, 책상 맨 위에 그 내용이 보이도록 계속 붙여두는 것이었다. 온갖 대화와 제안을 나누고 계획을 세웠음에도, 현재 그가 처한 위치에서 볼 때 그는 지난 2년 동안 교회 내에서 충실하게 입지를 다졌다기보다 오히려 설 자리를 잃어간다는 말이 맞는 듯하다.

무엇보다 전날 밤 딸의 피아노 발표회보다 선교위원회 모임을 선택하여, 아내에게 잔소리를 들었다. 늦은 오후 모임 때문에 이미 세 번이나 저녁 시간을 놓친 터였다. 연중행사인 캠핑 가는 것을 잊어버린 뒤로 냉랭하게 구는 아들의 태도는 관에 못을 한 번 더 박는 느낌이었다. 한 영역을 통제하려고 할 때마다 세 가지 영역이 더 무너져내리는 상황이었다.

'언제쯤이면 상황이 나아질까? 언제쯤이면 유능하게 사역할 수 있을까?' 하루를 시작하는 아침마다 그는 이런저런 생각으로 이런 수고를 할 가치가 있는지 갈등에 시달렸다. '오직 주님을 섬기려고 이렇게 희생을 마다하지 않는데 어느 한 사람 관심을 가지지 않잖아. 그런데 내가 이토록 힘들어야 하는 이유가 뭐지? 사역 때문에 이렇게 큰 대가를 치르는데 정작 주님은 내게 전혀 신경도 안 쓰시는 것 같아. 높은 줄 위에서 공연하는 서커스 배우가 된 것 같아. 사람들은 계속해서 무거운 짐을 얹어주면서 균형을 잃고 비틀거릴 때마다 나를 나무라고 있어. 인생을 사역에 다 바쳤는데 이게 무슨 소용이지?'

그래서 그는 의자에 앉아 앞에 놓인 책들을 뚫어지게 바라보며, 목회자라는 소명을 감당하기로 한 선택이 실수는 아닌지 회의감에 휩싸였다. '사실 내가 하는 일마다 사사건건 딴지를 거는 사람이 옳다면? 앞으로 40년이 지나도 이런 일이 계속 되풀이된다면 어떻게 해야 하지? 하나님이 부르신 소명과 성숙의 정도에 충실하게 부응할 방법을 어떻게 찾을 수 있을까? 사역에서 균형을 유지하는 방법을 어떻게 해서라도 찾아야겠지만, 이것이 과연 가능하기나 한 일일까?'

* * *

비단 이 젊은 목사만 이런 고민을 하는 것은 아니다. 통제가 불가능한 수준으로 상황이 악화하거나 그동안 세운 계획과 꿈이 그토록 쉽게 좌절되는 이유가 무엇인지 몰라 당황하며 필사적으로 고민하고 번뇌하는 경험을 대부분 사역자가 한다. 소명의 한 측면에만 관심을 집중할수록 더 소홀히 하거나 뒤처지는 부분이 반드시 드러나게 된다. 마침내 어떤 특정 부분에서 원하는 수준까지 순종하게 되었다고 만족하는 순간, 다른 부분들을 희생한 대가로 그 수준에 도달한 것 같아 낭패감이 밀려온다.

온전히 하나님의 뜻대로 살기

하나님의 뜻에 순종한다고 특정 영역에 과도하게 충성하고, 다른 영역에서는 하나님께 신실하게 반응하지 못하는 어리석음을 범해서는 안 된다. 하나님은 우리에게 온전함을 요구하시며, 우리가 인생의 모든 영역에서 하나님에 대한 믿음을 붙드는 신실한 삶을 살기를 바라신다. 문제는 사역과 인생을 깔끔하게 분리할 때 더 온전한 삶을 살기가 쉬워 보인다는 점이다. 그런 식으로 우리는 특별히 관심을 기울일 영역을 선택할 수 있다. 하지만 결과적으로는 무시하게 되고 태만히 할 수밖에 없는 영역이 생겨버린다. 결국 우리는 누구도 모든 일에 완벽할 수는 없다고 스스로 합리화하게 된다. 할 수 있는 최선을 다할 것이며, 치우친 부분 때문에 역으로 영향받더라도 모든 이가 이해해주기를 바랄 것이다. 그런 다음 균형을 회복하려는 노력을 포기한 것을 스스로 용납하며 살아갈 것이다.

목회자와 사역 리더로서 우리가 당면한 일부 문제는 균형 잡힌 사역이 무엇인지 알려줄 역할 모델을 거의 찾을 수 없다는 데 있다. 사실 매우 성공한 일부 사역 리더의 말을 들어보면, 균형은 그리스도를 열정적이고 효과적으로 섬기는 데 방해가 될 뿐이라고 한다. 그들은 균형이라는 전체 개념을 평범함과 타협에 불과한 것이라고 부정적으로 받아들인다. 그리고 "중요한 부분에서 희생을 각오하지 않는다면, 어떻게 교회나 사역에 강력한 영향을 미치고 의미 있는 변화를 이끌어낼 수 있겠습니까?"라고 반문한다. 그런데 만약 이 희생의 대상이 우리와 관련한 것이 아니라 주님의 고유 영역과 관련했다고 생각하면, 이런 질문은 상당히 불순하다. 가령 경력을 쌓으려고 가정을 등한시한다거나, 개인의 야망을 실현하려고 그리스도와 맺는 인격적 관계를 무시한다거나, 원하는 목표를 이루려고 정직성을 타협하고 도덕적 지름길을 선택하는 예가 바로, 사람을 사랑하기보다 그들을 자기 목표를 이루는 데 이용하는 경우다.

사역에 대한 하나님의 부르심과 우리 인격에 대한 하나님의 부르심은 절대 별개의 문제가 아니다. 다시 말해서 우리가 의도하는 목표(효과적 사역)는 하나님의 기준에 역행하는 부정한 수단으로는 성취할 수 없다. 잘못된 우선순위나 오도된 가치로는 이런 목표를 이룰 수 없다. 하나님의 기대와 말씀을 무시한 채, 목적을 이루고자 수단과 방법을 가리지 않거나 혹은 정반대로 행한다면 수단과 목적을 모두 설정하신 하나님께 영광을 돌릴 수 없다. 선망의 대상인 많은 사역의 영웅이 강단에서 멋진 모습을 연출하고, 세미나에서 훌륭한 강의를 들려주며 개별적인 사역 영역에서 놀라운 성취를 이루는 모습을 보여준다. 그러나 진실이 드러나고 그들이 정직하게 자신의 실제 모습을 보여준다면, 현재의 위치에 도달하기까지 후회스러운 선택을 적지 않게 했다고 고백할 것이다. 지금의 성공적 사역이 있기까지 많은 것을 희생했지만, 엉뚱한 것을 포기하는 잘못을 범하지 않도록 항상 거룩한 지혜로 임하지는 않았을 것이다. 실패한 영역이나 균형을 잃은 영역이 있음을 인정하기보다 그런 문제를 외면하고 공적인 성공과 업적으로 가리고 넘어가려는 경우가 적지 않았을 것이다. 이런 식의 불균형한 모델이 탁월한 모델로 숭앙받고 마땅히 본받아야 할 모델로 격찬받을 경우, 가난한 젊은 목회자나 교회 회중이 하나님 나라에 지대한 영향을 미칠 사람에게서는 균형 잡힌 신앙생활을 기대할 수 없다는 잘못된 믿음을 가질지도 모른다.

균형을 벗어난다고 해서 반드시 죄를 짓는 생활로 빠져든다는 의미는 아니다. 하지만 주님 안에서 우리가 온전함에 이르게 된다는, 그리스도로 충분하다는 진리를 볼 기회는 확실히 놓치게 된다. 성취를 이루며 충족을 느끼는 균형 잡힌 삶을 산다는 개념은 많은 현대 사역 모델에서 상당히 이질적인 개념이다. 하지만 사실 이것은 그리스도를 섬긴다는 의미에 대한 성경적 시각과 가장 가깝다. 우리 중에는 언젠가 완전함에 이를 수 있다는 개념을 완전히 포기하고, 심지어 그리스도가 의도하시는 뜻과는 완전히 동떨어진 삶과 사역에 안주하고 있는 사람이 너무나 많다.

때로는 균형을 잃어버렸다는 것이 고백해야 할 죄와 관련이 있을 때가 있다. 그동안 저지른 잘못을 회개해야 할 때가 있는 것이다. 하나님 뜻의 특정한 측면에 더 집중하고자 그분 뜻의 다른 측면을 무시하면, 우리를 향한 하나님의 계획에 담긴 복합적 성격이 훼손된다. 하나님의 말씀대로 행할 때 모든 일에 그리스도로 충분하다는 사실을 발견하지 못하고, 다른 영역에서 탁월한 성공을 거둠으로써 또 다른 영역의 실패를 만회하려 들게 된다. 이런 모습은 도처에서 볼 수 있다. 회사에서는 영웅 대우를 받지만 가정에는 제삼자처럼 방관하는 회사 임원, 교인들에게는 참을성 있게 인내하며 친절하지만 집에서는 시큰둥하고 퉁명스러운 목회자, 군중 앞에서는 열정적으로 목소리를 높이지만 개인과 개별적으로 만날 때는 시큰둥한 유명한 대중 연설가, 회사에서 정시에 회의를 시작하고 끝내는 일은 깐깐하게 따지지만 제때 가족과 식사하는 일에는 별 관심이 없는 회장 등이 대표적인 예다.

해결책

그렇다면 영적 균형을 위협할 가능성이 있는 문제를 어떻게 식별할 수 있는가? 목회자나 기독교 지도자의 역할을 감당할 때 심각하게 균형을 상실할 위험이 있는 요인들을 확인하기 위해 무엇을 해야 하는가?

바라기는 인생에서 성경적 균형을 찾고 유지하는 문제를, 기분 내킬 때 관심을 기울이는 일시적인 문제가 아니라 열정적으로 추구해야 할 문제로 삼기를 바란다. 목회자로서 30년 넘는 세월을 보낸 나는, 불균형한 사역이 새로운 기준이 되도록 부주의하게 방치한 나 자신과 동료들에게 이 문제가 미치는 해악을 직접 눈으로 보았다.

불균형한 상태에서 잠깐은 그럭저럭 살아남을 수 있을지는 몰라도, 장기적으로 그 해악은 심각할 것이다. 하나님이 그분을 따르는 자들을 위해 준비하신, 성경적으로 균형 잡힌 사역을 추구하지 않고 그대로 안주해버린다면, 그리스도 안에서 생명력 넘치는 사역을 할 수 없다.

목회 사역에 관해 다른 사람들과 대화할 때마다 몇 가지 질문이 떠오른다. 이런 질문에 대답하고 성경적 균형을 위협하는 현재의 문제와 그 요인을 다루다 보면, 그리스도와 섬기는 교회, 가정과 친구들, 자신의 영적 건강에 유익하도록 균형을 회복할 방법을 찾기가 한결 수월해질 것이다. 나는 이 책을 7부로 나누었는데, 각 부에서 이 질문을 하나씩 다루며, 내가 직접 체험해보고 유익하다고 확인한 통찰을 나누려고 한다.

1. 나의 소명이 실제로 주님이 주신 소명임을 확인하는 방법은 무엇인가?

'목회에 대한 부르심 공고히 하기'라는 부에서 사람은 물론이고 환경 때문에 우리가 소명이라고 믿는 것에 도전받을 때 필연적으로 균형을 위협할 수 있는 불안정한 문제와 취약한 문제를 다루려고 한다. 제안하고 싶은 해결책은 스스로 자신의 소명에 확신을 가지라는 것이다.

2. 사역에 대한 비전이 난무하는 상황에서 하나님이 내게 기대하시는 사역 비전은 무엇인가?

하나님이 주신 비전이 없는 목회자는 생각이 정리되지 못하고 산만하여 어떻게 교회를 이끌어야 하는지 혼란과 불안에 시달릴 가능성이 있다. 따라서 다음 행동 단계나 실제로 중요한 것이 무엇인지 알지 못한다. 비전이 명확하면 리더십의 균형을 제대로 유지할 수 있으며, 해결이 필요한 수많은 질문에 대한 해답을 찾을 수 있다. 그래서 사람들을 주님의 원하시는 수준으로 이끌 수 있다. '비전을 선명하게 하기'라는 부의 목적은 하나님께 받은 비전이라는 확신을 단단하게 함으로 사역에 더욱 집중하도록 돕는 데 있다.

3. 나에게 맡겨진 모든 사역의 짐을 어떻게 감당할 수 있는가?

외로움과 싸우고 감당해야 할 사역의 무게로 짓눌리다 보면 결국 사역을 포기하는 지경으로까지 내몰리는 경우가 적지 않다. 이런 사역자는 사역을 포기하고 스트레스를 덜 받는 직종으로 전직하거나, 스트레스를 견디지 못하고 사역 생활을 파국으로 이끄는 도덕적·윤리적 잘못을 저지르기가 쉽다. 하나님은 사역자가 과도한 업무와 외로움의 문제를 잘 감당하도록 건강한 균형을 이루게 해주신다. 그분은 처음부터 사역자가 성도들과 팀을 이루어 함께 사역을 감당하고, 신실한 그리스도의 종들로 구성된 든든한 공동체를 세우도록 계획하셨다. '사역 팀 구성하기'라는 부는 팀 사역의 성경적 모델을 확인하는 데 도움이 될 것이다.

4. 그리스도의 종으로서 이기적 태도와 교만을 피할 방법은 무엇인가?

'진정한 겸손함 기르기'라는 부에서는, 그리스도의 종으로 자신을 인식해야 하는데도 완전히 균형을 잃게 하는 교묘한 교만의 함정에 관해 다룰 것이다. 이렇게 교묘하게 침투하는 교만에 관해 나 못지않게 독자도 경각심을 갖기를 바란다. 이런 불균형을 해결할 방법은 먼저 하나님 앞에서 자신을 겸허히 낮추고 다른 사람들에게도 그런 태도를 유지하는 것이다. 우리의 사역에서 균형 잡힌 시각을 견지하는 가장 좋은 방법은, 주님과 우리 인생의 환경을 보며 늘 겸허하게 살아가는 것이다.

5. 사역에 항상 뒤따르는 문제들을 어떻게 처리해야 하는가?

사역을 하다 보면 곧 어려운 역경과 골치 아픈 문제들로 고통스러운 상황과 맞닥뜨리게 된다. 전반적으로 관찰해보면, 어려운 시기를 만날 때 그 상황을 극복하는 사역자도 있고 언제라도 문제에 더 휘말려 들어갈 것 같은 모습을 보이는 사역자도 있다. 후자는 완전히 균형을 상실한 어려운 시기에 하나님의 손길을 완강히 거부하는 경우다. 하나님은 때로 우리에게 불필요한 부분을 가지치기하신다. 그리고 그 작업이 우리의 성장을 위한 하나님 계획의 일환임을 볼 수 있는 사람은 하나님처럼 상황을 보는 시각을 갖출 수 있다. '실수와 잘못을 통해 성장하기'라는 부를 읽을 때 하나님을 섬기기에 좋은 그릇으로 정결해질 수 있도록 뜨거운 시련의 불 속에서도 하나님 은혜의 손길을 알아차리기를 바란다.

6. 사람들이 변화에 기꺼이 마음을 열도록 하기가 그토록 어려운 이유는 무엇인가?

하나님이 우리에게 원하시는 뜻과 그 뜻을 이루고자 사용하시는 방법, 하나님의 백성을 이끌어 도달하도록 원하시는 수준을 고민하다 보면 자연스럽게 어려움은 끝나고 수고의 열매가 앞에 기다리고 있다고 생각하게 된다. 이제는 비전을 나누고 필요한 지원을 요청하며 주님이 주신 소명을 이루고자 본격적으로 행동하는 일만 남은 것이다. 하지만 사람들은 변화를 싫어한다. 흔들림 없이 균형을 이루며 나아가지 않으면 변화의 길을 모색할 때 발을 딛고 선 바닥이 불안정하게 흔들림을 경험할 것이다. 변화의 과정을 제대로 처리하지 않으면 사역의 어려운 시기로 접어드는데 그 시기를 어떻게 보내느냐에 따라 교인들과의 관계도 달라진다. 그리스도의 몸 된 교회가 심각하게 분열하는 결과를 초래할 수도 있다. '목회자와 교회가 변화를 맞이할 자세 갖추기'라는 부에서 제안할 해결책은 변화를 주도하는 데 효과를 발휘함으로, 실질적 결실을 거둘 수 있게 해줄 것이다. 변화를 거부하는 온갖 저항에 굴복하지 않고 변화의 과정을 주도적으로 통과함으로 만족스러운 결과를 누릴 수 있다.

7. 자기 자신이 고갈된 상태에서 어떻게 영적 리더십을 발휘할 수 있는가?

누구나 이리저리 방황하다가 결국 "물이 없어 마르고 황폐한 땅"*으로 흘러 들어가는 경험을 한다. 매주 성도들 앞에 서

---

* 시 63:1.

서 그들의 영적 갈증을 해갈하도록 돕고자 온갖 정성을 다하지만 정작 나 자신의 영혼은 "진토에 붙[은]"* 상태에서 무엇을 해야 할지 모르는 상황에 처한다. 솔직히 목회자들이 그런 영혼의 메마른 시기를 경험하는 일은 드물지 않다. 그러나 그런 영혼의 메마른 시기로 고통당할 뿐 아니라, 영적 지도자라면 그런 고갈된 상태를 절대 경험해서는 안 된다는 생각으로 죄책감을 품기 때문에 상황이 더욱 복잡해진다. 그런 시기에 균형을 회복할 준비가 되어 있지 않으면, 좌절감과 절망감에 빠져들 수 있다. 그러면 한때 그리스도와 누렸던 달콤한 교제를 다시 회복할 수 있다는 생각을 포기하고 싶은 유혹을 받는다. '영혼의 메마름과 싸우기'라는 부를 읽고 더 신속하게 영적인 균형을 회복하는 법을 배우기를 바란다. 영적 가뭄이 발생하는 이유를 이해한다면 늦기 전에 증상을 인지하고 적절한 계획을 세워, 다시 기력을 회복하고 우리를 향한 그리스도의 풍성한 사랑을 누릴 수 있다.

* * *

이 서론의 초반에 등장하는 젊은 목사와 자신이 같은 처지라고 생각한다면, 그리스도 안에서 하나님이 우리에게 주신 약속의 좋은 소식이 있다. 사역하다 만나는 온갖 어려움으로 완전히 균형을 잃어버리더라도 포기할 이유가 전혀 없다는 것이다. 사역 생활에서 일부 측면만 과도하게 강조하고 다른 측

---

* 시 119:25.

면을 무시하면, 그리스도께 온전히 헌신하는 데 문제가 생기게 됨을 깨달아야 한다. 그리스도와 동행하는 가운데 하나님의 온전한 경륜대로 살지 못한다면 생각보다 더 빨리 균형을 잃고 표류할 수 있다. 한 번 이상 말안장에서 떨어진 경험이 있는 사람의 말을 신중하게 받아들이라. 다시 말에 올라탈 수 있을 것이다! 주님이 길을 보여주시도록 내어드리면 안장에서 다시 안정감과 균형을 회복할 수 있다.

이후로 내가 소개할 내용을 커피 한 잔을 마시며 개인적으로 나눌 기회가 있었으면 좋겠다. 완전히 균형을 잃고 허우적거리고 있을 때도 하나님이 그분의 신실함을 가르쳐주시는 방법을 정리한 내용과 비교해봐도 좋을 것이다. 함께 자리에 앉을 기회가 없으므로, 그 대신 이 책을 읽으며 함께 사역의 길을 걸어가는 동역자로서, 내가 이제 겨우 막 배우기 시작한 부분을 나누었으면 좋겠다. 당신이 이 책 내용을 읽고 숙고하는 과정에서 하나님이 더 심오하고 놀라운 통찰을 주시기를 기도한다. 또 이 책이 유익하고 도움이 되기를 바란다. 하나님의 지혜를 구하는 사람에게 그분이 친히 보여주실 통찰은 삶에서 그리스도 중심적이고 성경적인 균형을 이루는 데 큰 도움이 될 것이다.

균형을 잃은 사역을 회복하는 데는 도움이 필요하다! 내가 사역하다 직면했던 일곱 가지 질문에 관한 답을 읽으면서, 다시 확신을 얻고 집중하게 되며 강해지기를 바란다. 또 더 겸허해지고 정결해지며 만족을 얻고 새롭게 회복될 길을 찾기를 바란다. 하나님은 바로 우리 같은 사람들을 사용하시며, 우리가 흔들리지 않게 지켜주신다. 우리가 어떤 일을 만나더라도 균형을 유지하며 감당하기를 원하신다.

1부

목회에 대한 부르심 공고히 하기

1장.

쫓겨 다니는 존재인가, 소명을 받은 존재인가?

하나님이 우리를 지명하여 부르실 때 어떤 점을 염두에 두셨을 것 같은가? 사역의 소명에 관한 의미를 설명한 자료들을 대략적으로라도 살펴본 사람은 아마 그 내용에 실망할 것이다. 사역자는 대부분 자신의 소명과 관련한 질문에 일반적이고 두루뭉술한 답변 이상의 것을 원한다. 사역으로 부르심을 받았다는 것이 실제로 어떤 의미인지 확신하지 못하는 사람도 있겠지만, 훨씬 더 많은 사람이 자신이 처한 특정 사역의 환경과 관련해 매우 구체적인 문제에 관심이 있다. 하나님의 부르심에 관한 전반적인 성격을 일반화하는 것도 중요하겠지만, 많은 사람이 우리가 매일 씨름하는 특정 문제를 다루기를 바랄 것이다.

- 목회자의 소명은 절대 무를 수 없는가? 아니면 하나님이 지금 특정한 사역을 맡기셨더라도 나중에 다른 사역을 맡기실 수 있는가?

- 목회자가 되었다면,
    - 절대 하루도 쉬어서는 안 되는가?
    - 목회자는 무조건 강해 설교나 주제 설교를 해야 하는가? 혹은 복음주의적 설교를 해야 하는가?
    - 최소한 일 년에 한 번 모든 교인을 방문하는 대심방을 해야 하는가?
    - 누군가가 병원에 입원했다는 소식을 듣는 즉시 모든 일정을 뒤로 미루고 바로 병문안을 가도록 늘 준비돼 있어야 하는가?
    - 내 전화번호를 아는 누구에게든지 조언하고 격려할 수 있도록 항상 준비돼 있어야 하는가?
    - 사역을 위해서라면 가족을 등한시해도 되는가?
    - 교인들의 평균 생활비 3분의 1 수준이나 혹은 절반 수준에서 생활해야 하는가?
    - 사모는 만능인이 되어야 하는가?(피아니스트, 보육 교사, 유능한 선교사, 성경 공부 교사를 담당, 검소하지만 초라하지 않아야 함, 자녀를 훌륭하게 양육하는 어머니 모델이어야 함, 항상 남편을 지지하며 옆을 지켜야 함)
    - 몇 년마다 새로운 목회지로 떠날 준비를 하고 있어야 하는가?
- 복음주의자도 아니고, 심지어 특별히 유능한 복음의 증인도 아닌 사람이 교회 목회를 하도록 쓰임받을 수 있는가?
- 설교는 잘할 수는 있지만, 세세한 행정적 업무 처리에 미숙하다면 어떻게 해야 하는가? 사회성은 매우 좋지만 계획과 전략을 세우는 데는 서툴다면 어떻게 해야 하는가? 상처받고 혼란스러워하는 사람을 일대일로 만나 돕는 데는 탁월하지만, 많은 사람 앞에 서서 강연하거나 설교하는 데는 그리 탁월하지 못하다면 어떻게 해야 하는가?

이와 같은 수백 개 질문에 관한 답변을 보면, 목회자의 소명에 대한 개개인의 생각과 이해가 얼마나 폭넓고 다양한지 알 수 있다. 많은 목회자가 과거에 알고 지냈던 목회자의 전형적 모습에 부응하거나 회피하려고 할 때 혼란과 의심에 휩싸이는 경험을 하게 된다. 좋은 소식이 있다면, 절대 목회자가 지금까지 나온 사역 모델의 조건을 다 충족할 필요가 없다는 것이다. 하나님은 우리를 괴롭히고 상처를 주려고 소명을 주신 것이 아니다.

그분은 일생 효과적이고 만족스러운 사역 생활을 누리도록 우리를 부르셨다. 사역을 감당하는 우리의 영적 은사를 극대화해주시고, (다른 사람이 아닌) 우리 각 사람의 소명을 살펴보시며, 우리의 장단점을 훤히 판단하시고, 우리가 매일 예수 그리스도와 동행하는 가운데 더욱 성숙해지도록 빚어가고자 진력하시는 분이다.

하나님이 주시는 소명

누군가는 이해하기가 쉽지 않겠지만 소명은 하나님께 받는 것이다. 하나님은 사람의 집단 지혜를 사용하셔서 소명에 관해 이해하도록 도우실 수 있지만, 본질적으로 한 가지 기준으로 개인의 소명을 측정하기를 원하신다. 바로 하나님의 말씀이다. 나를 향한 하나님의 뜻이나 다른 누군가를 향한 하나님의 뜻이 유사할 수 있겠지만, 하나님은 완전한 지혜로 각 사람에게 맞는 고유한 목적과 계획을 세워주신다. 각 사람이 받은 사역의 부르심은 그런 특별한 계획을 확실하게 반영하고 있다. 사도 바울은 고린도전서에서 그 점을 이렇게 표현했다.

형제들아 너희를 부르심을 보라 육체를 따라 지혜로운 자가 많지 아니하며 능한 자가 많지 아니하며 문벌 좋은 자가 많지 아니하도다 그러나 하나님께서 세상의 미련한 것들을 택하사 지혜 있는 자들을 부끄럽게 하려 하시고 세상의 약한 것들을 택하사 강한 것들을 부끄럽게 하려 하시며 하나님께서 세상의 천한 것들과 멸시받는 것들과 없는 것들을 택하사 있는 것들을 폐하려 하시나니 이는 아무 육체도 하나님 앞에서 자랑하지 못하게 하려 하심이라 (고전 1:26-29).

우리가 생각하기에 어떤 목사는 '슈퍼스타'처럼 감히 넘보지 못할 영웅적 존재로, 누구보다 더 많은 은사의 복을 받은 존재처럼 보이지만, 바울은 그런 사람이 '많지 않다'고 힘주어 말한다. 우리의 소명은 우리가 받은 은사의 많고 적음이 아니라 저마다 받은 특별한 은사에 따른 하나님의 뜻으로 평가받는다. 바울은 우리가 "그의 뜻대로 부르심을 [받았다]"(롬 8:28)고 했다. 사역의 요구를 충족해야 하는 책임은 생활 속에서 하나님의 뜻을 이루라는 모든 요청에 인격적으로나 실제 행동으로 온전히 임할 때 감당할 수 있다. 그 목적을 이루도록 우리는 하나님이 우리 각 사람에게 요구하시는 특별한 뜻을 항상 기억하며 "부르심을 받은 일에 합당하게 행해[야]"(엡 4:1) 한다.

그러므로 목회적 소명이 소명의 전부라고 생각하는 이들은, 소명을 오해하고 이런 소명의 이해에 이의를 제기하거나 심지어 공격하는 경우도 적지 않다. 우리가 몸담은 교회는 목회자에게 유·무형의 기대를 품고 있다. 그런 교회에 소속된 개인들은 이런 복합적인 기대에 자신의 개인적인 기대를 추가하여 문제를 더 복잡하게 만든다. 더 나아가 목회자로서 우리가 '마땅히 해야 할 일'을 하지 않는 이유에 대해 끊임없이 의문을 제기하며 우리로 균형을 잃어버리게 할 수 있다. 이런 현실에 별로 화가 나지는 않는다. 그러나 내면 깊은 곳에서는 그들이 정말 옳은데 목회자로서 우리가 그 점을 외면하고 거부하는 것은 아닌지 자기 자신에 대한 불신이 생길 수 있다. 이런 상황에서 목회자가 균형을 유지하기란 쉬운 일이 아니다.

"하나님께 소명을 받았는데 사람들이 어떤 기대를 걸더라도 초연해야 하는 것 아닌가요?"라고 반문할 수도 있다. 그렇지 않다. 이런 생각은 현실적이지 않다. 우리는 절대 그런 기대를 무시할 수 없다. 하지만 그 기대를 반드시 다 충족할 필요도 없다.

나는 이 문제로 오랫동안 고민했다. 운이 좋게도, 나는 여러 탁월한 목회자의 성공적인 사역을 직접 볼 수 있는 축복을 누렸다. 하지만 불행하게도 내게는 그들과 닮은 점이 없었다. 나는 그들처럼 되려고 오랫동안 노력했다. 본질적으로 사울의 갑옷을 입은 다윗처럼 살려고 했다. 갑옷이 멋지고 훌륭하지만 내가 가진 돌팔매와 돌멩이로 전투에 나가는 것 역시 '좋지 않다'는 사실을 직감적으로 알았다. 결국 나는 목회자라면 누구나 배워야 하는 사실을 발견했다. 하나님께 소명을 받지만 소명을 감당하기 위한 수단 역시 하나님께 받는다는 것이다.

하나님은 우리를 어떻게 준비하게 해주셨는가? 이 사실을 알면 소명에 대한 많은 의문이 풀릴 것이다. 하나님이 우리에게 원하시는 뜻을 알 수 있는 실마리는 그분이 우리에게 무엇을 갖추게 해주셨는지 확인하면 풀릴 수 있기 때문이다.

균형 잡힌 사역으로 부르심

하나님이 한 번도 부르신 적이 없는 사역 방식으로 성공하겠다고 애를 썼다면 생활의 균형을 잃어버리는 것은 물론이고 말도 못 할 괴로움을 겪었을 것이다. 다른 사람의 사역 요구는 물론이고 자신이 던진 사역 요구를 처리하려다 많은 사역자가 몰락했다. 무거운 책임감의 무게를 이기지 못하고 스스로 탈락해버린 것이다.

하나님이 부여하신 소명에 만족하는 법을 배웠다면 본인이 감당할 수 있는 수준에서 사역을 감당해야 함을 알 것이다. 하나님이 계획하신 사역 소명을 감당하고 있다고 해도, 여전히 과부하와 불균형에 빠질 위험성이 적지 않다. 이런 문제를 어떻게 다루느냐에 따라 얼마나 균형을 제대로 유지할 수 있을지 결정된다. 사역 중에는 상충하며 어떻게 처리해야 할지 잘 모르는 다양한 요인이 존재한다. 우리는 상충하는 요구와 균형을 잡아주는 요구의 차이를 인지하는 과제를 해결해야 한다.

목회자는 기도하는 데 더 많은 시간을 투자해야 하는가? 아니면 집사 두 명 사이에 벌어진 분쟁을 중재하는 데 더 많은 시간을 할애해야 하는가? 집무실 밖으로 나가 더 많은 사람을 만나는 데 집중해야 하는가? 아니면 긴급하게 올 전화나 급히 방문하여 도움을 요청할 성도를 기다리고자 집무실에 머물러야 하는가? 그리스도를 모르는 이웃과 관계를 가꾸는 데 더 공을 들여야 하는가? 아니면 달리 만날 방법이 없는 사람들을 집마다 방문하는 데 더 시간을 투자해야 하는가? 이번 주에는 상담하는 데 더 많은 시간을 할애할 것인가? 아니면 설교 준비에 더 많은 시간을 보낼 것인가?

사역하다 보면, 심지어 부르심을 받은 특정 영역이 있다고 해도, 시간과 관심을 쏟아야 하는 문제가 너무 많이 발생한다. 적정 시간을 배분하여 문제를 제대로 다루지 못할 때가 태반이기에 매일 밤 완전히 실패했다는 참담한 심정으로 잠자리에 들기가 쉽다. 해야 할 일이 항상 있지만, 다른 일을 하기 위해 그 일을 소홀히 할 수밖에 없다. 시간과 에너지를 쏟아야 하는 수많은 요구 때문에 내키지 않아도 어쩔 수 없이 선택해야 하는 일들도 생길 것이다. 그런 결정을 내리는 방법과 그 후 그 결정에 따라 올라오는 감정은 대체로 자기 자신을 어떻게 인식하느냐에 따라 결정된다. 하나님이 지명하여 부르신 자로 자신을 보는가? 아니면 스스로 납득할 수 없을 정도로 내몰리는 존재로 바라보는가?

고든 맥도날드는 『내면세계의 질서와 영적 성장』Ordering Your Private World에서 쫓겨 다니는 사람이 어떤지 설명한다.

인간의 내면세계를 탐구하려면 어딘가 출발점이 필요한데, 나는 예수님이 시작하셨다고 추정되는 곳, 즉 부름받은 사람과 쫓겨 다니는 사람의 구별에서 출발하기로 했다. 그리스도는 쫓기는 성향이나 기꺼이 부름받으려는 자발성을 근거로 사람들을 구분하셨다. 영적 에너지의 기초가 되는 사람들의 동기와 사람들이 흥미를 보이는 만족감의 종류를 다루셨다.*

맥도날드는 쫓기는 사람들이 보이는 증상을 개략적으로 소개한다. 여기서 그 증상을 간략히 요약해 설명할 것이다. 글을 읽으면서 소명의 요구를 다룰 때 힘든 이유가 어떤 면에서 그리스도를 따르려는 열정적 소명 의식보다는 내면의 충동대로 움직이려는 경향 때문은 아닌지 자문해보라.

쫓겨 다니는 사람의 증상

1. 쫓겨 다니는 사람은 오직 무엇인가를 성취했을 때만 만족감을 얻는다.
2. 쫓겨 다니는 사람은 성취와 관련된 상징에 집착한다.
3. 쫓겨 다니는 사람은 보통 절제되지 않은 팽창욕에 사로잡혀 있다.
4. 쫓겨 다니는 사람은 온전한 인격에는 별로 관심을 보이지 않는 경향이 있다.
5. 쫓겨 다니는 사람은 대인 관계 기술이 서툴거나 미숙한 경우가 많다.
6. 쫓겨 다니는 사람은 경쟁심이 강하다.
7. 쫓겨 다니는 사람은 반대나 불신에 부딪히면 언제라도 폭발할

---

* Gordon MacDonald, *Ordering Your Private World*(New York: Oliver Nelson, 1985), 29, 『내면세계의 질서와 영적 성장』(IVP 역간)

수 있는 격렬한 분노를 품고 있는 경우가 많다.

8. 쫓겨 다니는 사람은 보통 비정상적일 정도로 바쁘다.*

맥도날드는 계속해서 이렇게 말한다. "쫓겨 다니는 사람의 모습이 바로 이렇다. 전혀 호감이 가지 않는 모습이다. 이런 모습을 보면서 나는 종종 바로 이런 쫓겨 다니는 사람들이 우리 세계의 많은 부분을 움직이고 있다는 사실에 혼란스러움을 느낀다. 우리가 그들의 등에 올라탄 체계를 만들어낸 것이다. 기업, 교회, 가정에서 이런 현상이 나타날 경우, 성취하고 쌓아 올리기 위해 개인의 인격적 성장을 희생하는 경우가 적지 않다."**

쫓겨 다니는 사람은 자신의 시간을 서로 차지하려는 상충하는 요구들과 부딪히면, 이 요구들을 자신의 계획이나 책무를 방해하는 비생산적인 공격으로 인식한다. 상충하는 요구들은 치밀하게 세운 계획이 성취되는 일을 방해하고 지연되게 한다. 그래서 그 난제를 해결하지 못하고, 핵심 과제에 집중하지 못하게 하는 요인을 제거하지 못하는 자신의 무능력에 좌절감을 느끼게 된다.

분명히 말하지만 목회자는 쫓겨 다니는 존재가 아니라 소명을 받은 존재로 부르심을 받았다. 그리고 당연히 우리의 소명은 하나님이 우리를 위해 계획하신 모든 일을 성취하려는 부정할 수 없는 열정으로 연결되어야 한다. 하지만 성취와 업적만

---

* 위와 동일, 31-36.

** 위와 동일, 36.

으로 평가하는 성경적이지 못한 동기의 지배나 통제를 받아서는 안 된다. 우리는 먼저 마음의 인격으로, 그다음 삶과 사역, 행동으로 그리스도께 신실할 때 가장 큰 만족을 누리기 때문이다.

2장.
사역의 균형점 찾기

하나님은 사역에 균형을 이루며 통제력을 잃고 자기중심적인 집착에 빠져들지 않도록 우리를 보호할 방법을 마련해두셨다. 상충하는 요구가 없다면 우리가 하고 싶은 일에만 전념하고, 마땅히 해야 하지만 하고 싶지 않은 일은 피하려 들 것이다. 개인적으로 나는 주님이 저울의 물건과 균형추처럼 서로 상충하는 요구를 주셔서, 사역에서 균형을 잡을 수 있게 해주셨다고 믿는다.

소명을 받은 사람이 흔들리지 않게 균형을 잡아주는 균형추

주변을 둘러보면 균형을 이룬다는 것이 무엇인지 보여주는 사례를 수없이 볼 수 있다. 가령 시계는 완벽하게 균형을 이루고 있다. 시간을 표시하는 각 숫자는 정확히 6시간 단위로 대척점을 이룬다. 원은 중심각이 정확히 360도를 이루며 완벽하게 둥글다. 원을 이루는 무수한 점은 각기 정확히 180도 단위로 대척점을 이룬다. 자동차 엔지니어 혹은 정비사라면 자동차 타이어가 매끄럽게 굴러가기 위해서는 타이어 4개가 균형을 이루어야 자동차의 무게가 균등하게 실린다는 사실을 잘 알고 있다. 정비사는 고도의 정확함으로 타이어 둘레의 전략적 지점에 균형이 잡히도록 무게를 실어줌으로써 혹시 있을 불균형을 시정한다.

사역의 소명에 따른 요구도 이와 마찬가지다. 시계 둘레를 잇는 무수한 점처럼, 사역하다 생기는 갈등 때문에 매일 긴장의 끈을 내려놓지 못하게 된다. 또 시간과 에너지를 어떻게 사용해야 할지 끊임없이 결정을 내려야 한다. 우리가 내리는 모든 결정이 섬세하게 유지되는 사역의 대칭과 균형을 위협하는 것 같다는 생각이 든다.

그러나 대칭과 균형을 이룬다고 생각했던 사역이 사실상 이미 균형을 잃어버린 상태라면 어떻게 하는가? 상충하는 요구들은 소명의 균형을 유지하는 데 많은 어려움을 일으키지만, 하나님이 이런 요구를 허락하신 이유는 우리의 유익을 위해서다. 우리는 종종 이런 상충하는 요구에 화를 내고, 우리 사역을 완성하고 마무리하는, 지루하지만 정밀한 하나님의 손길을 감당하지 않으려고 한다. 사실 하나님은 우리가 균형을 유지하며 소명의 요구를 이루는 데 필요한 모든 것을 제공하시지만, 때로 상충하는 요구들을 허락하셔서 어딘가 치우친 우리의 불균형을 시정해주시기도 한다.

쫓기는 사람들은 이런 과정이 목표 달성을 지연시키는 방해물에 불과하며, 불필요하다고 생각한다. 그러나 소명을 받은 사람들은 하나님이 사역으로 자신을 부르셨을 때 단순히 목표를 달성하는 것 이상을 염두에 두셨다고 인정한다. 주님은 목적지에 도달하는 과정만큼 목적지 도착 자체를 중요하게 생각하지 않으시는 경우도 있다.

하나님은 그분의 양을 치는 목자로 누군가를 부르실 때 영원한 시각이라는 균형 잡힌 렌즈로 전체 그림을 보시는 분이다. 우리가 사역 과정에서 하나님이 의도하신 전체 목적 중 조금이라도 무시하는 부분이 있다면, 사역 여정을 성공적으로 밟아간다고 보기 어렵다. 이런 이유로 하나님은 소명의 전 영역에 관심을 기울이고 살펴보라고 알려주신다. 국토 종주 여행을 하는 자동차처럼 우리 사역의 자동차 '타이어'는 도로에 팬 자국들로 충격을 받거나 계절마다 극명하게 달라지는 차고 뜨거운 기온으로, 바람이 빠지고 마모되거나 구멍이 나서 결국 변형이 생기고 뒤틀리고 말 것이다. 바닥에 팬 부분이나 박힌 못 혹은 극단적인 기온 차이 때문에 타이어에 구멍이 나더라도 그것은 타이어의 잘못이 아니다. 그러나 그런 위험을 예상하고 타이어가 어떤 상태인지 살피는 일은 분명히 운전자의 몫이다. 적절한 지점에 적절한 무게를 안배하고 사역의 바퀴가 계속 굴러가도록 하나님이 우리를 구별해 부르실 때 우리가 인내하며 끝까지 주님을 신뢰한다면, 하나님은 사역을 감당하는 내내 균형을 유지하는 데 필요한 모든 지원을 아끼지 않으실 것이다.

나는 사역에서 균형이 무너질 위험성이 가장 높은 부분이 어디인지, 어떤 요구가 다루기가 가장 벅차고 어려운지 확인하는 노력을 계속했다. 지난 시간을 되돌아보고 주님이 균형을 이루도록 상충하는 요구들을 추가로 허락하시는 지점을 주의 깊게 살펴보면서, 계속 마모된 부분을 확인하고 균형을 잃을 위험성이 가장 높은 지점이 어디인지 확인했다. 여러 범주가 있지만, 목회자들이 공통으로 겪는다고 답한 여섯 범주를 살펴볼 것이다. 각 범주는 우리의 시간과 관심을 차지하려고 싸우며, 각기 반대 방향으로 끌리는 두 가지 상충 지점으로 이루어진다. 서로 끌어당기는 힘이 같으면 균형이 유지되지만, 어느 한쪽이 끌어당기는 힘이나 압박이 강할 때, 주님은 우리가 균형을 회복하게 해달라고 그분께 맡겨드릴 때까지 곤란을 겪도록 허용하신다.

비전을 타협하지 않음　VS　기꺼이 배우려는 태도
우선순위 고수　VS　유연한 대처
영적 생명력　VS　교회 행정 업무
종의 자세로 섬기는 사역　VS　사역의 위임
자기 자신을 앎　VS　다른 사람들을 앎
분별력과 민감성　VS　논리와 이성

　다음 도표에서 보듯이 이 모든 영역은 서로 균형을 잡아주는 혹은 대조를 이루는 사역 책무가 있다. 각 영역에 신중하게 관심을 기울이면 주님이 원하시는 대로 균형을 이룬 사역을 기쁨으로 이어갈 수 있다. 영역마다 자연스럽게 마음이 가고 관심이 가는 부분이 있다. 당신 역시 한눈에 끌리고 관심이 가는 부분을 확인할 수 있을 것이다. 이렇게 타고난 성향대로 선택하도록 방치하면, 자신이 선호하는 영역의 장점을 키우는 데 전념하고 취약한 부분을 강화하고 보완하는 일은 소홀히 하게 된다. 그러나 사역의 균형을 이루고자 한다면 이렇게 해서는 안 된다.

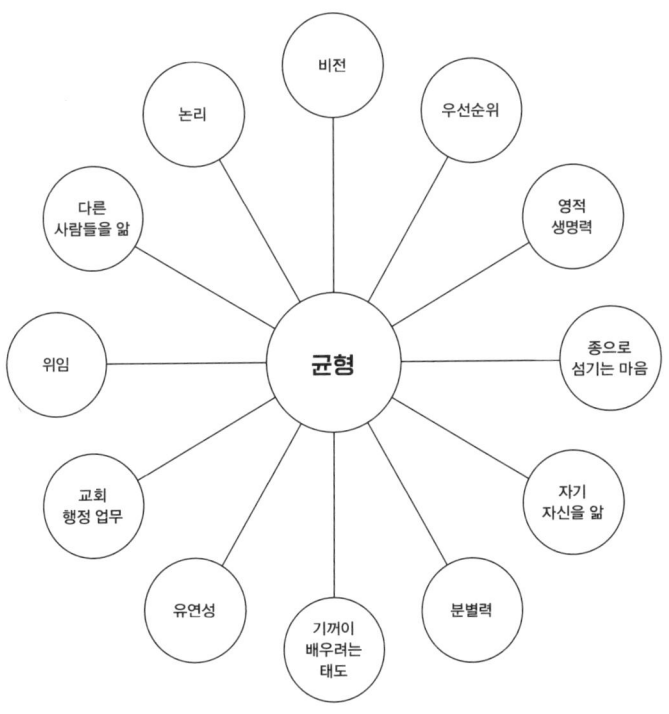

사역의 균형을 이루는 상호 대조적 영역

비전을 타협하지 않으면서도 기꺼이 배우려는 태도를 취할 수 있다

자신이 받은 비전을 확인하고 규정하는 작업은 온갖 스트레스를 유발할 수 있다. 주님이 나와 교인들을 위해 준비하셨다고 믿는 비전을 알리고 소개하다 보면, 끊임없이 극단적으로 치우치거나 낙마할 수 있는 위험에 처한다. 민감하고 사려 깊은 소통이 이루어지지 않는다면 비전을 공유하는 방식이 자칫 우리의 이력을 부풀리고 우리 자신의 허영심을 충족하려는 부정한 시도로 비칠 수 있다. 그러므로 사역에 대한 하나님의 비전을 이해하려고 할 때 생각을 명료하게 정리하는 시간을 보내야 한다. 그래야 다른 사람들과 비전을 나눌 때 그 속에서 우리 개인의 야망이 아니라 하나님의 마음을 확인하게 될 것이다.

주님이 우리에게 원하시는 비전을 명확하게 이해하고 받아들이는 시간을 충분히 보내야 한다. 지금까지 이런 노력을 하지 않았다면, 이런 시간 투자가 얼마나 중요한지 거듭 강조해도 모자람이 없다. 주님이 어디로 우리를 이끌고 계시는지 확신이 서지 않는다면 목회자와 지도자로서 자신의 역할이 항상 불안할 것이다.

주님은 모든 목사에게 하늘에서 직접 계시하시듯이 비전을 주시는 분인가? 일부 목사의 말을 들어보면 주님이 마치 이런 식으로 일하신다는 생각이 들지도 모른다. 하지만 경건한 비전은 시간을 두고 다른 사람들의 말을 경청하고 배우면서 형성되며, 기꺼이 배우려는 마음으로 적극적으로 사고가 성숙해지도록 노력할 때 다듬어진다. 사역 초창기에 자신의 비전을 성급하게 확정해버린다면, 비전을 확장해야 할 시기가 올 때 어려움을 겪을 것이다. 주님은 그분의 양 떼를 돌보는 목자들이 확고한 비전을 품기를 바라시지만, 그 확고한 태도가 더 알고 배우려는 겸허한 태도와 균형을 이루기를 원하신다.

귀 기울여 배우려는 자세가 되어 있다면 자료는 얼마든지 있다. 다른 목회자나 교인의 조언, 책, 동영상, 세미나 등 꿈의 실현과 관련한 자료를 제공하는 곳이 많으므로, 제한된 시야를 넓히고 비전을 확장하는 데 도움을 받을 수 있다. 해답을 다 알지 못한다는 사실을 주저하지 말고 인정하라. 아무리 선명하게 규정한 비전이라도 우리가 기꺼이 좋은 질문을 던지고 열린 마음과 배우려는 태도로 그 응답에 귀를 기울인다면, 수정할 부분이 보일 것이다.

우선순위를 고수하더라도 상황에 따라 유연하게 대처할 줄 알아야 한다

"우선순위를 결정하고 그대로 실행하면 균형의 문제는 해결되지 않겠는가? 삶을 제대로 살지 못하는 목회자는 우선순위도 분명하지 못하다."

누군가에게서 이와 같은 말을 들어본 적이 있는가? 불행하게도 우선순위를 결정할 때 맞닥뜨릴 수 있는 모든 시나리오를 고려하는 경우는 거의 없다. 우선순위를 아무리 잘 설정한다고 해도 규정한 범주에 해당하지 않는 문제들이 발생하기 마련이다. 일과에서 우선순위에 벗어나지 않도록 불가피하게 일정을 재조정해도, 일정을 적는 순간 다른 어떤 일이 생겨서 그 일정대로 진행하기가 불가능해질 수도 있다. 사실 실행 가능한 수준의 우선순위를 제시하지 않는다면, 인생의 꿈과 비전을 이루리라는 기대를 하기 어렵다. 다른 일보다 더 중요하게 봐야 할 일들이 있고 우리가 투자하는 시간과 관심의 양 역시 그에 맞춰 배분해야 한다. 우선순위를 정하지 않으면 어떤 경우라도 균형 잡힌 생활을 유지하기가 불가능하며, 이루려는 목표에 도달할 수 없다. 결국 허탈감에 내몰릴 뿐이다.

이와 반대로, 놀라울 정도로 체계적이고 전문적으로 우선순위를 관리하지만 영적인 생명력은 결여된 사람을 만나본 적이 있는가? 아마 이런 사람들은 우선순위를 체계적으로 관리하는 데는 성공했을지 모른다. 하지만 그리스도를 위해 산다는 것이 매일 해야 할 일 목록을 지워나가는 데서 끝나지 않고 성령을 좇아 사는 삶이라는 사실을 망각했을지도 모른다.

우선순위를 고수하는 데 집착해서 균형을 잃는 일이 없도록 상황에 따른 유연한 대처가 필요하다. 주님은 중요한 과제를 달성하며 경직된 일정을 고수하기보다 오늘 우리에게 더 중요한 무언가를 하도록 계획하셨을 수도 있다. 때로 주님은 틀에 잡힌 우리 일과에 예상치 못한 일을 갑자기 허용하심으로, 우리가 그분의 뜻을 이루기 위해 자신의 계획을 기꺼이 조정할 정도로 유연성을 발휘할 수 있는지 확인하신다.

하나님이 맡기신 일을 감당하다 보면 종종 예기치 못한 기회가 생길 때가 있다. 그럴 때 우리는 이미 계획한 일과 현실적으로 더 나은 선택으로 보이는 일 가운데 무엇을 선택해야 할지 결정해야 한다. 예수님은 선한 사마리아인 비유에서 강도를 만나 쓰러진 여행자를 돌보기 위해 계획한 일정을 뒤로 미룬 사람을 칭찬하셨다. 제사장과 레위인은 예상하지 못한 방해 요인을 무시하고 정해진 목적지를 향해 서둘러 제 갈 길을 갔다. 세 사람이 같은 길을 따라 여행하고 있었지만, 단 한 사람만이 눈앞에 있는 더 시급한 필요에 대처하기 위해 처음 세웠던 계획을 기꺼이 뒤로 미루었다. 예수님은 그의 이런 행동이 선하고 올바른 태도라고 칭찬하셨다. 때로 목회자로서 일과를 처리하다 보면 예기치 못한 위기가 발생한다. 그러면 우리는 그 위기가 주님이 주신 것인지, 아니면 단순히 우리 시선을 분산시키는 사역의 방해 요인인지를 판단해야 한다. 우선순위를 고수하며 타협하지 않으면, 우선순위상 중요한 일이라고 정당화할 수 있을 때라도, '하나님의 간섭'으로 찾아오는 특별한 축복의 놀라운 순간을 거부하는 결과를 낳을 수 있다.

당신은 얼마나 유연한 편인가? 다만 지나치게 유연해서 더 긴급해 보이거나 중요해 보이는 일이라는 기미만 보여도 정해둔 우선순위를 내팽개치는 사람도 있다. 반대로 정한 계획대로 밀어붙이며, 절대 한눈팔지 않겠다는 결의가 지나쳐서 밀폐된 방에서 주님이 소리쳐 부르셔도 그 음성을 알아듣지 못하는 이들도 있다.

우리의 우선순위는 주님이 가치를 부여하실 때만 의미가 있다. 주님이 다른 무엇인가를 계획하고 계시면 우리는 유연하게 그 일로 관심을 돌려야 한다. 주님이 방향을 다시 조정해주실 때 우리의 우선순위에 영구적 변화가 생길 수도 있고 단순히 당면한 필요를 잠시 다루는 수준에서 그칠 수도 있다. 행동으로 나서도록 슬쩍 옆구리를 찌르는 수준일 수도 있고 우리 인생이 큰 타격을 받는 대재앙 수준일 수도 있다.

우선순위를 타협하도록 부추기는 유혹인지 하나님이 주신 사역의 기회에 부응하라는 부르심인지 그 차이를 어떻게 구별할 수 있는가? 어떻게 질문해야 할지 기준이나 우선순위를 식별하는 훈련이나 시험도 없을뿐더러, 명확한 해답을 제시하는 지침이나 가이드도 존재하지 않는 것이 더 큰 문제다. 열쇠는 어느 한쪽으로 치우침 없이 성령의 능력 안에서 그리스도와 동행하는 데 있다. 주님의 고요한 부추기심에 귀 기울여 듣는 법을 배워온 심령은 언제든지 열린 마음으로 필요하면 계획을 수정하겠다는 자세를 갖추고 있다. 주님이 우리 계획을 대체하기를 원하시면 언제라도 자신의 계획을 포기할 수 있다.

이런 지적이 극단적인 신비주의 영성을 부추긴다는 인상을 줄 수 있지만, 실제로 이것은 '성령으로 행하라'는 성경의 가르침을 반영한다. 사도 바울이 쓴 대로 "만일 우리가 성령으로 살면 또한 성령으로 행[해야]"(갈 5:25) 하는 것이다. 하나님이 우리의 하루를 이끌어주시고 순위를 결정해주시기에, 그분이 원하시는 우선순위는 그분만이 정해주실 수 있다. 즉 주님이 우리 우선순위를 조정하실 수 있고, 마땅히 그래야 하는 것이다. 그래야 우선순위와 유연성이 적절하게 균형을 이룰 수 있다.

영적 생명력을 유지하는 일과 교회 행정 업무 모두 중요하다

많은 교회가 '사역'과 '교회 운영'을 구분하는 잘못을 범하여, 적지 않은 사역자가 좌절을 경험한다. 지금까지 전혀 사심 없이 선의로 이렇게 조언하는 교인이 적지 않았다. "목사님, 목사님은 사역에 전념하시고 교회 행정은 저희에게 맡기세요. 저희도 세미나를 들었고 신학과 성경을 어느 정도 알고 있어요. 성경을 보면 목사님은 교회 행정에 관여할 자격이 없다고 되어 있잖아요." 이런 말이 어느 정도는 사실일지도 모르지만, 이런 사고의 이면에는 예산과 교회 건축과 같은 실제적 문제는 영적 영역에서 다루어서는 안 된다는 이분법적 사고가 자리하고 있다. 효율을 높이기 위해서는 행정과 사역이 최대한 분리되어야 한다는 생각 역시 잘못이다.

사역과 행정을 분리하는 딜레마에 대해서는 두 가지 공통된 반응이 있다. 먼저 교인들의 조언을 '아멘' 하고 받아들이고 교회 운영에 최소한의 수준으로 관여하는 것이다. 그러나 균형을 유지하기 위해서는 적절한 행정 능력을 계발해야 한다. 반대로 우리의 일차적 소명이 목회자로서 하나님의 양 떼를 돌보는 것이라면, 마치 올해의 'CEO'상 후보 지명을 받은 사람처럼 일반적 수준을 벗어나 행정 영역에 적극적으로 개입해서도 안 된다.

사역과 교회 운영 중 어느 쪽에 치중하든지 스스로 경계하지 않으면 우리의 한 주는 주님이 소명을 주신 주된 사역이 아닌 다른 일로 시간과 관심을 빼앗기고 말 것이다. 교회 운영과 말씀 사역 사이에서 균형을 잡기 위한 싸움은 절대 끝나지 않는다. 이런 균형을 유지하는 비법에 숙달했다고 자신 있게 말할 사람은 솔직히 거의 없을 것이다.

사역과 교회 행정 사이에서 균형을 잃을 수도 있다는 끊임없는 두려움은, 성경적인 도전과 영적 생명력이 생생하게 전달되는 메시지를 준비하기 위해 얼마나 많은 시간이 필요한지 강조하는 수많은 세미나 강사나 작가 때문에 더욱 심해진다. 설교 준비와 영적 양식을 먹고 성장하기 위한 훈련에 일주일에 20시간 이상을 투자하지 않으면 사역에 역사하시는 하나님의 능력을 기대할 수 없다고 말하는 뛰어난 설교자들의 주장이 끊임없이 들린다. 때로 다소 미묘하게 이런 메시지를 전할 수도 있지만 그렇지 않은 경우가 더 많다. 여건이 되어 전체 사역 시간 중 이렇게 일주일을 보낼 수 있다면 무엇이든지 하려고 하지 않겠는가?

한때 나는 계획 부족과 우선순위의 불균형으로 연구와 기도에 전념할 시간을 충분히 내지 못한다는 생각에 고민을 많이 했다. 나처럼 자기 자신에 관해 이미 같은 결론을 내린 사람도 있을 것이다. 하지만 최근에 나는 하나님이 우리 각 사람이 가진 재능에 따라 사역을 맡기셨으리라는 결론에 도달했다. 일주일에 20시간 이상을 연구하는 데 쓸 여건이 된다고 해서 실제로 그 시간을 제대로 사용할 수 있으리라는 자신은 없다. 당연히 그런 즐거운 고민을 할 수 있는 여건이 마련되었으면 좋겠다. 하지만 주님은 내게 이런 사역을 맡기지는 않으셨다. 목회자로서 30년을 살아온 지금 단언컨대, 이제 더는 이 문제로 죄책감을 느끼지 않는다.

그렇다면 행정과 조직, 영혼의 영적 활력과 설교 준비가 적절한 균형을 이루는 가운데 사역이 이루어지도록 하려면 어떻게 해야 하는가? 주님이 이끄시는 대로 우선순위를 설정하라. 그런 다음 이런 우선순위를 실행할 때 성령이 이끄시는 대로 유연함을 발휘하겠다고 결정하라. 대략 정리하면 영원히 사라지지 않을 것에 최고의 시간과 에너지를 쏟아붓고 사람들의 영혼과 하나님의 말씀 모두에 시간과 에너지를 투자해야 한다. 막연히 열심히 노력하기보다 지혜롭게 일함으로써 조직과 행정 사역에 소비되는 시간의 양을 가능한 한 줄이도록 노력하라.

이렇게 시간을 서로 차지하려는 사역이 치우침 없이 균형을 이루도록 노력하다 보면 예외 없이 우리 인생의 가장 힘든 과제 중 하나와 맞닥뜨릴 것이다. 그렇더라도 포기하지 말라! 모든 것이 제자리를 찾고 사역이 균형을 이루게 되면, 그런 싸움에 가치가 있음을 이해하게 될 것이다.

종의 자세로 섬기는 것과 사역을 위임하는 것 모두 가능하다

이런 장면을 상상해보라. 교회 리더 모임에서 한 리더가 당신이 보고한 모든 내용과 이전 한 달 동안 터진 문제를 수습하느라 정신없이 바빴던 이야기를 주의 깊게 듣고 있다(사실 그 문제는 리더 모임 존재 자체 때문에 생긴 것이었다!). 그때 진지한 표정으로 한 리더가 이렇게 말한다. "목사님, 목사님은 사역을 다른 사람에게 더 위임하실 필요가 있어요. 만약 그렇게 하지 않으면 혼자서 모든 일을 다 처리하느라 결국 녹초가 되실 거예요."

토요일은 전 교인이 참여하는 '교회 대청소'의 날이었고, 그 다음 주 월요일 아침 그 리더의 조언이 아직 머릿속을 맴도는데 전화 한 통을 받는다. 교회 미화 위원회장이 주차장 주변의 잡초를 베고 정리하는 데 당신이 도와주러 나타나지 않았다고 불평한다. "목사님, 다른 사람들에게 이런 일을 떠맡기면 솔직히 어떤 사람은 목사님이 스스로 너무 고귀하다고 생각해서 이런 궂은일은 안 하려고 하시는 게 아닌지 의구심을 품을 거예요. 목사님은 목사님을 제외한 모든 사람이 종이 되기를 기대하시는 것 같아요. 섬김의 도를 잃어버리신 거 아니에요?"

지혜로운 위임과 다른 이들을 세심하게 배려하고 섬기는 태도가 섬세하게 균형을 이루게 하려면 어떻게 해야 하는가? 상황을 복잡하게 하는 요인은 여러 가지다. 주님 앞에서 정당하고 올바른 것이 무엇인지 스스로 개념을 정립하고자 씨름해야 할 뿐 아니라 개인적 죄책감, 이사회에 대한 기대, 교인들의 인식, 일을 위임할 수 있는 자원봉사자의 동원 정도, 서로 겹치는 행사, 우리 힘으로 통제하기 어려울 수도 있는 수많은 가변적 상황 등 다른 여러 문제도 다루어야 한다.

우리의 생각과 행동이 균형을 이루기 위해 가장 먼저 해야 할 일은 우리 자신의 마음 상태를 있는 그대로 평가하는 것이다. 그리스도의 몸 된 교회의 리더들은 무엇보다 종의 마음으로 섬기도록 부르심을 받았다. 종으로 섬기는 법을 배우지 못한 사람은 성도들에게 영적 리더십을 발휘하더라도 실제적인 효과는 제한적일 수밖에 없다.

사역을 대하는 사역자의 태도는 종의 역할을 어떻게 이해하느냐에 따라 결정적 영향을 받는다. 종의 마음으로 섬기는 지도자라면 어떤 일이든 기꺼이 협력하며 겸허한 자세로 흔쾌히 감당하고, 어떤 역할이나 의무든 이행하려는 적극적인 자세를 지녀야 한다. 자기 자신을 진정한 종이라고 여긴다면, 위신을 세운다고 꺼리거나 주저하는 일이 있어서는 안 된다. 천하고 일상적인 일이든 특별하고 고귀한 일이든, 지위와 개인의 체면을 이유로 꺼리거나 주저하지 않고 기꺼이 감당할 수 있는 자발성을 보여야 한다. 종으로서 지도자는 자발적인 마음을 지녀야 한다.

이런 의미에서 위임은 타당한 대안이 아니라고 생각할 수도 있다. 하지만 이것은 사실이 아니다. 어떤 일이든 흔쾌히 한다고 해서 우리가 모든 일을 다 해야 한다는 의미는 아니다. 종으로서 역할과 사역 은사의 훌륭한 청지기로서 책무가 균형을 이루려면, 우선순위를 분명하게 파악하고 사역의 목적을 이루기 위해 무엇이 필요한지 깊이 고민해봐야 한다.

사역자는 목요일 아침마다 주보를 접는 일도 마다하지 않고 기꺼이 할 수 있어야 한다. 하지만 주일날 양들에게 영적 자양분을 공급해야 하는데 시간이 부족하다면, 설교 준비를 제대로 하지 못하기보다 차라리 주보를 접지 않는 편이 더 낫지 않을까? 주일 아침에 유아실에서 기꺼이 기저귀 가는 일을 할 수는 있지만, 강대상에서 설교로 섬기는 일이 사역자로서 사역 은사를 더욱 잘 활용하는 것이 아니겠는가? 최고의 사역 은사가 있어도 교회 잔디를 정리할 수 있다. 하지만 그 일을 할 수 있는 누군가가 있다면, 목회자가 소명받지 않았고 적격이지 않은 일을 그 사람이 해주는 것이 마땅하지 않겠는가?

종의 마음으로 섬기는 사역과 사역의 위임이라는 문제의 핵심은 우리의 태도라고 할 수 있다. 교회 미화 위원회의 책임자나 우리 선택을 의심스럽게 바라보는 이들에게 어떤 지적을 받거나 조언을 받을 때 그 사람의 말을 반박하고 신앙의 우선순위에 관해 강의를 늘어놓기보다 따뜻한 말로 응대해보라. 그러면 바라던 결과를 얻기가 훨씬 쉽다. "당신의 말이 옳을 수도 있어요. 토요일에 교인들과 함께 교회 청소를 해야 했을지도 몰라요. 하지만 때로 제가 해야 할 최선의 일이 무엇인지 고민이 됩니다. 이런 일이 있을 때 어떻게 하면 올바른 선택과 현명한 결정을 할지 저와 장로들을 위해 기도해주시면 좋겠습니다. 그런데 성도님들이 교회 화단을 정말 잘 정돈해주셨더라고요." 누가 알겠는가? 그 사람은 단지 자신이 하는 일을 목회자가 인정해주기를 바랐고, 당신이 굳이 그 현장에 함께하지 않더라도 그를 인정해줄 방법이 있다면 말이다.

우리가 어떤 선택을 하든지 흠을 찾아내고 비판하려 드는 사람은 항상 있다. 다른 사람들의 판단과 이목이라는 문제는 절대 완전히 해결하기 어렵다. 그들이 강제로 우리가 중시하는 우선순위를 받아들이게 할 수는 없다. 그렇다면 이 부분에서 균형을 유지하기 위해 가장 중요하게 봐야 할 점은 무엇인가? 그것은 바로 태도다.

> 너희 안에 이 마음을 품으라 곧 그리스도 예수의 마음이니 그는 근본 하나님의 본체시나 하나님과 동등됨을 취할 것으로 여기지 아니하시고 오히려 자기를 비워 종의 형체를 가지사 사람들과 같이 되셨고(빌 2:5-7).

의도적으로 우리 마음의 태도를 살피려고 노력하며 종의 마음으로 섬기는 사역과 사역의 지혜로운 위임이 적절히 균형을 이루도록 해야 한다. 사역에 영향을 미치는 영역이 확장되고 사역 감독의 책무가 더 무거워질수록 종으로 섬기는 지도자로서 균형을 유지하기가 더 어려워짐을 알 수 있을 것이다. 우리의 생각을 흔들어 성경적으로 균형을 이루지 못하는 사태로 몰아가려는 이들의 말을 듣지 말고, 귀 기울여 성령의 음성을 민감하게 듣는 훈련을 하라. 그리스도를 제대로 쫓아가고 있다면, 우리가 선택하는 방향과 드러내는 태도에서 성령과 호흡을 맞추며 우리 생활과 사역이 균형을 이루게 할 수 있을 것이다.

우려가 가시지 않는다면 이 부분에서 마음의 태도를 부지런하게 점검하는 노력을 계속하라. 진전이 있는지 판단하기 위한 정기적인 계획을 세우라. 당신을 잘 알고, 믿을 수 있는 친구들의 도움을 받아 현재 업무량을 처리하는 방식과 관련해 다음 질문을 해보라.

- 하고 싶지 않아서 회피하는 의무는 없는가?

- 어떤 일에 대한 참여의 기준이 자신의 위치에 대한 특정한 이미지를 고수하고 싶은 욕망인 경우는 없는가?
- 이런 행동을 선택한 이유가 우선순위의 올바른 적용에 따른 것인가? 아니면 하고 싶지 않은 일을 피하기 위한 고육책인가?
- 해야 하는 일보다는 하고 싶은 일만 하는 습성이 있지는 않은가?
- 단순히 필요를 인지하고 반응하는 차원에서 순수하게 종의 역할을 수행한 적은 마지막으로 언제인가? 어떤 필요를 인지했을 때 처음으로 보인 반응이 나 대신 그 일을 할 누군가를 찾는 것은 아니었는가?

뒤에서 이어지는 질문들은 확실한 답을 찾는 데 도움이 될 것이다.

자신을 아는 일은 다른 사람을 아는 일과 균형을 이루어야 한다

자기 자신에 관해 얼마나 잘 아는가? 이 질문을 듣고 긴장하기 전에, 단순히 감상적인 차원에서 이 질문을 하는 것이 아님을 알아야 한다. 또 단순히 호기심의 차원에서 자신을 이해하라거나 자기 계발을 이루라는 것이 아니다. 자신이 어떤 존재인지 이해하는 필수 단계를 밟지 않는다면, 사람들에게 일관된 리더십을 발휘하기가 어렵다. 다른 사람들을 이끌고 목회 방향을 제시하기 위해서는, 사람들이 어떤 일에 가슴 설레며 반응하는지 이해하는 능력을 키워야 한다. 이런 능력은 먼저 자기 자신을 이해하고, 우리가 품은 생각과 마음에 대해 올바로 판단하는 법을 배우는 데서 시작한다.

자신과 다른 사람을 이성적으로 이해해보겠다고 매사에 심리학적 차원에서 접근할 필요는 없다. 그리스도인 사이에 유행하는 자기 계발서와 대중 심리학 이론은, 그리스도의 교회가 스스로 정확히 이해하고 맡은 소임을 감당하도록 바울이 준 성경적 교훈을 거의 유명무실하게 만들었다. "내게 주신 은혜로 말미암아 너희 각 사람에게 말하노니 마땅히 생각할 그 이상의 생각을 품지 말고 오직 하나님께서 각 사람에게 나누어 주신 믿음의 분량대로 지혜롭게 생각하라"(롬 12:3). 우리가 가진 자원이 무엇인지 모르면서 그 자원을 이용하거나 우리에게 어떤 결점이 있는지 모르면서 그 결점을 보완할 수는 없다. 다른 사람들과 균형을 이루며 효과적으로 사역하려는 사람이라면, 자신에 대해 올바로 판단할 수 있어야 한다.

 자기 자신을 모를 때 발생하는 문제는 스스로의 행동 패턴이나 정서적 반응의 경향, 사고 처리 과정을 잘 모르기 때문에 자신의 반응을 추적 관찰하고 수정할 수 없다는 것이다. 사역을 시작하고 첫 10년 동안 위기를 맞닥뜨렸을 때 나는 그저 주어진 일을 처리하려고 애쓰는데 그토록 많은 방해물과 부딪히는 이유가 무엇인지 도무지 알 수가 없었다. 교회의 다른 리더들과 갈등을 빚는 경우가 적지 않았고 그들 역시 나 못지않게 힘들어하고 좌절하는 것을 것을 보았다. 한번은 너무 힘들고 감정을 통제하기 어려웠던 모임을 마치고, 친구 중 한 명이 나의 문제라고 생각하는 부분을 지적해주었다. 그가 보기에 내 리더십 방식의 어떤 부분 혹은 단순히 나의 어떤 태도에 다른 사람들을 불쾌하게 하는 무언가가 있다고 했다. 그래서 그는 내가 어떤 시도를 할 때 저지하고, 자리를 이탈해 균형을 잃지 않게 할 수밖에 없었다고 했다.

친구는 나에 대해 느낀 점을 이야기해주었다. 그가 보기에 나는 야심만만하고 원하는 것이 있으면 얼마나 많은 시간이 걸리든, 얼마나 많은 인원이나 힘든 과정이 필요하든, 무작정 밀어붙이고 압박하는 사람이었다. 친구라고 생각했던 사람이 이렇게 말할 정도였다. 누구라도 나를 이런 식으로 볼 수 있다고 생각하니 진땀이 흘렀다. 그다음 날 교회에서 다른 두 친구와 점심을 하며, 그들도 나에 대해 똑같이 생각하는지 물어보았다. 그들은 앞에 놓인 접시를 내려다보며 어떻게 하면 내 기분을 상하지 않게 답할지 잠시 침묵했다. 그런 친구들의 반응을 보고 나에게 문제가 있음을 확실히 깨달았다. 스스로 생각하는 것보다 나는 나에 대해 잘 모르고 있음이 분명했다. 마침내 입을 연 친구들은 그렇게 생각한다고 대답했다. 그때 나는 사역 팀에 상식적이고 균형 잡힌 리더십을 발휘하고 싶다면, 나 자신의 본성과 성격을 더 잘 이해하고 공부해야 한다는 사실을 깨달았다. 우리는 이제 분명해진 그 문제를 놓고 고민해보기로 했다. 나 자신도 나에 관해 가능한 한 깊이 있게 분석하고 파악하기로 결심했다. 내가 진정으로 어떤 사람인지를 심층적으로 이해하여, 그리스도의 몸 된 교회를 섬기는 종이자 리더로서 더 효과적인 사역을 할 수 있도록 노력하기로 했다. 스스로 솔직하게 이런 질문을 던져보면 도움이 된다.

- 자신의 영적 은사와 타고난 능력은 무엇인가?
- 특별히 남다른 의욕과 열정이 생기는 영역이 있는가? 그 영역은 무엇인가?
- 개인적인 목표와 야망은 무엇인가?

- 그런 목표를 좇을 때 앞을 가로막는 요인은 무엇이며, 개인적 야망을 좇을 때 막아서는 요인은 무엇인가?
- 가정에서 당신에게 긍정적·부정적 영향을 미치는 요인이나 환경이 있는가? 그것은 현재 처한 인생 주기 때문에 생기는 것인가? 아니면 단순히 생활 방식과 상황 때문에 생기는 것인가?
- 누군가가 일을 맡길 때 어떤 소통 수단이 자신에게 가장 효과적인지 알아차렸는가? 비판의 말이 필요할 때는 어떤 소통 수단이 효과적인가? 칭찬? 공감? 사랑? 그런 감정을 사람들에게 가장 효과적으로 전달할 방법은 무엇인가?

이런 질문에 답하기가 당혹스럽다고 해도 우리는 이런 질문을 꼭 던져볼 필요가 있다. 우리가 하지 않으면 결국 다른 누군가가 할 것이다!

자기 자신을 알아가는 일은 대체로 유쾌한 경험은 아니다. 하지만 개인적으로나 지도자로서 성장하고 싶다면, 꼭 이 과정을 거쳐야 한다. 그러나 자신을 아는 것만으로는 충분하지 않다. 이런 노력 못지않게 다른 사람들을 알고자 부지런히 노력해야 한다. 다른 사람을 잘 알고 이해하면, 왜 지금 그들이 그런 행동을 하는지 더 잘 이해할 수 있다. 또 당신이 그들에 관해 진심으로 알고 싶어 할 정도로 관심이 많다는 사실도 전달할 수 있다.

자신을 아는 일과 다른 이들을 아는 것이 균형을 이루려면 성실한 노력이 필요하다. 그리고 그리스도 안에서 사람이 성숙해지는 일에 진정으로 관심이 있어야 한다. 자신을 잘 모른다면, 사역하는 동안 같은 부분에서 계속 실수할 가능성이 크다. 긴 시간 관계를 맺는 데 꼭 필요한 개인적 성장과 자기 발견을 이루려고 하기보다 주기적으로 사역을 바꾸어야 한다고 여길 것이다. 다른 사람에 관해 모른다면, 활용할 수 있는 자원을 비효율적으로 낭비할 위험이 커진다. 우리의 무감각 때문에 하나님 나라의 소중한 우군과 동역자를 지치고 힘들게 할 것이다. 자신과 다른 사람을 아는 일에 균형을 잡으면, 인생과 사역에서 실제적인 면에서나 관계적 면에서 항상 도움이 될 것이다.

분별력과 민감함은 논리와 이성과 균형을 이루어야 한다

논리와 이성으로 모든 것에 대한 해답을 얻을 수 없다. 모든 문제에서 최소 공배수를 찾아내고, 항상 연역적 추론 과정을 적용해 결정을 내리려는 리더들은 머지않아 산뜻하고 탄탄한 논리적 결론이 설명할 수 없을 정도로 엉망이 된다는 걸 알게 될 것이다.

분별력과 민감함 역시 모든 환경에 대한 해결책이 아니다. 무엇보다 직관에 의존해 리더십을 행사하고 결정을 내리는 사람은 특히 당황스러운 상황에 많이 부딪힐 것이다. 많은 경우, 주관적 기준에 따라 내린 선택으로는 사역 리더가 당면한 수많은 문제를 다룰 수 없다.

건전한 판단과 논리적 사고력은 의사 결정의 합리적 근거를 마련해준다. 치밀하고 꼼꼼하게 사고하는 법을 배우지 않았다면 언뜻 지혜로운 결정과 계획으로 보여도 사고의 결함 때문에 실패로 돌아갈 경우가 적지 않다. 관련된 모든 요인을 철저히 따져보는 시간을 보내지 않아서, 중요한 단계들을 생략해버렸기 때문에 많은 위대한 제안이 그대로 사장된 경우도 많다. 논리적이고 합리적인 실행 과정을 따를 준비가 되어 있지 않아서 리더십이 흔들리는 일이 없도록 조심하라.

스스로 이 분야에 취약하다고 생각하면 논리적 사고력이 탁월한 사람이나 문제 해결자, 과정 개발자, 기획자의 도움을 구체적으로 받는 방식으로 문제를 개선할 방법을 찾아보라. 참신한 기획 방식에 입문하게 해줄 자료들을 읽고 연구해보라.* 의사 결정에 대한 검증된 절차와 세세한 부분까지 깐깐하게 살피고 일관되게 적용된 논리를 따르는 자료들도 읽고 연구해보라. 어떤 과제와 맞닥뜨리든지 더 치밀하게 사고할 능력을 키우는 데 큰 도움을 받을 것이다.

어떤 사역 리더는 이 분야의 약점을 핑계로, 개선을 위한 노력을 전혀 하지 않고, 사람들에게 무조건 믿음으로 따르라고 촉구한다. 우리 사역의 효과성은 깊은 고민을 거친 기획이라는 합리적 근거나 모든 사실을 취합하고 제시하는 세심한 관리 없이 어떤 프로젝트를 시작하는 것만으로도 훼손될 수 있다. 우리가 이끌 사람들의 지원을 얻기 전에, 먼저 우리가 해야 할 숙제를 하지 않고 논리의 기본 원리를 적용하지 않았다는 사실이 밝혀지면, 우리는 곧 신뢰를 잃어버리게 된다.

그러나 객관적 성경 진리의 실제적 적용과 논리적 사고를 기

---

* Bobb Biehl의 *Master-Planning: The Complete Guide for Building a Strategic Plan for Your Business, Church, or Organization*(Nashville: Broadman & Holman, 1997), 『마스터플래닝』(베이스캠프미디어 역간), 혹은 Stephen Douglass의 *Managing Yourself*(San Bernandino, CA: Here's Life Publishing, 1978), 『크리스찬의 자기관리』(순출판사 역간)와 같은 책이 대표적이다.

초로 합리적인 토대를 마련하는 숙제를 마무리하더라도 주관적인 방법에 의존할 수밖에 없는 영역은 여전히 있다. 모든 것이 꼼꼼하게 추론하고 객관적으로 정리된 논증이 될 수는 없다. 또한 성경의 '장과 절'에서 제공하는 대답으로는 이해할 수 없는 사역의 문제도 발생한다. 성경 원리를 이해해야 하고 리더십을 발휘해야 하는데 지침이 될 구체적 명령이나 교훈을 찾을 수 없을 때가 바로 우리 걸음을 인도해주실 성령을 의지하는 법을 배워야 할 순간이다.

리더십은 주관적인 측면이 있다. 성경에서 직접적인 답을 찾을 수 없거나 합리적 추론으로도 논리적 답변을 얻을 수 없는 결정을 내려야 할 상황이 발생한다. 그러므로 주관적인 영역에서 하나님은 일상적으로 의존하는 객관적 기준에서 벗어나 의사 결정에 하나님의 지혜가 필요할 때 잠언에서 '분별'과 '통찰'이라고 하는 것을 주신다. "네 귀를 지혜에 기울이며 네 마음을 명철에 두며 지식을 불러 구하며 명철을 얻으려고 소리를 높이며 은을 구하는 것같이 그것을 구하며 감추어진 보배를 찾는 것같이 그것을 찾으면 여호와 경외하기를 깨달으며 하나님을 알게 되리니"(잠 2:2-5).

예를 들어 어떤 사람이 공동체 예배 때 특정 스타일의 음악을 부르지 않는 이유가 무엇이냐고 물으면 나는 우리 교회 교인의 연령대별 비율, 시대에 따른 기독교 음악의 변화 혹은 다른 객관적 사실과 관련한 이유를 제시할 수 있다. 그러나 진짜 문제는 취향과 개인의 선호와 같은 주관적인 문제와 관련이 있다. 주로 주관적인 이유로 우리는 교인들에게 가장 적합하다고 믿는 음악을 선택한다. 오직 이성만을 사용해 그 점을 설명해보라. 우리가 제시하는 모든 논리적 설명에 대해 음악적 취향이 다른 사람들은 동일하게 그들의 선호에 대한 주관적인 이유를 대며 반박할 것이다. 누군가는 결정을 내려야 할 필요가 있고, 그렇게 결정하기 위해서는 성령의 인도하심을 민감하게 느끼고 마음과 생각에 경건한 분별력이 있는 지도자가 있어야 한다.

지도자는 성격상 객관적이기보다 주관적인 선택이나 결정을 내려야 할 경우가 더 많다. 항상 꼼꼼하게 정리된 논리적 실행 과정을 적용할 수 없고, 내리는 모든 결정을 뒷받침해주는 성경 구절을 발견하리라 장담할 수도 없다. 그러므로 우리는 논리적이고 합리적인 측면과 성령에 민감하게 반응하고 분별하는 두 차원이 균형을 이루도록 해야 한다. 두 차원은 성경의 진리에 근거하며 그 동기 역시 성경적이어야 한다. 그러나 논리만으로 충분하지 않을 때 성경적 지혜를 가장 잘 적용할 길이 무엇인지 분별력이 필요한 상황이 생긴다. 의사 결정의 주관적 수단으로 분별력을 발휘할 때 논리와 마찬가지로 우리는 여전히 성경을 의지해야 한다. 하지만 구체적인 명령이나 교훈이 없는 상황에서는 종종 지혜로운 선택을 위해 성경 원리를 적용하는 법을 알아야 하고 여기에 경건한 분별력이 필요하다.

우리는 살아오면서 항상 이런 자세를 견지하지만, 이성과 분별력이 서로 끊임없이 보완함으로 균형을 지키기를 바라기 때문에 거의 대체로 이 둘을 엄격하게 구분하지 않는다. 배우자를 택할 때 성경적인 가르침을 합리적으로 적용하기 위한 몇 가지 원칙이 있다. 가장 분명한 사실은 신자여야 한다는 것이다. 그러나 또한 남편과 아내로 관계를 맺고 서로 헌신하고자 준비가 되어 있다면 우리가 바라는 주관적인 한 몸이라는 감정을 주시도록 하나님을 의지해야 한다. 많은 미혼자가 집무실을 찾아와 결혼할 배우자를 꼭 찍어 점지해주는 성경 구절이 있다면 너무나 감사하겠다고 말한다. 이성은 분명히 도움이 되지만 경건한 분별력의 건강한 활용으로 뒷받침되어야 한다.

이성과 분별력의 건강한 균형을 유지하는 비결은 성경 원리를 벗어나지 않는 동시에 모든 것을 논리로만 접근하여, 이성을 절대시하는 극단으로 치닫거나 전적으로 감정과 취향에 근거해 의사 결정을 내리며 분별력에만 의지하는 또 다른 극단으로 가지 않게 경계하는 것이다. 성경에 근거하지 않는 논리는 하나님의 뜻에서 벗어날 수 있다. 동시에 성경적 원리와 가르침을 굳건하게 붙잡지 않고 오직 개인의 이상과 주관적 분별력만을 의존하는 사람은 하나님의 계시된 뜻과 어긋나는 모든 종류의 혐오스러운 행동을 정당화할 위험이 있다.

경건한 분별력과 건전한 이성적 판단의 균형은 하나님의 말씀이라는 최종 권위에 굴복할 때만 유지될 수 있다.

이 점과 관련해 마지막으로 한 가지를 지적할 필요가 있다. 나는 실제로 내가 내린 결정에 하등 영향이 없었다고 해도 내가 하는 행동의 근거가 되는 합리적 이유를 제시하려는 경향이 강하다. 그런 경우 나는 주관적으로 결정했지만 객관적으로 그 결정을 설명하려고 노력한다. 이렇게 주관적 결정과 객관적 이유가 건강한 균형을 유지하면, 리더십 아래 있는 사람들이 리더를 투명하고 신뢰할 수 있는 사람으로 받아들이는 데 도움이 된다.

저마다 자기 상황에서 상충하는 요구 찾아보기

우리가 맡은 소명에 먼저 필요한 관심을 기울이지 않고 균형을 지키려 한다면 우리는 부르심에 태만한 대가를 치를 수밖에 없다. 하나님의 부르심에 따른 요구를 처리하기 위해서는 하나님이 우리에게 맡기신 모든 일에 균형을 이루도록 세심한 관심을 기울여야 한다.

수레바퀴의 살처럼, 균형 잡힌 사역 생활을 감당하기 위한 도구는 같은 무게를 안배함으로 적절한 균형을 이루어야 한다. 당신은 이 일을 얼마나 잘 감당하고 있는가? 장담하건대 적어도 완벽한 수준은 아닐 것이다. 그러나 완전한 균형을 이루기까지 우리는 포기하지 않고 계속 노력해야 한다.

지금까지 살펴본 범주들이 당신이 당면한 문제와는 상관없을 수도 있기 때문에 부록에 나온 바퀴의 칸을 빈 상태로 두어 각자의 관심 영역을 채울 수 있게 했다. 서로 부딪히는 항목이 있다면 목록을 만들어보라. 이렇게 하면 서로 균형을 이룰 방법을 찾아내기가 더 용이해질 것이다. 나는 이런 작업을 통해, 주님이 부르셨다고 믿는 소명을 감당하려고 할 때 성취감보다는 오히려 더욱 좌절감이 드는 이유가 무엇인지 깨달았다. 각 항목이 상충하는 부분을 보면서 어느 지점에서 내가 어려움을 겪는지 확인할 수 있었다. 당신 역시 이런 작업을 통해 지나치게 관심을 기울인 부분과 거의 무관심으로 일관한 부분이 어디인지 찾아낼 수 있을 것이다. 하지만 단순히 문제를 확인한다고 그 일이 해결되지는 않는다. 우리가 구체적으로 어려움을 겪는 부분이 무엇인지 파악하고 이해해야만 해결책을 찾으려는 우리 노력이 의미가 있을 것이다.

감사하게도 하나님은 소명의 각 영역이 균형을 이루도록 항상 길을 준비해주시는 분이다. 잠시 하나님의 길이 보이지 않는다고 해도 끝까지 우리가 그 일을 감당하도록 도와주시리라고 확신할 수 있다. "너희 안에서 착한 일을 시작하신 이가 그리스도 예수의 날까지 이루실 줄을 우리는 확신하노라"(빌 1:6).

2부

비전을 선명하게 하기

3장.

거룩한 비전이
없는 사역

열일곱 살이던 어느 날 밤 나는 토너먼트로 진행되는 농구 경기에 참여하고 있었고, 계획보다 일찍 경기장을 뜨기로 했다. 마침 비가 오고 있었던 터라 서둘러 비를 피해 차에 올랐다. 급하게 서두르다 보니 주차장이 꽉 찬 상태여서 옴짝달싹할 수 없는 상황임을 알지 못했다. 처음 들어왔던 방향으로 나가려고 두 번이나 시도했지만 실패로 끝나자 두 가지 선택 외에는 어쩔 방도가 없다는 생각이 들었다. 야간의 마지막 경기가 끝날 때까지 기다리든지 아니면 빠져나갈 기발한 방법을 찾아내는 것이었다. 조바심을 이기지 못하고 출구를 찾기 위한 무모한 모험을 하기로 했다. 결국 나는 아주 단순한 선택을 하기에 이르렀는데, 앞뒤 가리지 않고 바로 행동하는 것이었다.

돌이켜 생각해보면 한 가지 중요한 요인을 고려해야 했다. 1965년산 포드 무스탕의 김 서림 방지기는 내가 이 차를 탄 이후로 작동한 적이 없었다. 이 모험을 시작할 때는 내가 어느 방향으로 가는지 보는 것이 얼마나 중요한지 거의 모르고 있었다. 불과 몇 분이 지나지 않아 앞 유리는 짙은 안개가 서린 듯 아무것도 보이지 않았다. 생각을 집중하고 실행할 수 있는 합리적 대안을 찾아보기보다 나는 무작정 그대로 운전했다. 시야가 가로막히면 조금도 진전할 수 없다는 생각을 전혀 하지 못했다. 차창으로 머리를 반쯤 내밀자 빗물이 눈으로 떨어졌다. 그러나 나는 드디어 나가는 길을 찾았다고 생각했다.

앞 유리에 수증기가 가득 서려 있고 세차게 내리는 빗물에 눈이 따끔거렸다. 앞에 자갈길을 보이자 183미터 떨어진 신축 대학 기숙사로 이어지는 주차장 뒤편으로 나갈 수 있겠다는 생각이 들었다. 실제로 확실하지는 않았지만 한 쌍의 헤드라이트 불빛이 그 기숙사 방향에서 체육관 쪽으로 오고 있는 것 같았다. 나는 지체하지 않고 좁은 자갈길로 내려갔다. 당황스럽게도 금방 도로 폭이 내 차보다 좁아졌다. 하지만 개의치 않고 계속 밀고 나갔다. 몇 미터 더 나아가자 자갈길은 오솔길이 되었고 그러더니 인도가 나왔다. '그렇다면 뿌옇게 흐린 빗속에서 내가 본 헤드라이트 불빛은 도대체 무엇이었는가?'라는 생각이 뇌리에 스쳤다. 공포감이 엄습하는 동시에 차축이 인도 옆의 진흙탕에 박히고 말았다. 내가 본 '헤드라이트' 불빛은 인도 끝에 자리한 기숙사 문 양쪽의 불빛임이 드러났다. 모양새 있게 무사히 빠져나갈 가능성은 이제 완전히 사라지고 말았다. 간단히 말해 인도를 둘러싼 공터는 너무 진창이어서 견인 트럭을 불러 2-3일 동안 새로 입힌 잔디를 망가뜨려야 겨우 차를 끌어낼 수 있었다.

목회자로서, 현재의 사역 방향과 진행 방식에 명확한 비전을 세우기 전에 무턱대고 돌진한 적은 없는가? 목회자는 무엇인가 해야 한다는 강박증이 있기 때문에 때로 주위를 둘러싼 안개를 무시하고 무리하게 앞으로 돌진하려는 경향이 있다. 방향 감각을 완전히 상실하기 전에 진창에 빠지지 않고 갈 길을 찾기를 바라서다.

태어날 때부터 사역에 대한 완성된 비전을 가진 목회자는 없다. 당연히 주님은 목회자로 섬기라는 부르심에 우리가 응답한 즉시, 그 소명을 모두 이해할 거로 요구하거나 기대하지 않으신다. 나의 경우에는, 목회 초기에 나를 위한 하나님의 장기적 비전과 목사로 섬기게 된 교회의 생리를 잘 파악하지 못해서 큰 불안감에 시달렸다. 최근에 어떤 사람이 내가 목회하는 교회의 모습이 주님이 교회를 시작하기 전에 주신 비전과 일치하는지 물었다. 그가 진지하게 그 질문을 했다는 사실을 깨닫자, 나는 웃음기를 거두고(그가 농담하고 있다고 생각해서 그 질문을 듣자마자 웃어버렸다) 하나님이 우리 교회에 무슨 일을 행하실지 생각조차 하지 못했다고 말했다. 목회자 중에는 평생 사역 기간을 거쳐 온전하게 완성되는 비전의 큰 그림을 다룰 정도로 성숙한 사람이 있을 수 있다. 하지만 나는 분명히 그런 부류와는 거리가 멀었다.

사역의 성경적 원리로, 우리의 특별한 은사뿐 아니라 우리가 특별히 섬기도록 부르신 곳과 사람들이 어디이고 누구인지가 드러나면서 비전은 더 발전하고 분명해진다. 『목적이 이끄는 교회』The Purpose-Driven Church*를 주창하는 사람들이 있듯이 나는 '원칙에 기반을 둔 교회'의 주창자라고 스스로 주장한다. 원칙에 기반을 둔 교회는, 우리 자신의 삶이나 그리스도 안에서 함께 성장하는 사람들의 삶에, 원리에 바탕을 둔 비전이 적용되는 모습을 볼 수 있다.

초창기 목회 시절에는 우리를 위한 하나님의 특별한 비전이 무엇인지 명확하게 드러나지 않는다. 따라서 교회를 위한 하나님의 계획에 내가 있어야 할 자리가 어디인지 확신하지 못하고 상당 기간 불안함을 경험할 수 있다. 지금도 그런 상태라면 포기하지 말고 교회에 대한 성경 원리와 하나님의 백성이 성숙해지는 데 필요한 성경 원리를 가능한 한 깊이 이해하고 공부하려고 노력해야 한다. 물론 처음부터 이 모든 것을 이해하려고 시도할 수도 있다. 즉 사역의 어떤 부분에 은사가 있는지 혹은 하나님의 뜻에 기여하도록 특별히 부르신 부분은 무엇인지 실제로 알기 전에, 이 모든 것을 다 이해하려고 할 수도 있다는 말이다. 그러나 사역의 점진적 성장을 이루는 가운데 자신의 꿈을 다듬어가는 것이 훨씬 합리적이다.**

---

* Rick Warren의 책 *The Purpose-Driven Church*(Grand Rapids: Zondervan, 2002), 『목적이 이끄는 교회』(디모데 역간)에서 보여주듯이, 이런 접근 방식은 큰 의미가 있다. 교회가 그리스도 중심적이며 하나님을 경외하는 사역을 하기 위해서는 당연히 성경 원리에 기반을 둔 사역을 해야 한다.

** Bobb Biehl의 *Dream Energy: Making a More Significant Difference in Fulfilling Your Life Dream*(Orlando: Quick Wisdom Publishing, 2001)을 참고하라. 이 책 부록 C의 '꿈을 확인하는 열 가지 질문'이 특별히 도움이 될 것이다.

명확한 비전의 필요성

어린 시절 놀이에 눈을 가리거나 감고 하는 놀이가 으레 있었지만, 아무리 가까운 거리를 가더라도 눈 감고 달리기는 할 수 없을 것이다. 어딘가에 부딪힐 위험이 있는 것은 물론이고, 균형을 잃고 넘어지지 않기 위해서라도 눈은 뜨고 있어야 하기 때문이다. 확고한 비전이 없는 삶은 바로 이렇게 눈을 감은 채 달리는 것과 매우 흡사하다. 우리는 현재 감당하는 사역의 가치를 점검하고, 인생을 어리석게 낭비하지 않고 알차게 사는지 확인해야 할 필요가 있다.

거룩한 비전을 추구하는 데 전력하는 삶은 커다란 의미가 있다. 언젠가 이루어질 날을 고대하며 노력하는 인생의 꿈이나 비전이 있는가? 1963년 8월 28일 마틴 루터 킹 주니어라는 젊은 설교자는 워싱턴 DC의 링컨 기념관 입구 계단에 서서 자신의 꿈과 비전에 대해 연설했다. 그 꿈에 대한 연설을 들을 때마다 나는 지금도 마음에 열정이 솟아오름을 느낀다. 그 연설은 그가 언젠가 이루어지리라 갈망하는 인생에 대한 생생한 이미지에서 생겨났다. 그날 그가 연설한 내용의 일부를 소개하니 읽고, 그의 목소리에서 느껴지는 순수한 열정과 감동적인 내용을 기억해보라.*

우리가 오늘도 내일도 이런 어려움을 겪는다고 해도 오늘 나의 친

---

* Dr. Martin Luther King Jr., "내게는 꿈이 있습니다"(1963년 8월 28일 워싱턴 DC에서 열린 직업과 자유를 위한 워싱턴 행진에서 했던 연설이다).

구인 여러분에게 이렇게 말하겠습니다. 나에게는 여전히 꿈이 있다고. 그것은 아메리칸드림 속에 깊숙이 뿌리박힌 꿈입니다.

나에게는 꿈이 있습니다. 언젠가 이 나라가 봉기하여, 이 나라가 믿는 '모든 인간이 평등하게 태어났다는 사실은 자명하다고 생각한다'는 말의 참뜻을 실행하게 될 날이 반드시 오리라는 꿈을 품고 있습니다.

나에게는 꿈이 있습니다. 언젠가 조지아주의 붉은 언덕 위에서 노예였던 사람들의 후손과 노예를 소유했던 사람들의 후손이 형제들이 앉는 식탁에 함께 둘러앉으리라는 꿈입니다.

나에게는 꿈이 있습니다. 불의의 열기가 이글거리는 미시시피주조차 언젠가 자유와 정의의 오아시스로 변할 것이라는 꿈입니다.

나에게는 꿈이 있습니다. 나의 아이 네 명이 피부색이 아니라 개성에 따라 능력이 판단되는 나라에서 살게 될 날이 오리라는 꿈이 있습니다.

오늘도 나에게는 꿈이 있습니다!

악의적인 인종차별주의자들이 살고, 주지사의 입에서 '주권 우위설'과 '무효'라는 말만 쏟아져 나오는 바로 저 앨라배마주에서도, 흑인 소년 소녀가 백인 소년 소녀와 형제자매로 손을 맞잡게 될 날이 오리라는 꿈이 있습니다!

오늘도 나에게는 꿈이 있습니다.

언젠가 모든 계곡이 메워지고 모든 언덕과 산이 깎이며, 울퉁불퉁한 곳은 평탄하게 되고 휘어진 곳은 곧게 되어 하나님의 영광이 이루어지고, 모든 사람은 함께 그것을 보게 되리라는 꿈이 있습니다.

이것이 우리의 희망입니다.

비전이 얼마나 중요한지는 재론의 여지가 없다. 열정적인 비전은 언제나 강력한 동기를 이끌어내는 힘을 발휘한다. 그 비전을 주신 분이 바로 하나님이시라면, 우리를 향한 하나님의 비전이 생생한 현실이 되는 모습을 보기 위해 우리의 열정을 더욱 불태워야 하지 않겠는가. 하나님은 우리를 위한 계획을 세우셨다. 그분은 그 계획을 우리에게 알려주어 우리 소명이 확장되기를 바라시고, 우리가 그분의 시각으로 꿈꾸기를 원하신다. 또 그분이 우리나 백성을 통해 마음껏 일하시도록 내어드릴 때 어떤 놀라운 일이 일어날지 볼 수 있기를 바라신다. 모든 신자는 확신과 열정으로 '내게는 꿈이 있습니다'라고 말할 수 있어야 한다.

잠언서의 한 구절은 비전의 필요성을 담대하게 선언한다. 잠언 29장 18절을 가장 강력하게 번역한 성경은 흠정역KJV이다. "비전이 없는 곳에서 백성은 멸망한다." 새미국표준성경NASB과 새국제역NIV은 이 구절을 약간 다르게 번역하지만 흠정역 못지않게 강력하다. "비전이 없는 곳에서 백성은 마음대로 행동한다."NASB "계시가 없는 곳에서 백성은 절제할 줄 모른다."NIV

이 절이 제기하는 4가지 문제는 분명한 비전을 품는 것이 얼마나 중요한지 말해준다.

1. 비전이 없는 사람들은 자신의 파멸을 자초한다. 미래를 절망적으로 바라보고 현재 환경을 바꿀 아무 방법도 보지 못한다면, 암울한 구름만이 마음에 자리할 것이다. 인생의 의미를 느끼지 못할 것이며, 결국 인생은 허무하고 무의미하다고 결론 내릴

것이다. 인생이 현재와 달라지리라는 아무 희망이 보이지 않는데 모든 속박을 벗어던지고 원하는 대로 마음대로 살지 않을 이유가 있겠는가?

2. 비전이 없는 사람들은 영적으로 성장할 가능성이 전혀 없다. 목표가 하찮은 것이 되고 하나님의 뜻이 아무 상관이 없어지며 개인의 가치를 확인할 수 없다. 목표를 확인할 방법이 전혀 없거나 목표가 아예 없다면 스스로 발전하고 있는지 어떻게 알 수 있겠는가? 의미 있는 비전의 대의를 이루는 데 기여하지 않는 목표는 단순히 이 땅에서 바쁘게 시간만 허비하는 일이 될 뿐이다. 비전이 없으면 우리의 개인적 자존감도 사라진다. 우리가 이 땅에 살아가는 이유가 무엇인지 설명해줄 어떤 정당한 근거도 찾을 수 없기 때문이다.

3. 비전이 없는 사람들은 성장과 변화와 발전을 주권적 계획의 실행이 아니라 임의적이고 비의도적이라고 본다. 비전이 없으면 방향 감각이 사라지기 때문에 어떤 행동이라도 기준점이 존재하지 않으므로, 전진하는 것이나 후퇴하는 것이 매한가지로 별다른 의미가 없다. 모든 변화는 하나님이 현재 이루고 계신 일과 전혀 연결되지 않고 예측이 어렵고 종잡을 수 없다.

4. 비전이 없는 사람들은 하나님의 뜻이 수수께끼와 같아서 그분의 계획과 의도를 밝히고 드러낼 실제적이고 구체적인 사례를 찾을 수 없다고 생각한다. 하나님께 실제로 의지가 있으신지 여부는 비전이 없는 사람에게 하등 중요하지 않다. 비전을 발견하고 그것에 맞추어 살려는 꿈이 전혀 없는 사람이라면, 하나님의 뜻을 모를 경우 비전을 이루려는 호기심이 생기지 않을 수 있다. 실제로 비전이 없다면, 잠언 29장 18절 이 짧은 성경 구절이 미치는

영향이 꽤 파괴적일 수 있다.

하나님은 교인들을 이끌어야 하는 책임을 맡은 목자로서 우리를 전략적으로 중요한 위치에 두셨다. 리더십이 없으면 현상을 유지하는 데 집중하게 된다.* 그러므로 목회자와 그와 동역하는 리더십 팀이 비전을 개발하는 일은 교회가 그리스도 안에서 온전해져야 한다는 부르심에 진보를 이루기 위해 필수적이다(골 1:28).

많은 사람이 일생의 꿈에 관해 이야기하지만 이상적인 인생에 대한 비전을 가꾸는 사람도 있다. 그러므로 우리의 꿈과 비전이 실제로 하나님이 주신 것인지 결정하기 위한 기준을 확인하는 것이 중요한다. 주님이 주신 비전의 특징과 우리 자신의 생각으로 세운 비전의 특징은 무엇인가?

예레미야 선지자는 백성이 거짓 희망과 하나님과 무관한 비전을 좇도록 오도하는 거짓 선지자들과 맞서면서 이 질문에 대답해야 했다.

> 만군의 여호와께서 이와 같이 말씀하시되 너희에게 예언하는 선지자들의 말을 듣지 말라 그들은 너희에게 헛된 것을 가르치나니 그들이 말한 묵시는 자기 마음으로 말미암은 것이요 여호와의 입에서 나온 것이 아니니라(렘 23:16).

---

* Allan Acker, Providence Equipping Center for Church Development, Advanced Leadership Training Curriculum, 2002년 9월.

이 장과 다음 장에서 주님이 주신 비전과 주님이 주시지 않은 비전의 특징을 개괄적으로 설명할 것이다. 우리가 어떻게 반응하느냐에 따라 하나님의 비전을 좇을지 아니면 스스로 만들어낸 비전을 좇을지, 다시 말해 인생을 어디에 투자할지에 엄청난 차이가 생긴다.

주님이 주신 비전이 아닐 때 어떻게 그 사실을 알 수 있는가? 다음 그 특징을 몇 가지 소개한다. 자신의 비전을 이런 특징들과 비교해보고 일치하는 부분이 많다면, 불경건한 비전의 어둠 속에서 나와 주님이 준비해두신 비전을 찾아야 한다. 이 특징들을 자신의 것과 비교해보는 작업을 할 때 하나님이 나에게 수차례 그렇게 해주신 것처럼, 지금 가는 방향이 옳다고 확인해주시거나 아니면 돌이키도록 지적해주시기를 기도한다.

주님이 주시지 않은 비전의 특징

이기적 야심으로 가득하다
그리스도인 리더라도 거룩하고 올바르지 않은 목적으로 무엇인가를 실행하고자 하는 유혹에 시달린다. 오직 이기적 야심을 위해 많은 교회가 세워졌고, 사역이 진행되었으며, 사역자들이 사역의 길로 들어섰다.

잘못된 이유로 교회가 시작되고, 어떤 교회는 잘못된 이유로 유지되는 경우도 보았다. 어떤 사람은 분노와 갈등으로 교회와 결별한 후 화해를 시도하기보다 새로 교회를 개척하는 편이 더 쉽다는 이유로 교회를 시작했다. 또 어떤 사람은 편의상의 이유로 교회를 시작했다. 단지 교회가 집과 가까우면 가족이 편하다는 것이 그 이유였다. 가장 크고 빨리 성장하는 최고의 교회를 만들고자 교회를 시작한 사람도 있었다. 일부 고령의 교인은 교회에서 소수의 가정이 주도권을 유지하도록 방어하는 일 외에는 관심이 없다. 그래서 결혼하고 죽은 가족을 매장하며, 그들 가정의 아름다운 유산을 기념하는 기념비를 세워줄 곳을 지키려는 것이다.

이와 연장선상에서 명성을 쌓고 업적을 남긴 다음, 그런 업적을 '디딤돌'로 이용해 사역자로서 '성공한다'는 개인적 야망을 충족할 목적으로 교회 사역을 하는 사람도 보았다. 극도의 이기심이 작동할 수 있다는 말이다. 목회자는 스스로 경계하지 않으면 그릇된 동기로 옳은 일을 하고, 그 과정에서 영원한 의미를 전혀 얻지 못할 수 있다.

몇 년 전에 프로비던스 교회가 일종의 성장통을 겪고 있을 때 나는 계시록을 읽다가 다음의 말씀을 보게 되었다. "사데교회의 사자에게 편지하라 하나님의 일곱 영과 일곱 별을 가지신 이가 이르시되 내가 네 행위를 아노니 네가 살았다 하는 이름은 가졌으나 죽은 자로다"(계 3:1).

나는 오직 그리스도만을 위해 살아야 한다는 진리를 간과하고 개인의 명성이나 교회의 명성을 좇으려는 덫에 우리가 얼마나 쉽게 빠지는지 깨닫고 충격을 받았다. 때로 우리는 명성을 지키고 사람들의 추종을 받는 데 골몰한 나머지 더는 성령의 생명으로 꿈꾸는 경험을 하지 못하게 된다. 이기적 야심으로 가득한 꿈을 꾸거나 비전을 가꾸지 않도록 조심하라. 이런 일은 누구에게나 일어날 수 있다. 그러니 마음을 잘 지키고 주님 앞에서 겸손하게 행하며, 나의 비전이 아니라 주님의 비전을 좇아야 한다.

경로 이탈로 허무한 결과를 거둔다

자신의 꿈을 엄밀하게 검증해보면, 아무 의미 없고 무관한 곳에 막대한 시간과 에너지, 자원을 허비하고 있다는 사실을 확인할 수 있을지도 모른다. 잠시라도 그리스도께 시선을 집중하지 않으면 항로를 이탈하기 쉽다. 항로를 이탈한 뒤 그 황홀한 풍경에 이끌려 결국 원래와 완전히 다른 목적지에 다다르는 불상사가 발생한다. 주님이 주신 꿈을 찾기는커녕 결국 의도했던 곳에서 완전히 멀어지는 것이다. 더 큰 문제는 언제 어디서 열정이 단순히 관심의 차원으로 변질했고, 관심이 미지근한 취향의 차원으로 약화했는지 기억조차 하지 못한다는 것이다. 그리고 결국 처음에 꿈꾸고 열정을 불태웠던 것이 무엇이었는지 완전히 놓쳐버리게 된다.

경로를 이탈한 여정의 결과가 철저히 허무하기 때문에 인생 말년에 많은 사람이 평생 무엇을 위해 살았는지 자괴감에 빠진다. 열정으로 가득한 새 지도자는 매년 역동적이고 의미 있는 사역을 시작한다. 그들의 눈동자는 성공적인 인생에 대한 설렘과 결의로 반짝거린다. 그러나 어느 시점에 바퀴는 빠져나가고 차는 진창에 빠진 뒤 다시는 길로 돌아오지 못한다. 한때 꿈을 꾸고 비전을 품었던 이들이 꿈으로 향하는 상태가 안 좋은 도로에서 마지막으로 넘어진 곳에 주저앉아 그대로 자리를 잡는다. 그 때문인지 길가에는 수많은 노점상으로 즐비하다.

'현실적인' 비전에 안주하지 마라. 길을 떠난 지 얼마나 오래 되었건, 얼마나 많은 세월을 길 위에서 보냈건, 다시 꿈을 향해 가기 위해 필요하다면 어떤 일이라도 시도해봐야 하지 않겠는가? 구석에 오랫동안 처박아두었던 비전을 꺼내 보았다가 주님이 한 번도 그 비전을 폐기하지 않으셨고 유통기한도 없다는 사실을 알았을 때 힘이 되고 용기가 되는 일이 또 있을까? 시간을 가장 잘 활용하며 여생을 보낼 방법은 무엇인가? 이제 막 발걸음을 내디딘 상황이라면 앞으로 40년 동안 성령의 능력에 힘입어 그리스도의 은혜로 얼마나 놀라운 일을 이룰 수 있을지 생각해보라. 하나님의 비전을 우리 비전으로 삼는다면 한창 사역을 감당하는 중간 시기에도 여전히 놀랍고 영광스러운 일을 감당할 의미 있는 잠재력을 발휘할 수 있다. 심지어 사역의 말기라도 사역의 수준을 높이고 다시 전진하기에 절대 늦지 않았다. 지금 남은 에너지가 거의 없다고 생각하지 말라. 경주의 마지막 한 구간을 달리기 위해 에너지를 비축해왔다고 생각하라.

지금 시간과 에너지를 집중적으로 사용하는 부분은 어디인지 정직하게 살펴보고 이런 모습이 하나님이 준비시키시고 감당하도록 부르신 소명에 부합하는지 스스로 물어보라. 지금 꿈이 있는가? 혹은 꿈이 있었는가? 하나님은 자기 백성이 지금 바로 비전을 새롭게 가꾸어나가기를 바라시며, 아무 실익이 없는 헛된 노력으로 제자리에서 헛바퀴 도는 일이 없기를 원하신다.

타협하며 원칙이 없다

고귀하고 정의로워 보이는 수많은 비전이 그 목적을 이루기 위해 선택한 수단 때문에 속 빈 강정에 불과하다는 것이 드러난다. 이런 비전은 사실상 알맹이 없이 껍질만 남게 된다. 편의주의라는 악성 종양이 비전의 본질을 훼손하여, 비전의 무결함에 상처를 준다. 목적이 실제로 수단을 정당화할 수 있는가? 많은 사람이 결론적으로 그럴 수 있다고 생각한다. 그러나 대담하게 하나님의 꿈을 꾸고 그분의 비전을 본다면, 과정은 결과 못지않게 중요하다. 어떻게 여정을 이어가느냐는 어디로 가느냐 만큼 중요하다. 그리스도를 따르려는 사람이라면 목적으로 수단을 정당화해서는 안 된다.

부정직한 사업 거래, 금융 사기, 살인과 같은 폭력 행위, 상호 비방하고 모략하기, 남을 기만하는 말, 잘못된 관행, 해로운 독설, 끝없는 비난 등이 지난 십 년 동안 그리스도를 따른다고 자처한 이들의 행태라며 언론의 헤드라인을 장식한 내용이다. 이루고자 하는 목적을 핑계로 자신의 잘못된 행동을 합리화하는 균형이 무너진 사람들은 그리스도의 이름과 대의에 큰 상처를 냈다. 우익 집단의 연방 정부 건물 폭파, 자칭 정의의 집행자가 저지른 낙태 시술 의사 살해, 케이블 TV에 나오는 '텔레비전 전도사'의 공개적 사기 행각, 거침없이 상대 후보에 관한 거짓말을 하고 근거 없이 비난하는 그리스도인 정치가, 교회 게시판에서 벌어지는 살벌한 논쟁, 이기는 것이 그리스도에 대한 순종보다 더 중요한 업무 모임, 이런 일들이 벌어지는 것을 본 적이 있지 않은가?

원칙을 타협하고 마땅히 섬겨야 하는 분의 성품에 어긋나는 행동으로 목표를 이루고자 한다면, 그 비전은 주님이 주신 것일 리가 없다. 하나님이 주신 비전은 처음부터 끝까지 비전을 이루는 수단뿐 아니라 목적 역시 거룩하다.

경쟁을 부채질하고 이는 결국 분열로 이어진다

하나님이 주신 비전이 아닐 경우 경쟁이 횡행하고, 이는 결국 심각한 분열을 부추기는 결과를 낳는다. 경쟁이라는 뿌리는 성령 안에서 하나 됨을 이루는 열매와 주 예수를 영화롭게 하는 열매를 절대 맺을 수 없다.

미국 문화는 본질적인 면에서 매사에 경쟁을 부추기는 경향이 있다. 고속도로를 더 빨리 질주한다든지, 추월 차선에서 유리한 위치를 점하려고 한다든지, 최고 사립학교에서 아이들에게 경쟁을 부추긴다든지, 가장 크고 빠르게 성장하는 교회의 목사가 되려는 것 등 너무나 많은 사람이 모두 일등이 되려고 혈안이 되어 있다. 신자에게 이런 경쟁심은 서로 분열되게 하고, 하나님의 백성인 우리의 증언에 상처를 준다.

아내와 내가 몇 년 전 교회를 개척하라는 하나님의 부르심을 들었을 때 그분의 인도하심에 우리는 흥분을 감추지 못했다. 그리고 주님을 사랑하는 사람들 역시 우리처럼 이 부르심을 가슴 설레는 일로 받아들일 것으로 기대했다. 그런데 우리 도시의 기성 교회 지도자들과 우리가 새로 개척하려는 교회에 관한 대화를 나눌 기회가 있었다. 나는 대화 중에 두 목회자가 보인 너무나 다른 반응을 절대 잊지 못할 것이다.

한 분은 나와 마찬가지로 기뻐하며 이렇게 말해주었다. "우리 교회에 방문했다가 발길을 끊어버린 이 지역의 새신자가 절반이라도 목사님이 새로 개척하는 교회에 오겠다고 한다면, 기꺼이 우리 교회 주차장 일부를 사용해도 좋습니다." 그 목사님은 교회가 무엇인지 그리고 그리스도의 몸 안에서 우리가 서로 얼마나 중요한지에 대한 새로운 비전을 품고 있었다. 그러나 건너편에 앉은 또 다른 목사님은 목소리와 눈에 거침없이 분노를 드러내며, 자기가 사는 지역에 새로운 교회는 전혀 필요하지 않다고 말했다. 나는 분노에 찬 그의 말을 들으면서 눈물이 핑 돌았고 목구멍에 뭔가 걸린 것처럼 울컥했다. 그는 우리 교회가 성공할 유일한 방법은 자신의 교회에서 교인들을 훔쳐 가는 것뿐이라고 대놓고 말했다. 그 교인들은 그가 구상하고 있는 교회 신축에 필요한 자금을 헌금할 사람들이었다. "교인들 덕분에 교회를 신축할 만큼 이렇게 성장했습니다. 당신 교회에 합류할 사람은 다 합해도 몇 명 안 될 겁니다. 교회 신축에 필요한 재정에 도움이 되도록, 우리가 다시 데려올 것이거든요." 내가 느낀 억울함을 강조하려고 과장한다고 생각하겠지만, 그는 실제로 이렇게 말했다.

하늘나라 건설의 비전을 품은 목회자와 교회 건축 재정 마련의 비전을 세운 목회자의 차이가 얼마나 극명한가! 전자의 목회자에게 우리는 보완하는 사람이었다면, 후자에게 우리는 경쟁자였다.

당신은 자신의 비전을 어떤 시각에서 바라보는가? 현존하는 사역을 돕는 데 그 목적이 있는가, 아니면 다른 교회나 사역자와 경쟁하는 데 목적이 있는가? 이미 다른 사람과 자신을 비교하며, 같은 포도원에서 일하는 다른 일꾼의 성과에 비추어 자신의 비전과 예상되는 성공을 평가하고 있다면 무언가가 잘못된 것이다.

주님은 그분의 백성이 순수하고 깨끗한 동기와 비전을 품기를 원하신다. 분열을 부추기는 방식으로 서로 경쟁하고 맞서는 모습을 보고 싶어 하지 않으신다.

불안정한 전제 위에 비전을 세운다

거짓된 전제로 시작하는 비전은 절대 성공적으로 발전할 수 없다. 예수님이 모래 위에 지은 집의 비유에서 말씀하신 대로 비전의 기초가 안정적이지 않다면, 그 위에 짓는 비전 역시 안정성을 담보할 수 없다. 사역의 비전과 꿈은 특별히 이런 문제에 취약하다. 기초가 성경적으로 공고하지 않다면 비전이든 그 비전으로 일구어내는 사역이든 온전할 리가 없다.

우리는 종종 우리 전제-기초의 기본 신뢰성을 검증하는 시간을 들이지 않고, 꿈을 좇아 무작정 앞으로 내달릴 때가 많다. 아무런 의심 없이 맹목적으로 받아들일 정도로 반복해서 자주 그 전제를 들어왔다면 특히 그럴 것이다. 가령, 양적 성장이 성공적 사역의 유일한 기준이라는 가정을 세운 목회자나 교회는, 사람들을 끌어들이기 위해 중요한 문제를 타협하는 길로 나아갈 수밖에 없다. 신학적 전제는 무시하고 실용적이고 대중적인 전제를 더 중시할 것이다.

교회가 양적으로 성장할 때보다 교회를 소규모로 유지하는 편이 온전한 성도의 교제를 유지하는 데 좋다고 생각하는 사역 비전을 세우는 경우도 있다. 이런 전제를 고집하는 교인들 때문에 많은 목회자와 지도자가 새신자 배가 운동을 저지당하고, 좌절하는 경우를 보았다. 차년도 예산 심의 회의를 하는 동안 한 교인이 이의를 제기했던 일이 생각난다. 지금도 원하는 이상으로 많은 사람이 교회에 출석하는데, 왜 예산에 홍보비를 책정했느냐는 질문이었다. 이런 질문은 제사보다는 편안함이 더 좋기에, 작은 교회가 더 낫다는 전제가 깔려 있다.

대형 교회를 짓고 싶은 목회자의 전제와 소규모를 유지해 최대한 편안한 교회 환경을 조성하려는 교인들의 전제 사이에는 주님이 주신 사역의 비전에 대한 균형 잡힌 시각이 자리하고 있다. 균형은 실체가 없는 공허한 전제가 아니라 영원한 원리 위에서 이루어진다.

기도하지 않고 자기 의존적이다

꿈을 이루도록 기도하고 있는가? 주님은 기도 없이 이루어질 수 있는 비전이나 꿈을 불어넣어 주신 적이 없다. 처음부터 끝까지 신비의 차원이 완전히 배제된 꿈이라면 절대 계획하고 받아들여서는 안 된다. 믿음으로 행하도록 요구하지 않는 꿈은 성취될 수는 있지만, 주의 영광이 온 천하에 드러나도록 확장될 가능성은 없다.

타고난 성향상 우리는 모든 꿈의 성공 가능성을 겉으로 보이는 자원이나 실용성을 토대로 평가하기 쉽다. 주님이 어떤 비유에서 칭찬하신 습관처럼, 행동하기 전에 비용을 계산하는 버릇이 있다면 보이는 현실보다 믿음을 더 요구하는 꿈을 좇아 걸음을 내딛기가 쉽지 않을 것이다. 물론 도무지 판단이나 계산이 어렵고 미리 결정하기도 어려운 길로 주님이 걸음을 인도하실 때 거부하지 않는 이상, 신중하게 생각하고 계획하는 것은 하등 문제가 되지 않는다.

하나님이 축복하시는 비전은 오직 그리스도를 전적으로 의지해야 성취될 수 있다. 이렇게 그리스도를 의지한다면 반드시 주님이 우리 대신 이루시라는 열정적이고 필사적인 기도를 드릴 것이다. 마음의 열정을 불러일으키는 고귀한 꿈은 기도 가운데 태어나고, 기도 가운데 농익는다. 주님이 우리로 그분을 더욱 의지하게 해주시기를 바란다. 또한 그분의 꿈을 꾸며 그분께 무릎을 꿇는 우리에게 응답해달라고 기도하게 된다.

균형이 무너진 영적 생활로 내몰린다

마지막으로 우리의 꿈이나 비전이 주님이 요구하시는 선을 넘어설 때 우리 삶은 완전히 균형을 잃어버릴 수 있다. 꿈 때문에 그리스도와 매일 동행하는 생활, 가족에 대한 책임, 건강과 같은 문제에 당연히 기울여야 하는 관심을 포기해야 한다면, 현재 상황을 재평가하고 그 이유를 점검하는 작업을 해야 한다. 하나님은 모든 일에 그리스도를 따르기 위해 마땅히 감당해야 할 기본적 책임과 헌신을 저버리고 인생의 꿈을 좇으라고 하지 않으실 것이다. 목회자는 먼저 그리스도인으로서 정체성에 부합하는 삶을 확실하게 살아야 한다. 그렇지 않으면 목회자로서 정체성을 제대로 정립할 수 없다.

우리 가운데 정도 차이는 있지만 이런 일을 경험하지 않은 사람이 누가 있을까? 주님을 위해 일한다고 너무 바빠서 그분과 대화할 시간을 내지 못하거나, 조용히 앉아 기다리는 마음으로 그분의 음성을 듣는 시간을 보내지 못한다. 마감 시간을 맞추는 데 정신이 팔려서 하나님이 부르신 가장 직접적인 사역지를 소홀히 할 때도 있다. 바로 우리 가정이다. 교회가 임의로

정한 목표를 이루도록 돕는 데 전념하느라 믿지 않는 이웃이나 동료, 친구와 의미 있는 어떤 교류도 나누지 못한다. 성령으로 행하기 위해 관심을 쏟아야 할 기본 문제를 저버리도록 요구하는 꿈이라면, 그 꿈을 이루려고 애쓰다가 균형이 무너진 삶을 살게 된다.

눈을 뜨고 보라

꿈을 꾼다고 하더라도 하나님이 주신 꿈이 아니라면 잠재력을 최대한 발휘하기는 어려울 것이다. 사소한 생각들, 누추한 행동, 부정한 노력은 하나님의 최선을 방해한다. 하나님이 원하시는 것에 눈을 감은 채 달릴 수는 없다. 눈을 뜨고 하나님이 우리 앞에 무엇을 두셨는지 잘 보라.

인생의 비전이 실현되리라고 얼마나 확신하는가? 하나님이 주신 비전이라는 견고한 기초와 안정된 토대가 없다면 아무리 가슴 설레는 가능성을 꿈꾸더라도 주님이 그 꿈에 투자하신다는 어떤 보장도 받을 수 없다. 견고하지 않은 비전을 세운 사람들은 불안정한 길을 걸으며, 울퉁불퉁한 바닥 때문에 비틀거리며 균형을 잃지 않을까 안간힘을 쓰지만, 걸음을 내딛기 쉽지 않고 발걸음도 고르지 않다. 그들은 구름 위에 성을 쌓는 일, 즉 '만약'으로 가득한 상상의 장난감 집을 짓는 일 외에는 아무것도 하지 않는다. 그러나 우리는 하나님이 디자인하신 꿈과 계획으로만 확신과 성공을 얻을 수 있다.

그렇다면 우리의 가슴과 생각을 사로잡는 비전이 하나님에게서 온 것인지 어떻게 확인할 수 있는가?

> 너희를 향한 나의 생각을 내가 아나니 평안이요 재앙이 아니니라 너희에게 미래와 희망을 주는 것이니라 너희가 내게 부르짖으며 내게 와서 기도하면 내가 너희들의 기도를 들을 것이요 너희가 온 마음으로 나를 구하면 나를 찾을 것이요 나를 만나리라(렘 29:11-13).

주님이 우리 눈을 열어 우리 인생의 비전을 보게 해주실 때 이 비전은 항상 예수 그리스도의 성품과 일치할 것이다. 온전한 마음으로 그분을 찾을 때 당신의 꿈에서 바로 이런 사실을 확인하게 될 것이다.

4장.
균형 잡힌 비전의 개발

앞 장에서 주님이 주시지 않은 비전의 몇 가지 특징을 살펴보았다. 주님이 주신 비전 역시 공통된 몇 가지 특징이 있다.

주님이 주신 비전의 특징

그리스도께 사로잡혀 있다

자신의 비전이 주님이 주신 것인지 확인할 수 있는 가장 확실하고 빠른 방법은, 그리스도께 얼마나 순수하게 집중하며 그분의 말씀에 얼마나 깊이 뿌리내리고 있는지 살펴보는 것이다. 당연하겠지만 필요할 때 그리스도를 바라보면서도, 이렇게 필요할 때만 주님을 의지한다면 주님과 그분의 뜻을 향한 자신의 태도에 어떤 문제가 없는지 진지하게 점검해봐야 한다. 그렇게 하지 않는다면, 주님만을 바라보지 않고 많은 것을 의지한다는 의미일 수 있다. 그리스도는 그런 수많은 관심사 중 하나가 되어서는 안 된다. 하나님이 비전을 주실 때 그 비전의 모든 측면에 아버지와 아들의 형상을 반영해야 한다. 우리가 그리스도와 같은 방향으로 가고 있는지, 우리가 하는 일을 그리스도가 인정해주시는지, 우리가 일을 진행하는 방식을 그리스도가 긍정적으로 받아주시는지 아는 것은 매우 중요하다. 간단히 말해, 그리스도 예수가 우리의 비전 되신다. 앞으로 전개할 세부 내용에서도 그분이 우리의 비전이 되셔야 한다는 내용을 다룬다. 사람마다 구체적인 내용은 달라도, 하나님이 주시는 비전은 항상 이런 특징이 드러난다.

실현되기를 원하는 꿈이 그리스도를 알고 싶은 열정을 키우는 데 어떤 도움이 되는가? "그리스도 예수를 아는 지식이 가장 고상"(빌 3:8)함을 경험했다면, 인생의 비전이 마땅히 주를 아는 지식과 은혜로 자라가기 위해 필요한 다양한 방법을 제시해야 하지 않겠는가? 그 비전으로 주를 아는 지식을 얻으려는 것을 우리의 우선순위로 삼아야 한다. 그리스도를 더 알려는 열정보다 앞서는 열정은 절대 용납할 수 없다. 주님이 주신 비전이라면 이 외에 다른 목표는 우선하지 않을 것이다.

최근에 교회가 마땅히 감당해야 할 우선순위를 두고, 서로 경쟁 관계에 있는 온갖 비전이 난무하는 것을 아는가? 이번 주만 해도 나는, 이 시대 교회가 낙태에 맞서 싸워야 하고, 낙태를 불법화하도록 투쟁하는 것이 가장 중요한 과제라는 주장을 들었다. 또 교인들의 열화와 같은 성원으로 선택된 선출직 공무원들을 통해 정의의 기준을 높이는 것이 가장 중요한 우리의 역할이므로, 모든 교인이 선거인단에 등록하는 운동을 교회 차원에서 장려해야 한다는 주장도 들었다. 교회의 존재 목적이 오직 영혼 구령이므로, 방황하는 영혼들을 위한 열정을 더 불태워야 한다고 부르짖는 목소리도 있었다. 또 다른 목소리는 어떤가? 정치와 도덕의 입법화는 세속 사회에 맡겨두고, 교회는 가장 먼저 하도록 부름받은 일로 다시 돌아가야 한다고 외쳤다. 주린 자를 먹이고 궁핍한 자들을 돌보며, 집이 없는 자들의 집을 찾아주고 벌거벗은 자들을 입히며, 가난하고 억압받고 불의에 희생된 자들을 돌봐야 한다는 것이다.

내가 무엇을 말하려는지 이해했는가? 교회가 마땅히 해야 할 일과 관련해 제기되는 다양한 주장 중 문제 될 것이 있는가? 아마 거의 없을 것이다. 이 모든 제안은 하나같이 주 하나님을 영화롭게 하고, 그 일에 방해가 되는 것을 모두 버려서 영광 가운데 계신 그리스도를 알아가라는 가장 중요한 목적을 성실하게 추구고자 하는 간절함에서 나온 것이기 때문이다. 문제는 이런 제안들이 온 마음을 쏟아야 하는 그리스도를 알고자 하는 열정을 대체할 때 생긴다. 그리스도를 알고 싶은 열정보다 앞서는 비전은 모두 재조정하거나 폐기해야 마땅하다. 그래서 가장 소중한 것이 먼저가 되게 해야 한다. 실제로 "먼저 그의 나라와 그의 의를 구하[지]"(마 6:33) 않으면 아무리 중요하게 보이는 일이라도 오히려 우리를 파멸로 몰아갈 것이다.

개인의 신념과 실제 생활이 하나로 통합된다

우리 행동과 말로 내세우는 신념이 일치하지 않을 때 우리는 스스로 만든 악의 포로가 될 수 있다. 주님이 주신 비전은 언제나 실제적 적용으로 삶에서 구체화된다. 우리가 진정으로 믿는 믿음이 우리 행동을 결정하기에, 결국 우리 행동은 우리 믿음을 증명한다. 화려한 수사를 동원해 항변하고 옹호하는 원리로 원하는 주장을 강조한다고 해도, 실제로 스스로 믿는다고 말하는 신념이 삶으로 통합되지 않는다면 당신은 살아 있는 모순이 될 것이다.

하나님이 주신 비전은 일관되고 꾸준하게 일생에 걸쳐 구체화된다. 'integrity'**진실성**와 'integrate'**통합하다**의 연관성을 주목해봐야 한다. 두 단어는 모두 '온전함'을 의미하는데, '손상되지 않고 나누어지지 않은'이라는 의미의 라틴어에서 파생했다.* 통합된 삶은 신앙과 실제 삶이 서로 모순되지 않고 일치를 이루어 온전함과 완전함을 드러낸다.

이런 유의 비전은 성경 원리들을 통합해 그리스도를 닮아가는 것이 무엇인지 보여준다. 자기 뜻을 관철하려고 성경 원리를 무시하거나 그리스도의 성품에 어긋나는 어떤 일을 하려 들 때마다 주님이 주신 비전의 신뢰성과 타당성이 위태로워진다. 비전을 이루어가는 과정에서 비윤리적 행위를 상상하거나 도덕적으로 문제가 있는 행동이나 성경에서 육체의 일이라고 경고한 행위를 마음으로 상상하고 즐긴다면,** 스스로 '그리스

---

* 동사 'integrate'(통합하다)는 '온전하게 하다, 새롭게 하다'는 의미의 라틴어 인테그라레(*integrare*)에서 파생한 단어다. 명사는 '온전함'을 의미하는 인테그리타스(*integritas*)에서 파생한 단어다.

** "육체의 일은 분명하니 곧 음행과 더러운 것과 호색과 우상 숭배와 주술과 원수 맺는 것과 분쟁과 시기와 분 냄과 당 짓는 것과 분열함과 이단과 투기와 술 취함과 방탕함과 또 그와 같은 것들이라 전에 너희에게 경계한 것같이 경계하노니 이런 일을 하는 자들은 하나님의 나라를 유업으로 받지 못할 것이요"(갈 5:19-21).

도께 합당하지 않는 행동을 불사할 정도로 이 꿈을 실현하는 일이 중요한가?'라고 물어보아야 한다.

  몇 년 전에 많은 저명한 강사가 출연하는 목회자 대회에 참석한 적이 있다. 전국 단위의 대회였기 때문에 아주 넓은 강당을 임대했다. 좌석 배열은 매우 만족스러운 수준이었다. 하지만 임대한 음향 장비는 아쉬움이 많았고, 사운드보드를 맡은 담당자가 사용하는 데 상당히 애를 먹었다. 강사들이 강단에 설 때마다 음향 담당자는 음향 시설로 음성이 증폭되지 않도록 목소리의 용량에 따라 볼륨을 조절해야 했다. 그런데 강사 중 한 사람이 성경 강의를 시작한 지 몇 분이 지나지 않아 강의하다 말고 사운드보드 담당자에게 온 청중이 보는 가운데 강의를 하고 있는데 음질을 제대로 관리하지 못한다고 비난했다. 그 강사가 사정없이 담당자를 비난하면서 그는 굴욕감을 느꼈고, 그 장면을 모든 사람이 지켜보았다. 그 뒤로 나는 그 강사의 말이 더는 들리지 않았다. 주님을 대변하는 사람으로서 그를 더는 신뢰할 수 없었다.

  나 역시 사역하면서 다른 사람들에게 보였던 무례하고 사려 깊지 않으며 불친절한 행동 때문에 같은 일을 경험했다. 어느 날 저녁, 친한 친구이자 교회 교인에게 전화 한 통을 받았다. 어떤 이웃을 알고 있느냐고 물어본 그녀는 그 이웃의 이름을 알려주었다. 처음 들어보는 이름이었다. 최근에 교회의 특별 전도 행사에 그 친구를 초대한 적이 있다고 했다. 그런데 그 친구는 초대를 받고서 "데이비드 호너가 목사로 있는 교회 아냐?"라고 대뜸 물었다고 한다. 그녀는 "그래, 맞아. 이 목사님을 알아?"라고 물었다. 그녀는 조금도 망설이지 않고, "아니,

이 사람이 있는 교회는 근처라도 절대 가지 않을 거야"라고 쏘아붙이듯이 대답했다고 한다.

내 친구의 이웃이 이렇게 거친 반응을 하게 된 이유는 무엇이었을까? 우리는 몇 년 전에 집을 팔려고 내놓았고, 부동산 중개업자인 이 여성이 우리 집을 매물로 등록해도 되는지 확인 전화를 했다는 사실을 알게 되었다. 그녀와 어떤 대화를 나누었는지 기억이 나지 않았지만 저녁 시간 즈음에 전화했고, 그때는 너무나 지쳐 있어서 정중하게 대화를 나눌 인내심이 남아 있지 않은 상황이었다. 한시라도 빨리 통화를 끝내고 식사를 마저 하고 싶었던 나는 무례하고 퉁명스럽게 전화를 끊었다.

나는 그 사실을 전혀 기억하지 못했지만, 그녀는 절대 잊지 않고 있었다. 나는 그녀가 어떤 사람인지 몰랐지만, 그녀는 내가 어떤 사람인지 정확히 알았다. 그녀는 주일 아침 강당에서 그리스도의 사랑을 대변하는 사람이 주중에 그렇게 무례하게 누군가를 대할 수 있다는 사실을 도무지 이해할 수 없었다. 이 가엾은 여성은 내게서, 믿는다고 말하는 모든 것을 노골적으로 어기며 신실함이라고는 찾아볼 수 없고 말과 행동이 완전히 따로 노는 용서할 수 없는 실패자를 보았다.

나는 친구와 전화를 끊고 바로 그 이웃에게 전화를 걸어 내가 저지른 무례에 대해 정중히 용서를 구했다. 그녀는 갑작스러운 전화에 약간 당황해하면서도 친절하게 응해주었다. 그러고는 전화를 해줘서 고맙다고 했다. 그러나 나는 내가 믿는다고 말한 대로 살지 못했기 때문에 이미 누군가에게 상처를 주었다는 사실을 알았다. 스쳐 지나가는 사건처럼 이런 일이 얼마나 쉽게 일어날 수 있는지 깊이 생각해보지 않아도 알 수 있다. 예수 그리스도께 헌신하는 제자로 살려는 우리 비전이 주님이 주신 것이라면, 하나님이 그분의 길을 걸어가는 우리를 통해 그분의 성품이 어떻게 드러나기를 원하시는지 점점 더 민감하게 포착하는 감수성이 길러질 것이다.

악한 영향력에서 벗어나 있다

비전이 방해받지 않게 하기 위해서는 모든 장애물을 해결했다는 확인이 필요하다. 우리의 통제 범위 밖에 있는 환경은 어쩔 도리가 없다. 하지만 삶에서 지은 죄로 우리 걸음이 방해받고 있음을 깨달았을 때 가던 길을 멈추고 그 문제를 해결하지 않는다면, 우리는 스스로 위험을 자초하게 된다. 죄를 고백하고 모든 부적절한 목표와 꿈, 동기를 내려놓을 때만 하나님의 비전을 실현하는 길에 방해가 되는 모든 것을 치울 수 있다.

사역의 비전이 분열이나 망가진 관계를 계기로 생긴 것이라면 하나님께 영광을 돌리기란 불가능하다. 미국이라는 풍경을 보면 분노와 용서하지 않는 마음으로 시작된 교회가 곳곳에 보인다. 이런 집단은 자신의 세력을 확장하는 최고의 방법이 분리임을 너무 잘 안다. 그런데 이런 접근 방식에 과연 예수 그리스도를 높이려는 열정이 보이는가? 혹시 지금 당신이 품고 있는 비전이 하나님의 부르심이 아니라 누군가나 무슨 일에 대한 반응은 아닌가? 이것이 사실이라면 성결하지 못한 불순한 영향에서 정결해지고 깨끗해질 때까지 이 비전은 하나님의 은총을 받을 수 없다. 갈등이 해결되고 관계가 회복되지 않을 때 원하는 대로 교회를 바꿀 수 있다고 해도 가서 원수와 회복을 시도하지 않으면, 우리 사역을 향한 하나님의 최선을 절대 좇을 수 없다. 너무나 많은 목회자가 화가 나서 교회를 떠나면서 고통과 원한의 후유증을 남긴다. 이렇게 될 때 그들은 어디로 가든지 제대로 사역하기가 쉽지 않으며, 결국 말씀대로 그리스도를 받아들일 준비가 되고 나서야 이런 후유증에서 벗어날 수 있다. "예물을 제단 앞에 두고 먼저 가서 형제와 화목하고 그후에 와서 예물을 드리라"(마 5:24).

주님이 무엇을 보여주시든지 주저하지 말고 순종하라. 그렇게 비전을 가로막고 방해하는 모든 장애물과 경건하지 않은 모든 찌꺼기가 제거되게 하라. 그럴 때만 주님이 우리 앞에 준비해주신 것을 볼 수 있을 것이다.

꿈을 꾸면서 개인적 실패와 무책임을 묵인하고 용납한다면 무슨 일이 생기는가? 하찮은 비전에 안주하려 할 것이다. 그러면 우리는 노력으로 낼 수 있는 현실적인 성과의 수준에서 꿈꾸고 열망을 불태울 것이다. 낮은 성결의 기준과 제한적인 수준의 영적 권위, 인생에 대한 자유방임주의 태도를 계속 용인할 것이다. 보잘것없는 비루한 비전에 왜 인생을 허비해야 하는가? 하나님의 최선이 아니라면 절대 용납하지 말라. 그래야 그분의 집에 걸맞은 거룩함이 그분의 영광에 합당하게 당신의 비전에도 드러날 것이다.

복음의 진보를 이룬다

오늘날 많은 교회가 그리스도를 선포하는 노력을 등한시하며 비전을 추구하다가 죽어가고 있다. 전체 교회 차원에서 모든 성도가 그리스도를 선포하는 꾸준한 노력을 하지 않는 교회는 하나님의 비전을 성취할 수 없다. 우리 인생을 향한 하나님의 비전은 항상 그분의 증인이 되라는 우리의 위임된 의무를 포함한다. 다른 대안은 없다.

다만 교회의 많은 사람이 복음에 일차원적으로 접근하여, 한 개인에게 복음을 제대로 소개하는 것만 진정한 증언이라고 생각한다. 하나님의 방식은 훨씬 더 광범위하고 포괄적이다. 그리스도가 제자들에게 "오직 성령이 너희에게 임하시면 너희가 권능을 받고…내 증인이 되리라"(행 1:8)*고 말씀하셨을 때 직접 그 말씀을 듣고 있는 청중뿐 아니라 그분께 속한 모든 사람을 염두에 두고 계셨다. 주님의 의도는 분명하다. 그분은 우리 모든 사람이 빠짐없이 그리스도를 선포하는 과정에 참여하기를 원하신다. 복음 전파가 정기 행사처럼 시행하는 일종의 활동이 아니라 우리 삶의 전 영역에 흡수되고 하나로 통합되는 증언이 되기를 원하신다. 교회와 교회를 이끄는 사역자들을 향한 하나님의 비전에는 항상 복음 전도 사역이 포함될 것이다.

복음을 전하라는 명령을 포함하는 사역 비전은 구체적으로 어떤 것인가? 핵심적인 특징이 아닐 수도 있고 지배적인 역할을 하지 않을지도 모르지만, 추수의 하나님이 주신 비전이라면 그분을 여전히 모르는 사람들에 대한 하나님의 마음에 관한 내용이 포함될 것이다. 내가 하나님께 받은 사역에 관한 비전은 복음 전도보다는 성도들을 준비시키는 일과 관련 있다. 하지만 하나님이 원하시는 대로 내 비전을 균형 잡힌 차원에서

---

* 성령이 모든 신자에게 임하시고 내주하시기 때문에 우리가 그분의 증인이 되리라는 말을 하면서 모든 신자에게 전한 결론은 이 본문과 다른 많은 본문을 근거로 한다.

이해한다면, 준비시키는 일에 관한 내 헌신의 일부에는 항상 다른 신자들이 예수 그리스도의 증인이 되도록 훈련하고 준비시키며 가르치는 일이 포함될 것이다. 내 비전은 균형을 잃거나 하나님이 자기 백성을 통해서 하기로 작정하신 사역과 어긋나지 않아야 한다.

경건의 열매를 맺는다

주님이 주신 비전이라면 우리가 신실하게 그 비전을 추구할 경우, 열매를 맺도록 책임을 져주실 것이다. 하나님의 가장 좋은 열매가 항상 인간의 눈에 보이도록 맺히지 않을 수도 있다. 이 열매는 많은 수나 큰 성공으로 정량화할 수 없다. 하나님은 우리 안에서 그리고 우리를 통해 예수 그리스도의 성품이 맺히기를 원하시며, 성령의 복된 열매를 우리 안에서 재생산하기를 바라신다. 우리의 목표가 이루어지고 꿈이 실현되며 비전이 성취되는 성공은, 지상이 아니라 하늘의 기준에 따라 평가될 것이다.

오래전에 만난 한 선교사는 거의 20년 동안 한 무슬림 국가에서 사역했지만, 노력에 걸맞은 외적인 성과는 너무나 미미하고 볼품없었다. 눈에 띌 정도로 뚜렷한 사역의 결실을 거두지 못했는데 오랫동안 그 나라에 머물렀기 때문에, 그 선교사가 받은 비전이 정말 하나님이 주신 것인지를 의심하는 사람도 있었을 것이다. 하지만 그런 우려는 이 경건한 선교사와는 전혀 상관없었다. 그는 복음을 선포하는 것은 물론이고, 사람들을 변함없이 사랑하고 그리스도께 흔들림 없이 헌신했다. 그리고 복음의 끊어진 다리를 잇고, 눈과 귀를 열어주시는 하나님

능력의 손길을 목격했다. 이 신실한 증인을 통해 하나님이 맺고 계신 열매는 사람들의 눈에는 보이지 않았지만, 하나님은 이 그리스도의 전사가 보여주는 변함없는 수고를 귀하게 여기셨다.

경건함과 그리스도를 닮은 성품을 갖춘 사람, 기도의 사람이 된다는 것이 무슨 의미인지를 생각하면 지금까지도 이 겸손한 선교사님이 생각난다. 그는 많은 사람이 '열매를 맺지 못하는' 사역의 불모지인 용광로에서 그리스도를 배웠던 분이다. 이 사랑하는 형제의 인생에서 드러났듯이, 주님이 그가 풍성한 열매를 맺었음을 증명해주시리라 믿는다.

열매가 직접 눈에 보이지 않을 수는 있지만, 하나님이 맺으시는 열매는 어떤 경우라도 절대 가짜가 아니다. 결실이 하나님이 주신 비전의 유일한 증거라고 생각한다면, 때로 '열매를 가공하고 싶다'는 유혹이 도무지 저항할 수 없을 정도로 밀려올 것이다. 믿기 어렵겠지만, 목사 중에는 자신의 사역 행위를 정당화하려고 진실과 정직을 저버리는 사람도 있다. 수년에 걸쳐 나는 특정 사역의 효율성에 대한 과장된 증언에 관한 소문을 들었고, 실제로 내 귀로 들은 적도 있다. 불행하게도 계속 이야기가 달라질 정도로 수치를 가공하거나 조작하는 경우도 있었다. 출석하는 교인 수나 예산에 관한 수치, 회심자의 수나 교회 건물의 크기와 용적 등 어떤 목회자는 주님이 직접 주신 비전이 확실하다는 대중적 지지를 얻기 위해 거짓말을 불사하기도 한다. 교만과 자아, 경쟁과 비교는 사람들이 이상한 일을 하도록 몰아간다! 그러나 양적인 결실의 증거는 비전의 타당성을 평가하는 '기업의 기준'이기 때문에 타락한 세계에서는 필연적으로 남용하는 일이 일어날 수밖에 없다. 목회자는 스스로 야심과 인정, 성공의 욕구에 먹이가 될 수 있으며, 이런 일은 실제로 일어나고 있다.

한마디로, 미리 경각심을 가져야 한다. 들리는 성공 스토리를 실제로 믿고 사람들의 눈에 자신의 비전이 그럴듯하게 보이도록 미화하고 싶은 유혹을 받을 수 있다. 주님이 열매를 맺으시도록 내어드리고 그분께 영광을 돌리라. 그저 단순히 그렇게 하면 된다. 비전을 주시는 분이 하나님이시라면, 어떤 열매를 맺기를 원하시는지 그분이 아실 것이며, 오직 하나님만이 그 열매를 맺도록 책임을 져주실 것이다. 우리는 단지 그분이 맡기시는 일을 충실하게 감당하면 된다. 여기서 벗어나는 일은 갈망하지 않도록 마음을 지키고 그분 안에 거하며, 하나님이 우리 안에서 일하시는 대로 많은 열매를 맺기를 바란다. 주님의 이름으로 열매를 맺고, 그분께 영광을 돌려드릴 때 하나님의 비전의 유효성과 진정성을 확인할 수 있다.

광범위한 지지를 이끌어낸다

비전에 주님의 지문이 찍혀 있다면 그 비전은 우리 중 누구도 감히 꿈꿀 수 없을 정도로 거대할 것이다. 백성을 향한 하나님의 비전은 가늠하기 어려울 정도로 심오하고 거대하여, 수많은 사람의 협력을 이끌어낸다. 성령의 능력을 힘입어 함께 노력한다면 그분의 계획이 이루어지는 것을 목도할 수 있다.

물론 이 전제에는 예외가 있다. 어떤 꿈은 하찮아 보이지만 하나님의 시각에서 보면 그분이 각별히 열정을 보이시는 것이 있다. 하나님은 어떤 사람에게는 아직 복음을 듣지 못한 종족을 위해 이름 없이 섬기고 싶다는 열망과 비전을 주신다. 혹시라도 선교 사역이 어려워질까 봐 그 종족 집단의 이름조차 밝힐 수 없다. 또 어떤 사람은 눈에 드러나지 않는 지역으로 부르심을 받아서, 그 사역에 대한 광범위한 지원은 물론이고 관심조차 받지 못하는 경우도 있다. 하나님이 특별히 선택하신 성도 가운데는 사람들이 자신의 수고를 인정해주지 않아도 전혀 개의치 않는 이들이 있다. 그들의 거룩한 꿈을 광범위하게 지원해줄 유일한 통로는 전혀 예상하지 못했던 사람들일 수 있다. 눈에 보이지 않는 곳에서 이들을 위해 기도하는 무명의 기도 용사와 이름을 밝히지 않은 후원자가 있을 것이다. 이해하기 어려운 역할을 맡아 수고하는 사람도 있을 것이다. 하나님만이 그분이 주신 비전을 이루는 데 필요한 팀의 규모와 형태를 알고 계신다. 그러므로 그 범위가 어느 정도든, 꿈을 나누기를 주저하지 말라. 그렇게 주님은 거룩한 비전을 이루고자 사람들을 동원하는 역사를 통해 우리를 놀라게 하신다.

주님이 주신 꿈을 이루어가는 데, 그 비전을 알리고 위임하며 인원을 확충할 역량을 지닌 사람들이 필요할 수 있다. 심지어 주님은 누군가가 밝힌 광대한 비전을 지원하려는 열정을 심어주실 수도 있다. 빌 브라이트는 주님의 뜻을 이루겠다는 포부로 대학생선교회Campus Crusade를 설립하고 이 소식을 사방에 알렸고, 최고로 명석한 두뇌들에게 동참을 호소하는 데 아무 어려움이 없었다. 경건한 가정을 세우고자 했던 제임스 돕슨의 비전은 엄청난 호응을 받았고, 수많은 사람이 똑같은 꿈을 품고 이 비전에 동참했다. 빌리 그레이엄의 십자군 사역은 다양한 분야의 출중한 사람들이 복음 선포라는 공통의 사역에 뜻을 함께하도록 참여를 이끌어내는 데 성공했다.

전 세계 각지에서 목회자들이 사역하는 교회들은 하나님의 뜻을 좇으며, 매사에 그분을 기쁘시게 하는 일을 하고자 결단했음을 선언한다. 우리 교회에서는 예배와 복음 전도, 교육이라는 수단으로 그리스도께 영광을 돌리기 위해 하나님이 주신 비전을 떳떳하게 선포하고 있다. 이 놀라운 일에 지금까지 많은 사람이 동참했다.* 하나님의 비전은 주님의 사역에 함께하기를 바라는 사람들에게 언제나 심오하고도 폭넓은 호소력을 발휘할 것이다.**

인간적 한계를 극복한다

솔직하게 말해 치밀하게 기획한 후속 조치와 모든 변수를 설명하고 적시한 사업 계획서처럼 우리의 비전을 제시할 수 있다면, 그런 계획을 굳이 주님이 주신 계획이라고 자신하기가 쉽지 않다. 인간적인 관점에서 서술하고 규정할 수 있고, 인간의 노력으로 이룰 수 있는 비전이라면, 믿음이 전혀 필요 없고 완전히 하나님을 배제할 수 있기 때문이다. 물론 합리적인 전략을 준비하고 실행하기 위해 필요한 일을 계획하고 집행하지 말라는 뜻은 아니다. 그러나 이런 노력이 전부여서는 안 된다.

---

* 프로비던스 교회의 설립 원리에 대한 더 자세한 논의는 David Horner, *Firmly Rooted, Faithfully Growing*(Raleigh, NC: Providence Communications, 2003)을 참고하라.

** Henry Blackaby의 책, *Experiencing God*의 강력한 호소는 하나님이 일하신 곳이 어디인지 확인하고 적극적으로 참여해야 한다는 기본 원리 중 하나에서 찾을 수 있다. "그분은 지금도 이 세상에서 일하고 계신다. 그분은 사랑 때문에 우리가 자신의 대사로서 함께 일할 특권을 누리기를 바라신다." Henry Blackaby, *Experiencing God: How to Live the Full Adventure of Knowing and Doing the Will of God*(Nashiville: Broadman, 1994), 42, 「하나님을 경험하는 삶」(요단출판사 역간)

하나님이 직접 주신 비전은 이보다 훨씬 더 포괄적이고 인간적 노력의 범위를 벗어난다.

하나님이 우리에게 요청하시는 모든 일이 바다 한가운데를 가르고 돌을 굴리라는 기적을 일으키라는 것은 아니다. 하지만 최종 성공을 주님께 의지하지 않고 우리 힘으로 해낼 수 있는 것이라면, 하나님이 주신 비전이라고 하기 어렵다. 하나님이 주신 비전이라면, 언제나 우리의 능력을 넘어서는 영역으로 확대될 것이다. 그래서 우리는 주님의 충분하심에 절대적으로 의존할 수밖에 없는 상황으로 내몰릴 것이다.

하나님이 비전을 주실 때는 언제나 하나님의 위엄과 비례하는 비전을 주신다. 불의 열기는 종종 화염의 정도와 그 연료의 성격과 직접적인 관련이 있다. 전구의 조도는 전력량에 비례한다. 한 개인의 키는 대부분 부모의 키와 관련이 있다. 그러므로 주님의 장대한 위엄과 거의 무관하고, 거룩하고 영광스러운 뜻을 열망하지 않으며, 영원한 진리에 닻을 내리지 않은 비전이라면 주님이 주신 비전이 맞는지 의심할 수밖에 없다.

목회자로서 우리의 비전이 주변 세상보다 영적인 면에서나 도덕적 수준에서 조금 더 나은 수준이고 세속의 사업가보다 야심이 조금 더 약한 수준이라면, 혹시 성공을 거둔다고 해도 주님이 주신 비전에 완전히 무지하다는 점을 스스로 증명하는 셈이 될 것이다. 우리의 비전이 주님과 적당히 거리를 유지한 채 광신적이라는 말을 듣지 않도록 주의하고, 주님께 거룩한 자로 구분되는 일에 과도히 집착하지 않도록 경계하는 것이라고 생각해보자. 그러면 그런 얄팍한 꿈을 향해 다시 나아갈 수는 있어도, 그분의 뜻대로 사는 영광이 무엇인지는 경험할 수 없다.

단거리 주자가 100미터를 13초 만에 달리고 야구 선수가 타율 1.25에 만족하며 농구 선수가 자유투 성공률 25퍼센트에 만족한다면, 그들의 비전과 추진력과 최고가 되려는 야망에 별 감흥을 느끼지 못할 것이다. 그들이 갖춘 재능으로 보아, 현재 경기에서 최고 수준의 기량을 선보인 것이라면 더는 왈가왈부할 수 없다. 그러나 비범한 능력을 갖춘 뛰어난 선수가 그런 목표를 세운 것이라면, 이는 재능을 허비하는 비극적 사태라 할 수 있다. 우리를 부르신 하나님의 위엄과 영광, 능력에 현저히 미치지 못하는 영적 꿈과 비전에 안주한다면, 그 비전은 하나님이 주신 비전이 아니라고 자신 있게 말할 수 있다.

주님이 주신 비전이라면 계획하고 설득하며 전략을 짜는 데 아무리 많은 시간을 들이더라도 기도로 보내는 시간을 대체하지는 못한다. 아무리 세련된 매체로 비전을 홍보한다고 해도, 하나님의 보좌 앞에서 지치지 않고 중보하는 기도의 자리를 대신할 수는 없다. 하나님의 비전을 품을 때 우리는 기도 외에 어떤 것으로도 그 비전을 현실로 이룰 수 없다고 확신할 수 있다.

19세기에 조지 뮬러는 영국 브리스톨에서 고아원 사역을 하면서, 사역에 필요가 생기면 누구에게도 알리지 않고 주님께만 알렸고, 그것도 은밀하게 개인 기도로 주님께만 알리겠다는 특별한 신념으로 고아원을 운영했다.* 하나님은 그 기도를 들으시고 응답해주셨다. 하나님께 필요를 믿음으로 아뢰는 동시에 겸허하게 그 필요를 사람들에게 알리는 사람도 있다. 하나

---

* George Müller의 *The Autobiography of George Müller*(New Kensington, PA: Whitaker House, 1985), 『주님과 조지 뮬러의 동행 일지』(생명의말씀사 역간)에서 '믿음으로 살기를 배우다'라는 제목의 장을 참고하라.

님은 그런 방법도 존중해주신다. 많은 사역 기관이 기도 소식지를 꾸준히 발행하고 구체적인 필요를 기도 지원 팀에 알린다. 우리 교회에서도 매주 성도들의 수많은 요청을 두고 기도하는 중보기도 팀이 있다. 주님이 그 기도에 응답해주실 때 우리는 함께 기쁨을 나눈다. 매일 나를 위해 기도하는 노년 기도 팀도 있다. 이 팀은 주님이 나의 삶을 통해 일하셔서 내 안에서 그리고 나를 통해 그분의 비전이 이루어지도록 기도한다. 경건한 비전의 한 가지 확실한 특징은 쉬지 않는 기도로 언제나 그 비전이 더욱 견고해진다는 것이다.

마무리하는 말

우리가 어디로 향하는지 분명하게 알면, 목적지에 도달할 가능성이 유의미할 정도로 높아진다. 안개가 낀 것처럼 창밖이 뿌옇고 시야가 흐릿하면, 어떤 중요한 문제도 실제로 진척되지 않을 것이다. 그러나 목적지를 상상하거나, 심지어 어떤 경우에는 실제로 보는 것처럼 맨눈으로 바라본다면, 그곳을 향해 내디디는 걸음이 훨씬 더 빠르게 선명해질 수 있다.

몇 개월 전에 나는 주님이 주신 비전과 관련해 마땅히 집중해야 할 대상에 제대로 집중하지 않은 탓에 잠시지만 균형을 잃고 비틀거렸다. 타당한 이유도 없이 비전과 아무 상관이 없는 과제에 시간과 에너지를 과도하게 허비했다. 문제의 근본 원인을 자각하지 못하고 하나님이 주신 비전에서 시선을 돌려 겉으로 드러난 증상을 고치는 데 급급했다. 일정을 조율하고 일상의 의무를 더 효율적으로 감당할 방법을 찾아내며, 다른 사람들에게 위임할 일을 확인했다. 하지만 정작 해야 할 일은 시선을 들어, 다시 한번 하나님이 내 인생에서 이루시길 바라는 것이 무엇인지 확인하는 것이었다. 그러고서 균형이 회복되자 나는 비전을 성취하기 위해 밟아야 할 단계들이 선명하게 보이는 것을 경이로운 마음으로 확인했고, 내가 해야 할 일이 무엇인지 갑자기 이해되었다. 균형 잡힌 비전을 품으면, 시간을 앗아가는 사소한 문제에 연연하지 않을 수 있다. 인생을 산만하게 하고 균형을 잃도록 몰아가는 일을 관둘 수 있다. 주님께 이런 선명함을 받는다는 것은 더없이 힘이 된다. 이런 선명함이 있으면 나를 파멸할 수 있는 것에 죄책감을 느끼지 않고 단호하게 아니라고 말할 수 있다.

우리가 가진 꿈과 하나님이 주신 꿈이 일치할 때 우리는 평생 하나님이 동행해주시리라고 확신할 수 있다. 또한 하나님이 주신 비전을 이룰 그분의 자원도 얻을 수 있다. 그것은 특별히 우리의 맞춤형 비전이자 하나님께 영광을 돌리게 해줄 비전이다. 당신의 꿈을 규정하고 비전을 확고하게 하라.* 그러면 이

---

* 때로 하나님이 주신 비전이 너무나 작아 보인다. 주님이 주신 비전이라는 사실을 알지만 툭하면 장애물과 부딪치고 비전의 성취를 가로막는 어려움을 만난다. 주님이 그렇게 놀라운 비전을 보게 하셨다면 왜 성취를 경험하도록 도와주시지 않는지 이해되지 않는다. 오랫동안 런던과 런던 주변 지역에서 사역 생활을 한 셀윈 휴스는 하나님이 비전의 성취보다 훨씬 더 중요한 일을 염두에 두고 계신다는 사실을 우리가 보도록 예리한 통찰을 제공한다.

보통 비전을 품은 뒤 다음 단계는 그 비전이 사그라드는 모습을 보는 것이다. 이것은 특별한 이유가 있다. 우리 비전은 종종 하나님이 주신 꿈과 인간적 욕망이 뒤섞여 있어서, 하나님은 그분이 주신 부분만 그대로 남기고 인간의 욕망은 그분이 원하시는 열망으로 변화되게 하신다. 이때 사용하시는 방법이 바로 비전을 사그라들게 하는 것이다.

전에는 한 번도 경험해보지 못했던 사역의 자유와 안정감을 누릴 수 있을 것이다. 집중적이고 효과적이며 균형 잡힌 사역으로 그리스도께 영광을 돌릴 수 있을 것이다!

우리는 비전을 품게 했다가 그 비전이 시들해지는 이유가 무엇이냐고 하나님께 묻는다. 비전이 꺼져갈 때 우리는 인내할 수밖에 없다. 이 시간은 우리 안에 거룩한 덕을 일구고 가꾸시려는 하나님의 수업 시간이다. 인내와 오래 참음과 자기 절제 같은 자질이 우리 안에 자리 잡는 때가 바로 이 기다림의 시간이다. 과거에 분명히 하나님이 주셨다고 확신하는 비전을 받았는가? 그리고 그 비전이 사라져버린 적이 있는가? 그렇다면 낙심하지 말라. 하나님이 그렇게 일하시기 때문이다. 이 기다림의 시간을 이용해 하나님은, 그분의 생각에 일치하도록 우리 생각을 바꾸시고, 그분의 시각에 맞게 우리 시각을 바꾸신다.

다만 조심해야 할 중요한 점이 있다면, 사탄이 이 시기에 매우 극성을 부린다는 점이다. 사탄은 인간적인 노력으로 비전을 이루도록 힘이 닿는 대로 우리를 부추길 것이다. 이런 부추김에 넘어가면 결국 갈등 때문에 아무것도 하지 못하게 된다.

하나님이 우리 비전을 꺼지게 하시고 우리 안에 그리스도의 성품이 사리 잡게 하려는 목적을 이루시면 어떤 일이 생길까? 그분은 다시 우리 비전을 살리시고, 그것을 기쁨으로 이룰 수 있게 해주신다. 이렇게 하는 이유는 비전을 이룰 뿐 아니라 그 과정에서 초자연적으로 개입하시기 위해서다. 그럴 때 사역을 성공으로 이끈 힘이 누구에게서 나왔는지 누구도 의심하지 못할 것이다. 바로 하나님이 그 일을 이루셨음을 모든 사람이 인정하게 되는 것이다[Selwyn Hughes, *Every Day Light*(Nashville: Broadman & Holman, 1997), 277-279].

3부

사역 팀 구성하기

5장.

팀 사역에 대한
하나님의 계획

함께하는 사람이 많을수록 더 힘을 발휘할 수 있다. 같은 마음을 품은 사람들이 함께해줄 때 짐을 나누어 지게 되기 때문에, 힘을 얻을 뿐만 아니라 넘어질 때 꼭 필요한 격려를 얻고, 외부 세력에 위협당할 때 필요한 안전을 보장받을 수 있다. 이와 연관된 성경 말씀이 많이 있지만, 특히 다음 전도서와 잠언 말씀이 대표적이다.

또 두 사람이 함께 누우면 따뜻하거니와 한 사람이면 어찌 따뜻하랴 한 사람이면 패하겠거니와 두 사람이면 맞설 수 있나니 세 겹 줄은 쉽게 끊어지지 아니하느니라(전 4:11-12).

의논이 없으면 경영이 무너지고 지략이 많으면 경영이 성립하느니라(잠 15:22).

누군가의 도움이 있으면 하나님이 주신 사역은 어느 측면이든 힘을 얻게 된다. 하나님은 우리가 감사하는 마음으로 동료 사역자들을 받아들이라고 요청하신다. 우리를 준비시키셨던 것처럼 그들 역시 확실하게 사역에 준비되게 하시기 때문이다. 팀 사역이란 주님의 일을 하는 데 절대 혼자일 필요가 없다는 뜻이다.

성경의 사례

출애굽기 18장은 모세가 안부차 장인 이드로에게 방문하여 대화를 나누다, 인생의 획기적 변화가 일어날 조언을 받아들인 흥미로운 이야기를 기록했다. 이드로는 여호와가 이스라엘을 위해 하신 모든 일을 기뻐했고, 진영을 돌아다니며 백성과 대화를 나누면서 그 축복을 직접 눈으로 확인했다. 다음 날 모세는 자리에서 일어나 업무를 보러 나갔다. 온종일 그는 백성의 원망과 푸념을 들었다. 이렇게 지루하고 지친 과정을 묵묵히 지켜보던 이드로는 모세에게 다가갔다. 그가 모세에게 한 말은 모든 목회자의 인생에 변화가 일어나게 해줄 조언이었다.

모세의 장인이 모세가 백성에게 행하는 모든 일을 보고 이르되 네가 이 백성에게 행하는 이 일이 어찌 됨이냐 어찌하여 네가 홀로 앉아 있고 백성은 아침부터 저녁까지 네 곁에 서 있느냐 모세가 그의 장인에게 대답하되 백성이 하나님께 물으려고 내게로 옴이라 그들이 일이 있으면 내게로 오나니 내가 그 양쪽을 재판하여 하나님의 율례와 법도를 알게 하나이다 모세의 장인이 그에게 이르되 네가 하는 것이 옳지 못하도다 너와 또 너와 함께한 이 백성이 필경 기력이 쇠하리니 이 일이 네게 너무 중함이라 네가 혼자 할 수 없으리라 이제 내 말을 들으라 내가 네게 방침을 가르치리니 하나님이 너와 함께 계실지로다 너는 하나님 앞에서 그 백성을 위하여 그 사건들을 하나님께 가져오며 그들에게 율례와 법도를 가르쳐서 마땅히 갈 길과 할 일을 그들에게 보이고 너는 또 온 백성 가운데서 능력 있는 사람들 곧 하나님을 두려워하며 진실하며 불의한 이익을 미워하는 자를 살펴서 백성 위에 세워 천부장과 백부장과 오십부장과 십부장을 삼아 그들이 때를 따라 백성을 재판하게 하라 큰일은 모두 네게 가져갈 것이요 작은 일은 모두 그들이 스스로 재판할 것이니 그리하면 그들이 너와 함께 담당할 것인즉 일이 네게 쉬우리라 네가 만일 이 일을 하고 하나님께서도 네게 허락하시면 네가 이 일을 감당하고 이 모든 백성도 자기 곳으로 평안히 가리라 이에 모세가 자기 장인의 말을 듣고 그 모든 말대로 하여(출 18:14-24).

이 한 가지 사례만 보더라도 팀 사역이 아닌 일인 사역 방식은 두 가지 분명한 후유증을 남긴다. 사람들도 지치고 사역자도 지치는 것이다. 일인 사역 방식이 하나님이 추구하시리라고 여기는 광대한 비전에 미칠 영향을 생각해보면 세 번째 후유증 역시 명확해진다. 일인 사역 방식은 실제로 사역의 성장을 제한한다. 즉 사역이 사역자 개인을 통해 이루어질 수 있는 일에만 한정되는 것이다.

일인 사역은 사람들을 지치게 한다

목회자 세계에 입문하고 첫 몇 년간 약속과 면담 일정이 빼곡하게 적힌 수첩을 지니고 다니는 것만으로, 내가 중요한 사람이고 필요한 존재이며, 이상하지만 '진짜 목회자'라는 느낌이 들었다. 예배가 끝나고 나를 만나려고 찾아오는 사람들 앞에서 한 주의 일정이 적힌 수첩을 꺼내 약속이 잡히지 않은 시간을 확인하는 일은 매우 짜릿한 경험이었다. 나는 사람들에게 영향력을 끼치는 사람이라는 느낌이 들어 야릇한 흥분을 느꼈다. 하지만 그런 흥분은 오래 가지 않았다. 이윽고 나는 좌절감을 더 느끼게 되었다. 낼 수 있는 시간이 며칠 뒤가 아니라 몇 주 뒤로 늘어나면서 나 자신뿐 아니라 교인들에게 짜증과 불만이 쌓였다. 나에게 실망하여 멀어지는 그들을 보면서, 그들이 마치 '필요할 때 함께하질 못하는데 당신이 무슨 목회자야?'라고 말하는 것만 같았다. 그런 일이 너무 잦으면 섬기도록 부르심을 받은 사람들에게 잘못된 메시지를 보내게 된다. 그들은 기다리다가 지칠 테고, 결국 자신의 필요를 채워줄 다른 대안을 찾을 것이다.

그러나 이런 공백을 메워줄 준비가 되었고, 실제로 굳이 당신이 아니어도 된다면, 즉 언제라도 기꺼이 만날 책임을 져줄 팀원들이 있다면 어떻게 되겠는가? 이드로는 너무나 합리적인 대안을 제시했고, 모세는 진작 이런 생각을 하지 못한 자신을 어리석게 여겼을 것이다. 이스라엘 백성에게 가장 좋은 대안은 분명히 온종일 줄을 서서 모세와의 면담 차례가 오기를 기다리는 일이 아니었을 것이다. 하나님은 훨씬 더 나은 무엇인가를 염두에 두고 계셨다. 모세가 계속 그대로 짐을 혼자 졌을 경우보다 더 많은 일을 효과적으로 이룰 수 있는 다른 사람들에게 그 업무를 위임하고, 사역 업무를 훈련하는 것이었다.

사람들을 지치게 하면 그들의 영적 건강에 좋지 않다. 단 한 번이라도 '최고 지도자'를 만날 수 있다면 계속 기다리겠다는 사람이 분명히 있다. 그러므로 모세와 이스라엘 장로들이 처음 이 계획을 시행하려 했을 때 상당한 반발에 부딪혔을 가능성이 있다. 항의하는 사람들의 목소리가 생생히 들린다. "보좌하는 분들과 대화하고 싶지는 않습니다. 저는 모세를 직접 만나야 한다고요. 그분이 아니면 아무와도 만나지 않을 겁니다. 오늘 저와 만나주실 수 없다니 그게 무슨 말입니까? 긴급한 문제라고요. 나를 도와줄 사람은 그분밖에 없어요."

당신도 비슷한 말을 듣고 같은 죄책을 느꼈을지 모르겠다. 또 이런 식으로 인정해주는 듯한 말로 우리를 조종하려는 시도를 견뎌내며, 하나님 나라가 끝까지 보존되는 데 자신이 정말 없어서는 안 되는 존재인지 염려했을지도 모른다. 그런 경험이 있는 사람에게 확인해보라. 모든 사람을 다 만날 수도 없고 모든 일정을 다 소화할 수도 없으며, 당신이 개입해줄 것을 요구하는 모든 사람에게 실행할 수 있는 해결책을 제시하거나 모든 이가 납득할 만한 판단을 내려줄 수도 없다.

일인 사역은 사역 당사자를 지치게 한다

모세가 상처와 문제를 안고 자신의 지혜와 판단을 구하려고 끊임없이 찾아오는 사람들에게서 잠시라도 쉴 요량으로, 길게 늘어선 줄이 어느 지점에서 끊어지는지 확인하는 모습이 떠오르지 않는가? 이드로는 모세의 이런 고단함을 이해했다. "주변 사람들에게 도움을 받지 않으면 스스로 기력이 쇠하고 말걸세. 이런 일은 불합리하고 누구에게도 도움이 되지 않아." 온종일 이어지는 업무로 기진하기 전에 이드로의 조언을 들었더라면 많은 짐을 덜 수 있었을지도 모른다! 당신에게 이드로의 역할을 해줄 사람이 없다면, 내가 그 역할을 하겠다. 혼자 모든 일을 감당하려는 당신에게 이렇게 말하고 싶다. "네가 하는 것이 옳지 못하도다."

우리가 하나님을 신뢰하고 그 믿음대로 실천할 때 하나님의 계획은 작동한다. 그러므로 모세처럼 팀을 구성하고 짐을 나누어 지라.

일인 사역은 성장을 저해한다

병목 현상이 생기면 속도가 저하되는 것이 당연하다. 모든 일을 혼자 도맡아 처리한다면 회중 가운데 성령이 역사하지 못하시도록 방해할 수 있다. 오직 내가 해야만 효과적인 성취가 가능한 교회 사역이라면, 그것이 사실 그리스도의 몸에 합당한 사역일 가능성이 희박하다. 교회에는 모든 지체가 자신의 은사를 활용하게 되는 비전이 필요하다. 목회자를 보좌해주는 팀 없이 이룰 수 있는 비전이라면, 그것은 잘못된 것이다. 하나님은 가용 자원을 모두 활용하여, 아무 제한 없이 자유롭게 교회가 성장하기를 바라신다.

하나님이 더 위대한 일을 하도록 분명히 부르셨는데 굳이 혼자만의 사역을 고집할 이유가 있는가?

신약의 리더십

신약에서 팀 사역의 실제적 중요성을 가장 구체적으로 설명한 구절은 에베소서 4장에서 찾을 수 있다.

오직 사랑 안에서 참된 것을 하여 범사에 그에게까지 자랄지라 그는 머리니 곧 그리스도라 그에게서 온몸이 각 마디를 통하여 도움을 받음으로 연결되고 결합되어 각 지체의 분량대로 역사하여 그 몸을 자라게 하며 사랑 안에서 스스로 세우느니라(엡 4:15-16).

이 글을 쓸 때 바울이 전체 교회의 모든 지체가 동참하는 일로 사역을 인식했다는 것은 의심할 여지가 없다. 모든 사람이 각기 감당할 사역의 자리가 있어야 했다.

신약 교회에서 대표적인 두 가지 직이 있었다. 바로 장로직과 집사직이다. 장로presbuteroi, 프레스부테로이는 또한 감독episkopoi, 에피스코포이이나 주교bishop로 불렸고 때로 목회자poimaines, 포이마이네스로서 목양하는 역할로 언급되기도 했다. 에베소의 교회 지도자들을 언급할 때는 세 가지 이름이 모두 사용되었다. "바울이 밀레도에서 사람을 에베소로 보내어 교회 장로들을 청하니…여러분은 자기를 위하여 또는 온 양 떼를 위하여 삼가라 성령이 그들 가운데 여러분을 감독자로 삼고 하나님이 자기 피로 사신 교회를 보살피게 하셨느니라"(행 20:17, 28). 또한 이 두 직무만 하더라도 한 사람 이상을 뽑아 성경에서 서술된 직무 담당자들을 선정하고 임명하는 일을 맡겼다.

많은 교회에서 담임목사를 한 명만 두는 시대에, 신약 시대에 복수 지도자를 세웠다는 사실은 새롭고 신선하게 다가온다. 사도행전을 보면 여러 교회에서 장로직을 언급할 때 항상 '장로'elders란 단어를 복수로 표현했다. 교회마다 장로가 한 명 이상 있었다는 사실은, 팀 사역이라는 개념이 현대에 나타난 새로운 개념이 아니라는 점을 암시한다.

모든 장로가 동등해야만 한 것은 아니었다. 사실상 바울은 다스리는 자와 말씀과 가르침으로 수고하는 자가 두 배나 존경을 받아야 한다고 구체적으로 명시했다(딤전 5:17). 그러나 장로를 여럿 둠으로써 리더십이 독재로 흐르는 것을 방지하고, 일인 지도자가 회중을 좌지우지 못하도록 제도적 안전장치를 마련했다. 여러 리더는 베드로가 경고한 사태, 즉 장로들에게 허용된 권한 남용을 방지하도록 균형을 맞추는 역할을 한다. 그는 장로들에게 이렇게 권면했다.

> 너희 중에 있는 하나님의 양 무리를 치되 억지로 하지 말고 하나님의 뜻을 따라 자원함으로 하며 더러운 이득을 위하여 하지 말고 기꺼이 하며 맡은 자들에게 주장하는 자세를 하지 말고 양 무리의 본이 되라(벧전 5:2-3).

불행하게도 권한이 있는 자들이 영향력을 부정하게 행사하고, 양 떼를 '주장하려고' 할 때가 너무 잦았기에 베드로는 이런 특별한 경고가 필요하다고 생각했다. 그러나 교회를 더 확실히 보호하기 위해 주님은 지도자를 여러 명 두셔서, 섬기는 리더가 되도록 서로 견제하고 돕게 하셨다.

교회나 여러 사역 기관이 한 개인에게 사역을 전적으로 의지할 때 그리스도 중심이기보다 인간 중심이 되므로 결국 실패할 수밖에 없다. 팀 사역은 교회와 그 리더들을 보호해주며 사역자로서 우리는 경건한 리더들의 팀과 함께 사역할 기회를 흔쾌히 받아들여야 한다.

현 상황에 적용하기

성경을 보면 모세와 바울, 초대교회 지도자들이 팀 사역과 복수 리더십으로 어떤 유익을 얻었는지 확인할 수 있다. 팀의 지체들은 각자의 능력과 재능이 허락하는 선에서 사역에 기여해야 했다.

자신이 잘하는 분야가 무엇인지 아는가? 사역자로서 자신의 장점은 잘 알고 있을지도 모른다. 그러나 자신이 잘하지 못하는 분야를 파악하는 일 역시 중요하다.

내게 위기 사역은 언제나 이중적 위기를 의미했다. 내가 그런 상황을 능숙하게 다루지 못하기 때문에 먼저 그 위기로 직접적인 영향을 받는 사람들에게 위기였고, 개인적으로 내게 위기였다. 지금 섬기는 교회는 29년 전 젊은 부부 가정을 주축으로 출발했다. 이 말은 사역자로서 병원에 병문안을 가거나 장례식을 주관할 기회가 거의 없었다는 뜻이다. 아기가 태어나서 세상의 일원이 된 것을 축하하는 경우가 아니라면 병원을 방문할 일이 거의 없었다.

교회가 성장하면서 회중의 필요도 커지고 다양해졌다. 노년 부부가 교회에 등록하기도 했고, 신혼부부였던 우리도 모두

나이를 먹었다. 교인 수가 늘어나면서 위기도 그에 비례해 증가했다. 종종 나는 당황해서 어떻게 그 위기를 수습할지 몰라 완전히 무력한 상태가 됐다. 교인의 가정보다 나 자신의 고통을 다루기 위해 더 많은 도움이 필요하다고 확신한 몇 가지 사례가 기억난다.

나는 성도들에게 어떤 어려움도 없는 상태, 교인들이 아프거나 병사하는 일도 없고, 차 사고로 사망하거나 어린 자녀를 희귀병으로 잃는 일도 없는 완전히 새로운 사역지를 바라는 것이 아닌가? 이 질문이 얼마나 말도 안 되는지 알 것이다. 문제는 내가 사역지를 떠나야 하는지의 여부가 아니라 하나님이 그 필요를 미리 보시고 이미 해결책을 준비해두셨느냐 여부였다. 나는 사람들의 필요를 돌보는 데 탁월한 은사가 있을 뿐 아니라 그 일을 좋아하는 사람들이 회중 가운데 이미 있다는 사실을 곧 깨달았다.

우리가 기꺼이 내어드릴 마음이 있다면, 주님은 회중 가운데서 일꾼을 일으키셔서 사역을 완성하도록 도와주기를 원하신다. 물론 이 모든 일을 혼자서 너끈히 해낼 다양한 재능을 갖춘 사역자도 있다. 하지만 그런 사역자라도 자신이 속한 교회의 비전을 완성하도록 도우라고 하나님이 부르신 사람들과 사역의 기쁨을 나누어야 한다. 세월이 흐르면서 나는 하나님이 의도하시는 사역 방식이 이런 것이라는 확신이 그 어느 때보다 더 확고해졌다. 이런 결론에 이른 것은, 더 많은 연구를 했거나 성경에서 그 근거를 더 많이 발견했기 때문이 아니다. 다양한 은사가 있는 지체들이 생각지도 못했던 일을 감당해주고, 그 수고의 열매를 직접 누리는 모습을 지켜보았기 때문이다.

목회자가 일인 사역을 하는 이유

팀 사역의 성경적 근거를 다년간 확인한 지금, 많은 목회자를 대신해 품은 의문은 바로 이것이다. '하나님은 우리에게 너무나 많은 도움의 손길을 내미셨고, 감당해야 할 과제는 우리 혼자서는 도무지 감당할 수 없을 정도로 거대하다. 그런데 왜 이 일을 혼자 감당하려는가?'

우리 목회자들이 때로 일인 사역을 고집하는 몇 가지 이유가 있다.

1. 제한된 비전: 한 사람만 있어도 가능할 정도로 목회자의 비전이 제한적이라면, 팀을 이루어 함께 사역할 사람이 실제로 필요하지 않을 수도 있다. 하지만 이런 제한적인 비전을 가진 목회자는 혼자서 할 수 있는 일만 하지 말고 눈을 들어, 주어진 시간을 사용할 더 넓고 놀라운 방법이 얼마나 많은지 보아야 한다.

2. 불안함: 목회자는 확실히 불안정한 상태를 감수해야 하는 경우가 많다. 사람은 대부분 이런저런 이유로 불안을 경험한다. 그러나 그 불안감이 다른 사람들과 사역을 함께하려는 마음에 영향을 미친다면, 그 목회자는 문제가 있다. 보통 불안감의 근본 원인은 누군가가 나보다 더 유능할 것이라는 두려움 때문이다. 혹은 자신이 대체할 수 없는 존재가 아님을 다른 사람들이 알게 될지도 모른다는 두려움 때문이다. 그러나 그것은 자기 혼자만의 걱정에 불과하다. 다른 사람에게 아무것도 맡기지 않으면서 자기가 없이는 어떤 일도 진행되지 않는다고 불평하지 않는가? 장담하건대 하나님께는 더 나은 방법이 있다!

3. 조바심: 요즈음 목회자 사이에서는 특정 지역 교회를 집중 공격 대상으로 고른 후 기습 공격을 하듯이 일종의 폭탄(사역에 관한 제안, 프로그램, 맞춤형 설교 시리즈 등)을 투하한 다음 반발이 시작되기 전에 빠져나오는 사역 방식이 유행하고 있다. 우리는 이런 방식을 자기 식대로 편리하게 해석하는 데 탁월하다. 그래서 이 방식을 계속 고집하는 것이 장기적인 팀 사역에 대한 헌신을 회피하려는 변명에 불과할 수 있음을 절대 인정하지 않는다. 한 교회에 오랜 기간 있지 않겠다는 생각을 한다면, 팀을 구성하는 데 필요한 관계에 투자할 시간을 내려 하겠는가?

즉각적 결과를 원하는 사람들은, 처음에 몇몇 사람과 머리를 맞대고 고민하며 비전을 확정하고, 서로 신뢰를 가꾸며 은사와 신실성의 수준을 확인하는 과정에 너무나 많은 노력이 투입되지만 효과는 빨리 나타나지 않는다는 사실을 깨닫는다. 강한 충격을 주는 프로그램으로 큰 파장을 일으키는 방식은 크게 인내심이 필요하지 않을뿐더러 간절히 원하는 양적 성장이 가능해지고, 성장 전문 목회자로서 명성을 보장해준다.

성경 원리를 무시하고 '기습 공격 방식'을 채택하는 목회자는 장기적으로 지속될 팀의 구축에 꼭 필요한 사람들을 고려하지 않는다. 한 목사 친구는 첫 2년간은 가르치고 말씀 선포하는 사역을 제외한 거의 모든 시간을 리더 그룹을 구축하는 데 투자하라고 조언한다. 물론 2-3년만 사역하다 떠날 생각을 하는 목사에게는 이런 조언이 의미가 없다. 조바심 때문에 이런 조언을 귀담아들을 여력이 없는 것이다. 결국 팀이 구축되지 못하고 다시 론 레인저(미국 서부극의 주인공-역주)가 등장하게 된다.

4. 사람 간 문제: 팀을 이루기 위해서는 사람들의 마음이 하나

가 되어야 한다. 교회에 사람 간 문제가 있으면, 의도적으로 팀을 구성하겠다는 생각이 마치 긁어 부스럼을 만드는 일처럼 들린다. 꼭 집어 말하면, '대인 관계에 어려움을 느끼는' 목사에게 문제가 있을 수도 있다. 목회자가 다른 사람들과 관계 형성에 어려움을 느끼거나 한 팀을 이끄는 것은 물론이고 팀의 일부가 되어야 할 필요를 전혀 느끼지 못할 수도 있다. 미숙한 의사소통 기술, 타인에 대한 불신, 자신이 주도하지 않은 제안에 대한 거부감, 극단적 내향성, 군림하려는 성향 등 이 모든 것은 독단적인 목회자가 팀 사역 때문에 팀원들과 장기적으로 교류해야 하는 상황을 피하기 위해 무슨 일이든 하도록 몰아갈 수 있다.

5. 우선순위: 아이러니하게도 목회자는 단순히 우선순위를 고수할 수가 없어서 독자적으로 사역하는 경우가 종종 있다. 매일 시간이 필요한 긴급한 필요를 처리하는 데 급급해서 근본적 해결책을 실행할 엄두를 내지 못한다. 늘 팀을 구축해야 한다는 생각이 마음에서 떠나지 않지만 우선순위를 제대로 고수하지 못해서 실제로는 아무것도 하지 못한다. 혼자만의 독자적 사역은 그가 원하는 것이 절대 아니다. 그러나 오랫동안 굳어진 사역 방식에서 벗어날 수가 없다. 그래서 계속 좌절감과 무력감을 느낀다.

6. 무지: 무지의 문제는 해결할 수 있다. 자신의 문제가 무엇인지 자각한 이상, 무지한 상태로 계속 남아 있는 것은 절대 정당화할 수 없다. 팀을 구성하는 법을 모른다면, 혹은 교회라는 상황에서 이 문제가 어떻게 받아들여질지 모르겠다면, 기업이나 스포츠계에서 성공적으로 팀을 구축한 경험이 있는 교

인들의 도움을 받을 수 있다. 심지어 어쩌면 지금 사는 곳에서 가장 가까운 곳에 그런 경험을 해본 적이 있는 사람이 있을지도 모른다.

7. 과거의 실패: "처음 목회했을 때 '팀 사역'을 시도해봤어요. 무참히 실패했죠. 그 뒤로 다시는 그런 실수를 하지 않겠다고 다짐했습니다." 이렇게 너무나 뻔한 말 외에 달리 무슨 말을 할 수 있겠는가? 그렇게 실패로 돌아갔으니 다시 시도해보라는 것이다. 팀 사역이 하나님의 뜻이라면 포기해서는 안 된다. 어떤 이유로 사역자는 옛 속담이 자신에게도 해당한다는 생각을 하지 않는다. '한 번 해서 성공하지 못했다면, 다시 시도하라.'

모든 지체는 사역자다

로마서 12장과 고린도전서 12장은 교회를 하나의 몸으로 묘사한다. 이 몸은 전체 몸이 온전히 기능하는 데 꼭 필요한 지체들로 이루어져 있다. 어떤 지체도 하찮거나 중요하지 않은 경우는 없다. 지체들은 몸의 머리이신 그리스도께 연결되기에, 절대 나뉘지 않고 하나로 이어져 있다(엡 1:22, 4:15 참고). 각 지체는 주님이 교회를 구별하신 목적을 성취할 수 있도록 제 기능을 다한다. 합법적으로 자기 책무를 포기하고 다른 이에게 떠넘기더라도, 그리스도의 몸이 효과적인 사역을 하는 데 타격을 줄 수밖에 없다.

몸의 작은 일부가 사역의 많은 부분을 감당하느라 힘들어한다면, 그리스도의 몸을 위한 그분의 계획과 목적이 위험해질 수 있다. 교회는 역사적으로 '사역자'라는 직책을 맡은 특별한 권리를 지닌 사람들이 있었다는 주장을 미묘하게 형성해왔다. 그러나 신약은 모든 지체가 목회자라고 가르친다. 그러므로 이 목회자라는 용어가 특정 사역자 집단에 한정해 사용돼서는 안 된다.

모든 지체가 목회자라면, 그들이 각자 맡은 사역이 있다고 할 수 있다. 모든 지체가 자신이 맡은 사역 영역에서 자기 기능을 충실히 감당하면, 그리스도의 몸에서 잠재적인 사역의 열매가 얼마나 엄청나게 맺힐지 알 수 있을 것이다.

구비자로서 사역자

목회자로서 당신의 역할은 어떤가? 개인적으로 목회자라는 역할을 이해하는 데 기여한 중요한 두 성경 구절이 있다. 각기 일꾼으로 온전하게 구비되게 한다는 내용과 관련 있다. 모든 지체가 나와 적극적으로 사역에 동참함으로 팀 사역을 하도록 요청받은 경우, 나는 그들이 하나님이 지명하여 맡기신 일을 하도록 준비시켜야 할 책임이 있다. 성령은 그들에게 은사를 주시고, 그 은사를 제대로 발휘할 수 있는 사역 영역으로 그들을 부르신다. 목회자로서 우리는 모든 사람이 각자 맡은 사역에 제대로 준비돼 있는지 부지런히 확인해야 한다.

다음 구절은 목회자가 해야 할 일과 그 일을 하는 방법에 관해 명확하게 설명하고 있다. 목회자이자 교사로서(엡 4:11에 따르면) 우리는 특별한 책무를 맡도록 부르심을 받는다. "이는 성도를 온전하게 하여 봉사의 일을 하게 하며 그리스도의 몸을 세우려 하심이라"(엡 4:12). 이 일을 구체적으로 이루는 방법을 명시한 관련 구절은 디모데후서에서 찾을 수 있다. "모든 성경은 하나님의 감동으로 된 것으로 교훈과 책망과 바르게 함과 의로 교육하기에 유익하니 이는 하나님의 사람으로 온전하게 하며 모든 선한 일을 행할 능력을 갖추게 하려 함이라"(딤후 3:16-17). 양 떼를 온전하게 세워야 하는 목회자의 중요한 우선순위는 말씀을 통해 이루어지는 그리스도의 충분하심을 근거로 한다.

바울은 디모데에게 권면하면서 "또 네가 많은 증인 앞에서 내게 들은 바를 충성된 사람들에게 부탁하라 그들이 또 다른 사람들을 가르칠 수 있으리라"(딤후 2:2)고 썼다. 목회자는 세대에서 세대로 사역을 계승할 기회를 기꺼이 받아들이도록 훈련된 온전함을 입은 한 무리의 남녀를 유산으로 물려주어야 한다.

느헤미야는 예루살렘 성벽 재건을 비전으로 받았을 때 주님을 믿고 그 일을 진행하라는 명령을 함께 받았다. 리더십을 다룬 많은 책에서 사역에 사람들을 동원하는 방법에 관한 한 가지 사례로 느헤미야의 전략을 소개한다. 그는 업무를 분담하고 좋은 리더를 발굴하는 방법을 알았으며, 많은 백성이 그 일에 동참하도록 동기를 부여하는 법을 알았다. 그렇게 방치되었던 예루살렘 성벽을 재건하는 목표를 힘을 합쳐 이루었다. 그는 성 안 사람들에게 "우리가 당한 곤경은 너희도 보고 있는 바라 예루살렘이 황폐하고 성문이 불탔으니 자, 예루살렘 성을 건축하여 다시 수치를 당하지 말자"라고 말했고, 백성은 이 말에 "일어나 건축하자"라고 호응했다(느 2:17-18). 느헤미야는 이 일을 절대 독단적으로 하지 않았다. 하나님이 물질적 자원이나 노동력처럼 필요한 모든 것을 제공해주시리라 믿고 그 일을 적극적으로 감당했다. 사람들이 이 일에 동참하도록 호응을 이끌어낸 것이 이 사업을 성공적으로 완수할 수 있었던 비결이었다. 성경 전반에서 하나님은 모든 사람이 각기 관련된 일에 기여하도록 역할을 부여하는 리더십의 형태를 일관되게 보여주신다.

경건한 리더의 자질

하나님을 섬기는 리더라면 그리스도의 성품을 반영해야 한다. 디모데전서와 디도서에 소개된 자질에 관한 인상적인 목록(둘 다 관련 덕목을 모두 다루지는 않은 것 같지만)은 주님이 백성의 지도자로 부르신 자들에게 그분 이름의 고결성을 더럽히지 않도록 요구하신다는 점을 분명히 한다. 그리스도의 성품을 드러내는 리더들과 사역하는 일은 큰 기쁨일 수 있다.

이런 자질을 갖춘 리더를 선정하는 일은 절대 쉽지 않다. 다른 사람이 추천했거나 인정한 리더라도 교회에 가장 좋은 방향으로 기여하리라고 믿는 기준에 턱없이 미치지 못하는 경우를 항상 확인하게 된다. 지도자를 선정하는 과정은 많은 교회에서 여전히 가장 큰 쟁점 사항 중 하나다. 교인들에게 리더십의 성경적 기준을 고수하는 일이 얼마나 중요한지 가르치면, 당신 자신은 물론이고 당신을 승계할 지도자에게도 매우 유익할 것이다. 이때 지도자 지위에 대한 엄격한 기준을 고수하는 일은 절대 양보할 수 없는 중요한 책무다. 후보에 대한 엄격한 검증의 중요성을 지도자를 선정하는 과정을 책임진 이들이 명심하도록 교육해야 한다.

바울은 장로와 집사를 선정하는 일을 디모데에게 가르치면서 이렇게 말했다. "이에 이 사람들을 먼저 시험하여 보고 그 후에 책망할 것이 없으면 집사의 직분을 맡게 할 것이요…아무에게나 경솔히 안수하지 말고 다른 사람의 죄에 간섭하지 말며"(딤전 3:10, 5:22).

누군가가 지도자로 섬길 준비가 되어 있는지 그리고 어느 분야의 리더십에 적합한지 결정할 때 어떤 기준을 적용해야 하는가? 분명히 상대적으로 중요도가 약한 위치라면 관련된 사람들을 즉각 선정해서 섬기는 태도와 신실성과 영적 성숙의 정도를 확인해볼 수 있다. 더 책임 있는 위치를 맡을 준비가 된 사람들도 있을 것이다. 그러나 집사와 장로직의 경우 성경 기준을 무시해서는 안 된다. 교회의 영적 생명력과 자신의 개인 생활과 사역의 꼭 필요한 균형을 위험에 빠뜨려서는 안 된다. 팀 사역에 함께할 사람들의 자질과 덕목에 관해 타협해서는 안 되는 기준을 스스로 세우려는 사람도 있을 것이다. 그러나 반드시 고려해야 할 몇 가지 자질이 있다.

- 디모데전서 3장 1-13절과 디도서 1장 5-9절에 나오는 덕목
- 사역에 대한 공통 비전과 가치를 지녔다는 증거
- 상한 마음과 겸손함과 종의 마음이 있다는 증거
- 기꺼이 배우려는 태도

- 성실하고 신뢰할 수 있는 자
- 유능하며 영적 은사를 지닌 자

사역의 팀원이 될 사람의 자질을 평가하는 작업으로, 당신과 사역이 분쟁과 분열, 혼란에 빠지지 않도록 보호할 수 있다. 자질이 검증되지 않은 리더를 팀에 받아들여 갈등을 해결하지 못하고 수년을 보내기보다 선정 과정에서 먼저 호된 폭풍을 견디는 편이 훨씬 낫다. 같은 마음을 품은 팀원들이 함께 성장하는 사랑의 공동체를 이루어 열매 맺는 사역을 하고 싶다면, 영적 리더십의 기준은 타협의 대상이 될 수 없다.

그러나 처참하리만큼 인재를 선택할 여지가 없다면 어떻게 해야 하는가? 어느 곳에서 목회하든지 영적인 자격을 갖춘 리더가 없다는 핑계로, 사역 팀을 구축하려는 노력을 포기하는 일은 절대 있어서는 안 된다. 지금 섬기는 교회의 영적 성숙도와 활력 수준에 만족하고 안주하지 않도록 늘 경계해야 한다. 의도적으로 사역 팀과 협력하며 그들이 성장할 수 있도록 힘쓰라. 그들을 제자로 삼고 비전을 나누며, 멘토가 돼주고 사역을 위임하며 주의 깊게 관찰하라. 작은 일에 신실하게 섬기는 이들을 찾아 더 큰일을 맡기라. 흔들림 없는 결의로 모세가 다음 리더를 세운 것처럼, 경건한 리더들로 구성된 팀을 구축하라. "그리하면 그들이 너와 함께 담당할 것인즉 일이 네게 쉬우리라"(출 18:22).

하나님은 그분의 양을 치는 우리를 위해 팀 리더십을 준비해두셨다. 균형을 잃지 않도록 도와줄 조연들이 함께하게 해서 균형을 유지하는 것이 하나님의 계획이다.

6장.
효과적인 팀을 구축하는 비결

어린 시절부터 운동은 내 삶의 중요한 일부였다. 항상 팀으로 야구나 농구, 축구를 하며 놀았던 기억이 난다. 초중고 시절 방과 후에 어김없이 경기 연습을 했고, 특별히 여름철 경기를 할 수 있을 때면, 빠지지 않고 아이들과 스포츠 경기를 하거나 경기 연습을 했다. 그런 팀의 일원으로 있었던 경험은, 전체 팀의 집단적 노력에 기여하는 법을 이해하는 데 도움이 되었다. 우리는 서로 필요했다. 누구에게 뒤지지 않고 성공하기 위해서는 팀으로서 협력해야 한다는 사실을 깨달았다.

내 아들 중 하나는 상당한 재능은 있지만, 한두 게임 이상을 연달아 이길 정도로 끈질기게 협력하는 법은 모르는 팀에 소속돼 있었다. 문제는 선수들이 팀으로 경기하는 것이 중요하다는 사실을 이해하지 못한다는 점이었다. 각자 자신의 재능을 드러내려고만 했다. 개인플레이가 단결력이 강한 팀을 구성하는 데 얼마나 파괴적인지 이해하지 못하는 것 같았다. 팀이 한마음으로 단결할 때 고립된 '론 레인저'보다 훨씬 더 놀라운 성과를 거둘 수 있음을 알아야 했다. 시즌이 절반쯤 지났을 무렵, 그들은 마침내 마음을 모으고 팀으로서 기량을 발휘하기 시작했다. 하지만 불행하게도 그 사실을 안 것은 시즌이 시작된 지 시간이 너무 흐른 뒤였다.

팀을 구축하는 데 필요한 기본 요소에는 어떤 것이 있는가? 오랫동안 관찰한 결과 나는 진정한 팀워크를 이루는 데 몇 가지 열쇠가 있음을 깨달았다. 모든 팀이 이 요소를 다 갖추지는 못하지만 이 열 가지 요소를 대부분 갖추면, 그 팀은 훨씬 더 강해지고 더 많은 결실을 맺게 된다.

- 정체성
- 하나 됨
- 다양성
- 겸손함
- 사랑
- 진실성
- 품위
- 공동체
- 화합
- 오래 함께 사역하기

인간의 본질은 자기중심적이기 때문에 '팀'이라는 개념은, 하나님이 은혜로 개입하셔서 마음의 변화를 경험하지 못하는 한, 사람의 본성을 거스르는 개념이다. 가끔 행동을 바꿀 수 있고 때로 우리의 태도를 바꾸기도 하지만, 우리 본성을 바꾸고 타인에게 최선의 유익이 되게 하려고 나 자신의 이익을 포기하기 위해서는 예수 그리스도가 역사해주셔야 한다.

그러므로 팀을 구축하기 위한 이런 열 가지 열쇠를 살펴볼 때 이 열쇠가 온전히 작동하기 위해서는 하나님의 전적인 다스리심이 필요하다는 사실을 염두에 두어야 한다. 그리스도의 몸에서 이 열쇠가 어떻게 작동하는지 살펴볼 때 이것이 일종의 교묘한 성공 공식이 아니라는 사실을 늘 명심해야 한다. 이런 열쇠는 성령의 능력으로 그리스도의 삶을 살아가는 이들의 품질 보증서와 같다.

1. 정체성

노스캐롤라이나 롤리의 브로턴고등학교 실내체육관 로비로 들어가면 곧 과거로 시간 여행을 하게 된다. 1930년대까지 거슬러 올라가는 트로피를 비롯해, 수많은 트로피가 선반에 진열돼 있다. 우스꽝스러운 유니폼을 입고 손에 상을 들고 자랑스럽게 포즈를 취하고 있는 선수들의 사진도 가득 걸려 있다. 중앙에는 오래전에 사라진, 이 고등학교 유니폼에 더는 사용되지 않는 숫자가 쓰인 낡은 농구복이 걸려 있다. 이 유니폼은 코트에 출전한 위대한 농구 선수 중 한 사람이 입은 것이다. '피스톨 피트' 마라비치는 우리 아들들이 다니던 학교에서 선수로 활약했다.

경기에 임하는 선수들은 선수복을 착용할 때마다 위대한 전통에 참여하고 있다는 사실을 알고 있다. 농구 역사상 위대한 이름의 하나라는 정체성 그리고 그가 활약한 팀의 정체성을 그대로 이어받고 있다는 사실을 아는 것이다. 이것은 선수에게 정체성과 자긍심을 심어준다. 선수는 특별한 팀에 소속돼 있을 뿐 아니라 자신이 물려받은 유산을 지켜야 할 책임이 있다.

효과적으로 움직이는 팀은 정체성이 확실하다. 그런 팀의 일원이 되면, 위대한 곳에 소속돼 있다는 자긍심으로 압도적인 특권 의식을 경험한다. 우리는 우리 팀과 일체감을 느낄 필요가 있다!

하나님은 그분 자신과 우리를 동일시하시고, 그분의 팀원으로서 새롭게 형성된 정체성을 받아들이라고 우리를 부르신다. "그러나 너희는 택하신 족속이요 왕 같은 제사장들이요 거룩한 나라요 그의 소유가 된 백성이니"(벧전 2:9). "구름같이 둘러싼 허다한 증인들"(히 12:1)이 같은 길을 따라 우리보다 앞서서 걸어갔고, 이제 같은 목표를 좇는 우리를 응원하고 있다. 그들은 우리가 하나님의 백성으로서 정체성을 공유하는 최초의 사람이 아니라고 말해준다. 우리는 모두 결승선까지 경주하도록 모인 강력한 하나의 팀이다.

더 효과적인 팀이 되고 싶다면, 우리의 정체성을 파악한 뒤 특별한 유산을 붙들고 우리보다 앞선 이들의 기준에 부합하는 삶을 살아야 한다. 우리가 현장에 도착하기 전에 얼마나 놀라운 팀이 그곳을 밟았는지 모른다. 하나님의 말씀과 교회의 역사는 탁월함에 대한 풍성한 양식을 제공한다. 예나 지금이나 팀 구성원들에게 일체감이 없다면, 어떤 팀도 성공할 수 없을 것이다.

교회로서 우리는 믿음의 선진들과 더불어 그리스도의 몸이자 하늘 왕국의 시민이라는 정체성을 형성한다. 그러나 또한 교회의 성도들과 특별한 정체성을 공유한다. 이것은 축복으로 작용할 수도 있고, 변동성이 강한 현대 문화의 특성 때문에 특정 회중과 강한 유대감을 느끼는 목회자나 교인이 다른 교회로 옮길 때는 오히려 좋지 않게 작용할 수도 있다. 이전 교회에서 너무나 성공적인 사역을 경험했기에, 새로운 상황에서 예전과 같은 팀 정체성을 다시 형성하려고 시도한다. 하지만 새로 옮겨간 교회는 이미 그 자체의 정체성이 있을 가능성이 크기에, 새로 온 사람이 새 교회와 일체감을 형성하지 못하면 크게 좌절할 것이다. 아마 "이전 교회에서는 이렇게 했었는데"라는 말이 나올 것이다. 그러면 기존 교회 사역자나 성도는 그런 사람(이동한 사람이 당신 자신일 경우도 있다)을 따뜻하고도 단호하게 대해야 한다.

주님이 개인뿐 아니라 교회를 위해서도 특별한 정체성을 형성해주신다니 얼마나 큰 특권인가! 우리 교회나 사역 현장에서 우리가 속한 팀의 정체성을 더 신속히 발견할수록 진정한 팀으로서 기능하는 시기가 더 빨라질 것이다.

자신이 속한 팀을 특별히 구분해주는 특성이 무엇인지 확인했는가? 팀의 정체성 중 가장 확실하게 보존하고 계승하고 싶은 특징은 무엇인가? 목회자로서 당신은 팀의 리더이고 팀원들을 위해 할 수 있는 최선의 일 중 하나는 그들의 정체성을 계속해서 확인해줄 방법을 찾는 것이다.

2. 하나 됨

최근 한 스포츠 행사에서 같은 팀 소속의 두 선수가 자신의 성적을 자랑하면서 상대방을 폄하하는 소리를 들었다. 이런 잘못된 과시욕은 팀이 하나 되는 데 아무 도움이 되지 않는다. 팀의 기량이 더 높은 수준으로 발전하도록 동료 선수를 격려하고 독려하는 방법을 고민하기보다 이 두 선수는 상대방을 깎아내리고 자신을 돋보이게 하는 데 골몰하고 있었다. 자칫하면 이들 때문에 전체 팀의 노력이 수포가 될 수도 있었다.

팀이 성공을 거두기 위해서는 마음을 하나로 모을 방도를 최대한 찾아야 한다. 팀원이 팀의 분열을 조장하고 비협조적이라면, 의심할 여지없이 그 후유증이 조만간 감지될 것이다. 스포츠 분야에서 이에 관한 수많은 사례를 볼 수 있다. 선수들 사이에서 자유 계약 제도가 자리를 잡으면서 모든 스포츠에서 팀이라는 개념이 위협받게 되었다. 특별한 재능을 지닌 선수는 한 팀에 소속되지 않고 여러 팀으로 소속을 옮기는 경우가 다반사며, 그것이 프로그램을 통일되게 한다는 측면도 있다. 하지만 종종 팀의 시스템에 대한 그들의 가치를 오직 한 가지 차원에서만 평가하고 있음을 알 수 있다. 선수가 자신이 속한 팀에 오래 있지 않으리라고 생각한다면, 팀의 단결에 관심을 가지겠는가? 결국 그런 태도는 다른 선수들의 분노를 사고, 팀이 단결하지 못하는 요인으로 작용한다.

사역에서도 같은 일이 발생할 수 있다. 나는 사역 분야에서 특별히 놀라운 재능을 발휘하는 목사를 교회에서 극진하게 대우하는 모습을 보았다. 어떤 교회에서는 '슈퍼스타'급 사역자를 초빙하기 위해 고액의 예산을 마련하려고 다른 사역자를 내보내기도 한다. 이런 무리한 처사로 발생한 분열은 절대 그 대가를 정확히 환산하기 어렵다. 단기적 이득을 얻으려고 하나 됨을 희생하면, 결국 팀 전체가 무너질 수 있다. 팀 전체가 자신이 인정받고 제대로 된 정보를 받는다는 확신이 들어야 하고, 수고에 대한 정당한 대가를 받으며 소외되지 않고 있음을 확신해야 한다. 팀이 제대로 기능하기 위해서는 마음이 하나로 모여야 한다. 하나 된 목적의식과 목표를 분명히 인식하고 한마음으로 집중해야 한다.

팀의 한 사람 한 사람이 하나 됨의 가치를 이해하고 있는가? 바울은 "평안의 매는 줄로 성령이 하나 되게 하신 것을 힘써 지키라"(엡 4:3)고 말했다. 우리가 이끌어가는 팀은 그리스도 안에서 하나 될 수 있도록 전력을 다해야 한다. 그분의 머리되심 아래 함께하며 하나 됨을 이루기 위해 개인의 야심은 언제라도 버릴 자세가 돼 있어야 한다. 영적 지도자로서 우리는 다른 팀원을 대하는 태도나 말하는 방식에 주의하고, 팀의 하나 됨을 저해하는 행동을 하는 사람이 있다면 직접 지적하며, 모범을 보여줌으로써 자연스럽게 하나 되는 분위기를 조성할 책임이 있다. 또 우리가 믿는 성경 진리에 한마음이 되어야 하고, 소중히 여기는 가치와 추구하는 목표, 견지하는 태도, 상대를 향해 보여주는 사랑으로 하나 되며, 우리가 섬기는 주님 안에서 하나 됨을 이루어야 한다.

하나 됨의 중요성을 강조했으므로 또한 하나 됨만이 궁극적 목표가 돼서는 안 된다는 점도 언급하고자 한다. 때로 이별하는 일도 발생하기 때문이다. 무슨 일이 있어도 하나 됨을 고수해야 한다는 생각 때문에 많은 팀이 결국 해체의 길을 걸었다. 그런데도 여전히 하나 됨은 궁극적 우선순위는 아니더라도 팀 구축에 중요한 요소다.

3. 다양성

하나 됨이 획일성을 의미하는가? 전혀 그렇지 않다! 에베소서에서 바울은 다양성을 이루는 하나님의 특별한 능력이라는 문제를 언급한다. 다양성은 그분의 몸 된 교회가 그 소명을 이루기 위한 계획에 중요한 역할을 한다. "그에게서 온몸이 각 마디를 통하여 도움을 받음으로 연결되고 결합되어 각 지체의 분량대로 역사하여 그 몸을 자라게 하며 사랑 안에서 스스로 세우느니라"(엡 4:16). 로마서 12장과 고린도전서 12장에서 바울은 다양성의 개념과 관련해 더 자세한 내용을 언급하고 있다. 교회 성도들이 하나 되는 데 각자 맡은 고유한 역할이 있다는 것이다. 다양성은 주님이 그 뜻을 이루시기 위한 놀라운 수단이다.

어떤 개인도 팀으로 이루어야 할 모든 일을 혼자서 성취해 낼 능력이 있지 않다. 축구선수의 개인 능력이 아무리 출중해도, 모든 선수가 하나로 마음이 모이지 않으면 경기에서 이길 수 없으며, 저마다 맡은 책임이 있다. 모든 팀 스포츠가 마찬가지다. 팀이 이기기 위해서는 팀의 나머지 선수가 필요하다.

조심하지 않으면 우리는 사역의 일부 직위는 중시하고, 다른 직위는 낮게 보는 위험에 빠질 수 있다. 고의로 그렇든 태만해서 그렇든, 다양성의 가치를 훼손하는 태도와 행동은 팀을 이루는 가장 기본 이유 중 하나를 무너뜨릴 수 있으므로 철저히 경계해야 한다.

교회들이 목회 팀을 구성할 때 가장 흔히 저지르는 실수는 다양성이 아니라 획일성을 고집하는 것이다. 물론 우리가 이미 수용한 방법과 어긋나는 것은 무엇이든 위협으로 받아들여질 수 있기에 다양성이 위험한 측면은 있다. 현명한 팀은 다양성이 하나 됨을 위협한다고 생각하지 않는다. 오히려 다양성을 즐기며, 개인의 성과보다 팀 차원의 성과가 더 가치 있음을 기회가 닿는 대로 최대한 강조한다.

사역 팀원들에게 있는 다양한 은사에 위기감을 느끼는가? 자신과 매우 비슷하거나 당신처럼 은사가 탁월하지 않은 팀원을 선정함으로써 그런 위협에서 스스로 방어한 적이 있는가? 정서적으로 불안정한 팀 리더는 자신의 리더십에 위협이 되지 않는 간사와 사역자를 선택하는 방법을 종종 사용한다. 스스로 탁월한 역량을 드러내는 분야가 없기에 주변에 자신보다 탁월한 사람을 두지 않으려고 한다. 그러므로 그들은 능력이 뛰어난 팀원들을 회피하고 그 대신 자기 옆에 경쟁 상대로 두려워할 필요가 없는 평범한 사람을 둔다.

팀원들의 건강한 다양성을 가장 심각하게 위협하는 하나는 상대의 차이를 존중하지 않는 태도다. 사람들은 존중받지 않고 무시당할 때 그 점을 본능적으로 알아차린다. 팀 구성원은 남을 깔보는 태도와 목소리에서 상대방이 자신의 시각과 방식, 결정을 존중하지 않는다는 것을 금방 알아차린다. 함께 사역할 때 자신과 다른 사람들을 존중하며 서로 세심한 주의를 기울이지 않는다면, 다양한 구성원의 존재가 팀에 절대 도움이 되지 않을 것이다.

4. 겸손함

 팀을 형성할 때 겸손한 마음으로 하나가 되면 성공의 가능성이 상당 수준 높아진다. 반면에 자신의 중요성을 과대평가하는 프리마돈나로 팀을 구성하면 재앙이 따로 없다. 영광을 기꺼이 나누려 할 뿐 아니라 상대방이 돋보이도록 사심 없이 자신을 포기하려는 겸손한 구성원들을 보면 얼마나 마음이 흐뭇하고 상쾌해지는지 모른다.

 오늘날 우리는 성공이란 우리 자신을 최대한 부각하는 능력에 달렸다는 주장의 홍수 속에 산다. 자기주장 훈련과 자존감을 높이라는 끊임없는 호소는 자아 고양에는 효과적이지만, 효과적인 팀을 만드는 데는 매우 부정적으로 작용한다. 확실한 이득을 보장하지 않으면 누구도 상대방을 돋보이게 하는 조연의 역할을 떠맡으려 하지 않는다.

 몇 년 전 고등학교 농구 경기가 있었다. 그런데 몇몇 선수는 경기력이 별로 신통하지 않았다. 그래서 코치는 그 선수들을 불러들이고, 벤치에 앉은 다른 선수들을 그들 대신 투입했다. 새로 투입된 선수들은 거의 즉시 경기의 흐름을 바꾸었고, 상대 팀의 기세가 꺾이기 시작했다. 벤치에서 지켜보던 선수들은 자신들이 당연히 뛰어야 할 시간에 구경만 하고 있다고 불평하며 투덜거렸다. 코치는 꾹 참고 그들을 무시하고 경기장에서 뛰고 있는 선수들을 지도하는 일에 집중했고, 그들의 투지 넘치는 복귀 장면을 지켜보았다. 세 번째 쿼터가 시작되기 몇 분 전, 벤치에 앉아 있던 선수 중 두 명이 더는 참지 못하고 폭발하고 말았다. 이 뻔뻔한 두 청년은 대기하던 벤치에서 일어나, 그들을 교체하기로 한 코치의 결정에 항의하는 뜻에서, 경기장에서 나가 탈의실로 가버렸다. 대놓고 팀을 무시하는 그들의 오만한 태도와 자기 실력에 대한 과도한 자신감 때문에 두 사람은 즉각 팀에서 제명되었다. 자업자득이었다.

미디어에서 보도되는 획일적인 유형의 사역자나 살면서 분명히 마주치게 되는 극단적으로 자기중심적인 사람들에게 의지한다면 불행한 결과를 맞을 수 있다. 불행하게도 '겸손함'과 '목회자'는 종종 한 문장에서 언급되지 않는다. 그러나 예수 그리스도를 대변하는 사역이라면 반드시 겸손한 팀 리더가 있어야 한다.

겸손의 열쇠는 크게 두 가지 문제로 압축된다. 자신에 대해 어떻게 생각하는가와 다른 사람들에게 어떻게 대하느냐는 것이다. 주님은 그리스도를 따르는 사람들을 위해 각각 구체적인 지침을 주셨다. "내게 주신 은혜로 말미암아 너희 각 사람에게 말하노니 마땅히 생각할 그 이상의 생각을 품지 말고 오직 하나님께서 각 사람에게 나누어 주신 믿음의 분량대로 지혜롭게 생각하라"(롬 12:3). 사람들은 우리에게 지금보다 스스로 더 귀히 여기고 아끼라고 주장하지만, 바울은 정반대로 이야기한다. 우리 자신을 억지로 낮추는 거짓된 겸손을 선택하는 게 아니라 건전한 판단에 기초해, 정확한 평가를 내리라고 했다. 즉, 더도 말고 주님이 우리를 판단하시듯이 우리 자신을 바라보라는 것이다.

우리가 겸손하다면 사람들을 어떻게 대하게 되는가? 역시 바울은 이 문제를 짚어준다. "아무 일에든지 다툼이나 허영으로 하지 말고 오직 겸손한 마음으로 각각 자기보다 남을 낫게 여기고 각각 자기 일을 돌볼뿐더러 또한 각각 다른 사람들의 일을 돌보아 나의 기쁨을 충만하게 하라"(빌 2:3-4). 효과적인 팀을 구축하는 데 겸손이 중요한 역할을 한다면, 목회자로서 다른 사람들과 관계를 형성하거나 그들을 대하는 태도에도 겸손이 결정적인 영향을 미쳐야 한다.

5. 사랑

흠정역은 때로 사랑을 표현할 때 'love'러브가 아닌 'charity'채러티, 자선라는 단어를 사용한다. 영어 단어 'charity'는 실제로 '은혜'라는 의미의 헬라어 카리스charis에서 파생했다. 이런 덕목이 없이는 제대로 팀이 될 수 없다.

효과적인 팀의 구축이라는 차원에서 사랑의 세 가지 측면을 특별히 언급할 필요가 있다. 사랑의 첫 번째 측면은 팀원들에게 기대하는 바를 알리는 태도에서 드러난다. 상대방의 최선을 바라는 것이다. 다시 말해, 이런 마음을 팀원들에게 전달할 뿐만 아니라 팀원들에게서 그런 기대를 감지해내야 한다는 뜻이다. 자신이 일을 망치고 실수하기를 리더인 당신이 바란다고 느끼면, 그 팀원은 제대로 자신의 기량을 발휘하거나 마음껏 잠재력을 발휘하지 못할 것이다.

사랑의 두 번째 측면은 첫 번째 측면과 직접적인 관련이 있다. 좋은 팀은 실패로 힘들 때 서로 배려하고 격려함으로 사랑을 표현한다. 누군가가 실망스러운 일을 당했거나 주변 팀의 기대는 물론이고 스스로 기대치를 충족하지 못했을 때 그에게 유일하게 사랑을 표현하는 방법은 친절함을 베풀고 배려하는 것이다. 실패하고 좌절한 상태에서는 어떤 말도 들어오지 않는다. 하지만 진정 어린 순수한 격려는 팀의 관계를 돈독하게 해 준다. 비판적이고 놀리는 듯한 말은 정반대의 효과를 거둘 것이다. 아무 생각 없이 빈정거리는 버릇이 있는 나는 재미 삼아 던진 말이지만, 경솔한 말로 불필요하게 너무나 많은 사람에게 상처를 주었다. 실패하고 좌절해 있을 때 사람들은 우리가 하는 말에 특별히 민감하게 반응한다. 그러므로 지혜롭게 상대를 배려하며 신중하게 말해야 한다. 자신이 팀의 리더라면 팀을 세우는 이런 모습을 몸소 모범으로 보여주고, 당신 앞에서 누군가가 팀원을 비난하는 말을 하면 절대 그냥 두고 봐서는 안 된다. 친절하게 대하며 사랑을 보여줌으로 팀을 세워야 한다는 메시지를 전달하라. 그러면 팀의 사기와 자신감이 되살아나는 것을 볼 수 있다. 팀원이 실패로 힘들어할 때 우리가 보이는 태도는 놀라운 변화를 이끌어낼 수 있다.

효과적인 팀을 구축하는 사랑의 세 번째 측면은 용서다. 당신을 공격한 사람에게 원한을 품고 다시 갚아주겠다고 벼른다면, 팀의 불화와 분란을 조장하게 된다. '분하면 복수하라'는 옛말이 이런 태도의 궁극적인 표현이다. 이런 태도는 팀을 망친다.

누군가가 위해를 가할 때 어떻게 반응해야 하는가? 성경 말씀대로라면 용서해야 한다. 자신이 다른 사람에게 해를 끼쳤을 때는 어떻게 행동해야 하는가? 자신이 잘못을 저질렀다고 고백하며 그에게 용서를 구하고, 다시는 그런 일이 없게 하겠다고 분명하게 알려주어야 한다.

사역 팀에서 맡은 역할을 감당하려고 애쓰면서 원망이나 불만을 그대로 품고 간다면, 그 무게를 감당하기가 쉽지 않을 것이다. 사각지대에서 공격을 받을까 봐 불안해서 늘 뒤를 돌아본다면 앞에 있는 목표를 향해 걸음을 옮기는 일이 더욱 힘들어진다. "용서해줄게. 하지만 절대 잊지는 않을 거야. 그래야 다시는 그런 짓을 하지 않을 테니까"라고 말하는 사람들은 팀원과의 문제가 해결될 때까지 팀이 절대 효과적으로 기능할 수 없음을 알게 될 것이다.

'자기 집부터 챙기라'는 옛 속담은 여전히 유효하다. 가족이라는 팀에서 먼저 사랑을 실천하라. 팀원들에게서 최선을 기대하라. 실패할 때 따뜻하게 손을 내밀어주고, 잘못을 저지르면 용서하라. 그러면 모두 함께 하나님이 사용하실 수 있는 관계로 성장해갈 수 있다. 하나님은 그 관계로 팀을 이루어 영광받으실 것이다.

6. 진실성

팀원들은 서로 진실성integrity을 믿어야 한다. 진실함은 정직하게 최선을 다해 노력하겠다는 헌신적 자세에서 생긴다. 골로새서 3장 23절에 기준이 제시되어 있다. "무슨 일을 하든지 마음을 다하여 주께 하듯 하고 사람에게 하듯 하지 말라." 우리가 하는 모든 행동은 그리스도의 성품에 부합해야 한다.

우리 팀에 적합한 사람이 누구일지 결정할 일이 생기면, 나는 구체적으로 네 가지 분야에서 그 사람이 얼마나 성실하고 진지한지 확인한다. 그것은 건강한 직업 윤리, 원칙 고수, 비밀 유지 준수, 팀원을 해치는 일 하지 않기다.

건강한 직업 윤리: 신실한 사람은 단순히 누군가의 인정을 받기 위해서가 아니라 주님을 위해 일한다고 생각하기 때문에 탁월한 직업 윤리를 보여준다. 나는 수고에 대한 후한 보상을 원하면서 정작 수고는 하지 않으려는 사람을 상대하면서 늘 어려움을 겪었다. 각 구성원의 직업 윤리는 나머지 팀원에게도 영향을 미친다. 그래서 다른 지체가 어떤 태도를 보이든 성도가 항상 최선을 다한다는 엄중한 책임 의식을 지녀야 한다. 게으름을 피우면서 자기 몫의 이득만 챙기는 데 몰두하는 사람을 보면 분명히 실망하게 된다. 우리가 높은 직업 윤리로 신실한 팀 구성원이 되도록 노력해야 하는 이유는 더 높은 동기가 작용하기 때문이다.

원칙 고수: 다른 구성원에게 적용하는 원칙을 자기 자신에게는 다르게 적용하는 사람이 있으면, 그 팀은 심각한 위협을 받는다. 즉 어떤 규칙에 관해 자신은 항상 열외고, 이미 확정된 절차를 생략하려 들면, 결국 그 사람은 팀원들에게 '나는 이런 규칙에서 열외다. 이 규칙은 내가 아닌 다른 사람이 지키라고 만들어진 것이다. 나는 특별한 존재라서 특별 대우를 받아야 한다'는 메시지를 전달하는 것이다.

효과적인 팀의 구성원이 예수 그리스도께 합당한 모습으로 행하려 한다면 온전하고 신실하며 실천적이고 통합적인 삶의 태도를 보여주어야 한다. 팀의 구성원이 팀에서 정한 행동 기준, 절차, 모든 사람이 인정하고 실행하는 소통 양식에 자신은 열외라고 생각한다면, 다른 모든 팀원과 관계가 틀어지도록 자초하는 일이다.

팀이 정한 원칙을 지키지 않는다면 다른 삶의 영역에서 원칙을 지키는 일에서도 문제가 발생할 수 있다. 개인적인 재정 책임은 어떻게 감당하고 있는가? 성적인 순결의 영역에서 문제가 생기지는 않았는가? 성에 관한 윤리를 남들에게만 적용되는 것처럼 다루지는 않는가? 자의적인 기준에 따라 행동해도 그대로 방치한다면 진실성은 금방 변질하고 말 것이다.

비밀 유지 준수: 비밀을 지키려고 애쓰는 태도는 특히 신뢰를 강화하는 데 도움이 된다. 만약 팀원들과 중요한 문제를 털어놓을 수 있고 모든 이가 신의를 지키는 행위의 중요성을 인정한다면, 어떤 문제에서든지 팀 사람들을 의지할 수 있다. 그러나 개인적으로 털어놓았던 비밀이 어느새 공공연하게 사람들에게 알려진다면, 그 비밀을 말한 대상에게 배신감과 모욕감을 느낄 테고, 결국 팀에 대한 신뢰는 손상될 수밖에 없다.

팀의 구성원은 자신이나 다른 사람에 대한 사적인 정보를 다른 팀원이 함부로 발설하지 않음을 믿을 수 있어야 한다. 신실함이란 비밀을 엄수하겠다고 약속하지는 않았지만, 내용 자체가 신중함을 요구하는 것이라면 떠벌리거나 공개하지 않고 비밀을 지킨다는 것이다. 나는 팀의 누군가가 침묵을 지켜야 하는 상황에서 누설해서는 안 되는 비밀을 밝혔다가 무너지는 팀을 수없이 보았다. 참견하기 좋아하는 사람은 무슨 일이든지 다 알아야 직성이 풀리기 때문에 팀의 기량을 약화한다. 그들은 더 나은 팀원이 되기 위해서가 아니라 팀 내의 영향력과 통제력을 장악하고 싶은 욕망으로 정보를 이용하려고 한다. 미덥지 못하여 기밀 사항을 알리기가 어려운 구성원 때문에 결국 팀 전체가 약해질 것이다.

팀원을 해치는 일 하지 않기: 철석같이 믿었던 친구가 등 뒤에서 칼을 꽂는다면, 평생 고통스러운 기억으로 남을 것이다. 신실하다면 팀원을 해치는 어떤 말이나 행동도 해서는 안 된다. 늘 믿고 신뢰하던 사람이 대놓고 험담하고 비방하거나 에둘러 잘못을 비난하고, 동기가 불순하다고 비난할 때 그것은 아무리 튼튼한 피부 조직이라도 뚫을 정도로 예리하고 사악한 도구가 된다.

신실한 사람은 소문을 들었을 때 그 소문의 진의를 확인하지 않고 성급하게 단정하거나 사람들에게 선입견을 심어줄 말을 하지 않는다. 이것이 팀에 해가 되지는 않는가? 혹은 도움이 되는가? 더 자세한 확인이 필요한 불순한 저의로 이 소문이 퍼지고 있지는 않은가? 성급하게 의견을 말하거나 판단하기 전에 팀원을 폄하하려는 이유가 무엇인지 내 마음을 잘 들여다보았는가? 험담이나 중상모략을 배격하고 허용하지 않겠다는 단호한 자세를 취하지 않는다면, 팀과 구성원들의 진실성은 계속 도전을 받을 것이다.

건강한 직업 윤리, 원칙 고수, 비밀 유지 준수, 팀원을 해치는 일 하지 않기, 이 네 영역은 팀과 구성원의 신뢰성에 결정적 영향을 끼친다. 팀 구성원 간에 최고 수준의 신뢰가 형성되도록 분위기를 조성하는 일은 너무나 중요하다.

7. 품위

좋은 팀은 팀 내부뿐 아니라 외부 사람에게도 품위를 보여야 한다. 사역의 성공 여부는 우리가 결정할 수 있는 부분이 아니지만, 팀이 명성을 얻도록 품위 있게 행동할지는 우리가 결정할 수 있다.

주변 환경에 휘둘리지 않고 품위를 지키는 팀은, 보통 정체성이 확실하다. 팀에서 정체성을 제대로 규정하면, 품위를 지키기도 더 쉬워진다.

품위와 무관심, 품격과 오만, 절제와 냉담함을 혼동해서는 안 된다. 팀은 품위를 지키기 위해 자신의 감정을 부정하거나 무시하거나, 열정을 부인할 필요가 없다. 품위를 잃는다는 것은 감정을 지배하고 우리의 통제하에 두는 것이 아니라 감정이 우리를 통제하도록 허용하는 것을 의미한다.

돌이켜보면, 그리스도의 몸인 교회에서 '품위를 잃고' 감정적으로 행동했을 때가 너무 많았던 것 같다. 하지만 내가 저지른 짓을 보상하려고 즉각 행동을 취했던 몇 가지 사건이 생각난다. 유난히 힘들었던 한 제직회 모임에서 나는 의제로 올라온 거의 모든 사안을 두고 집사님 두 명과 얼굴을 붉힌 적이 있다. 그들과 언쟁이 벌어졌고, 나는 그들에게 불순한 동기가 있다고 비판했다. 모임이 끝난 뒤 나는 그들에게 전화를 걸어 만날 수 있는지 물어보았다. 10시가 훌쩍 넘은 시각이었지만, 그들은 내가 자신의 집에 방문해 내 무례한 행동에 대해 사과할 기회를 주었다.

이 너그러운 두 사람은 나를 용서해주고, 조금 전처럼 또다시 서로 얼굴을 붉히며 언쟁을 벌이는 일이 없도록 서로 도와주기로 마음을 모았다. 그들이 보여준 품위 있는 반응, 나를 흔쾌히 받아준 너그러움, 전체 문제를 처리할 때 취한 진정성 있는 태도는 항상 하나님이 진정으로 원하시는 것이 무엇인지 일깨워주는 좋은 본보기가 되었다. 우리 세 사람은 신뢰 안에서 품위를 잃지 않도록 서로 도우리라는 사실을 알기에, 지금까지도 특별한 관계를 맺고 있다. 이제 의견이 다르고 상황이 우리 뜻대로 흘러가지 않아도, 우리 관계는 전혀 흔들리지 않는다. 그날 밤 몹시 고통스러운 시간을 보냈지만, 나는 항상 품위 있게 행동해야 한다는 하나님의 가르침을 절대 잊지 못할 것이다. 무엇보다 나는 지금까지 그리스도의 대사로서 의무를 다하고 있다.

품위를 지키는 데 비용이 많이 들지 않지만, 우리가 돌려받는 대가는 상당하다. 들어가는 비용이라면 고작 부적절하게 행동할 권리를 포기하는 것이다. 어떤 환경에 있든지 우리는 우리 팀이 품위 없는 행동으로 부당한 모욕을 당하지 않게 해야 한다. 팀끼리 서로 대할 때나 우리를 팀으로 보는 다른 사람들을 대할 때 품위 있게 행동하면, 우리가 대변하는 분의 영광을 온전히 반영하게 된다.

8. 공동체

최근 한 스포츠 잡지에서 한 실업 농구팀의 근황을 전하는 기사를 읽은 적이 있다. 선수들은 서로 어색한 상태로 팀을 이루었는데, 이 중 한 선수는 동료들에게 코트 밖에서는 절대 엮이고 싶지 않다고 대놓고 이야기할 정도였다. 그의 이런 단호한 태도 때문에 다른 선수들과 이상한 상황에 놓이게 됐고, 그는 다른 사람을 통해 훈련할 때나 경기를 뛰지 않을 때는 다른 어떤 선수와도 대화하지 않겠다는 의사를 전했다. 팀이 해체되든지 아니면 그가 방출될 때까지 그런 고립주의가 얼마나 지속되겠는가? 오랜 기간 최고의 성공을 누리는 팀은 공동체 의식을 형성하는 데 많은 공을 들인다.

하나님은 거룩한 섭리로, 다른 피조물과 공동체를 이루는 상황에서 가장 잘 기능하도록 우리를 사회적 존재로 지으셨다. 그 공동체가 가정이든지, 성도들이 모이는 교회든지, 어떤 팀이든지, 우리는 사람들 속에서 의미 있는 위치를 발견하고 다양성 속에서 하나 됨을 누릴 때 바람직한 삶을 영위할 수 있다. 공동체가 사라지면 그만큼 우리는 고통스럽게 살아갈 것이다.

분명히 공동체가 없더라도 팀은 그 기능을 할 수 있다. 하지만 그랬을 때 놀라운 기쁨은 절대 경험할 수 없다. 함께 휴가를 즐기고 테라스에서 햄버거를 만들어 먹으며, 결혼식에서 들러리가 돼주고 서로 던진 농담으로 웃음을 터뜨리며, 아기가 태어나면 축하의 키스를 하고 경기가 없는 날에는 여러 방법으로 함께 삶을 나누는 선수들은 한 팀으로서 공통 목표를 향해 달려갈 때 반드시 더 좋은 기량을 발휘할 수 있다. 공동체는 팀의 충성도를 높이고 무슨 일이 있더라도 서로 응원하고 지지하겠다는 결의가 흔들리지 않게 해준다.

한 가족으로 서로 소속감을 느낄 때, 우리가 성취하려는 목표 못지않게 함께 일하는 특권이 중요해진다. 하지만 그리스도의 몸이라는 교회조차 이런 시각에서 너무나 멀리 이탈했다. 하나님의 말씀을 보면 관계와 사람, 공동체가 중요하다는 메시지를 수없이 발견할 수 있다.* 팀은 목표 달성과 문제 해결과 같은 가시적 영역에서만 그 효과성을 측정해서는 안 된다. 지체들의 공동체 의식을 함양하기 위한 노력이 얼마나 중요하고 가치 있는지 배운 팀에는 애정, 책임감, 교제, 안정성, 안정감, 자신감과 같은 덕목이 존재한다. 하나님은 우리가 함께 모여 그분의 팀을 구성하는 일원으로서 우리 정체성을 받아들일 때, 서로 소중히 여기고 가족 같은 관계를 맺도록 우리를 부르셨다.

9. 화합

때로 화합이 쉽게 이루어지기도 하지만, 좀처럼 화합되지 못하는 때도 있다. 무슨 이유에서인지 전혀 다른 부류의 선수가 팀에 합류하기도 한다. 종종 이렇게 잘 화합되지 않으면, 문제가 즉각적으로 드러나기도 한다. 그럴 때는 더 큰 손해가 생기기 전에 서둘러 문제를 해결할 수 있다. 그러나 서로 하나 되기까지 시간이 필요하기에 화합의 문제가 즉각적으로 드러나지 않고 수면 아래 잠복한 경우가 더 많다. 그러면 문제를 해결하기가 훨씬 더 어렵다. 이런 이유로 팀에 새로운 구성원을 받아들이는 문제는 신중해야 하며, 기도로 준비해야 한다. 팀에 새로운 구성원이 필요하다는 사실을 자각하면 그 필요에 지나치게 부담을 느끼고 자격 요건을 충족하는 사람이면 누구라도

---

* 관계의 중요성: 요 13:34-35, 갈 5:13-14, 엡 4:32, 살전 2:7-8. 그리스도를 모르는 사람도 귀함: 롬 9:3-4, 고전 9:19-23. 공동체의 중요성: 행 2:42-47, 고전 14:12.

빨리 고용하려고 서두를 수 있다. 그런데 결국 고통스럽게 이별로 마무리된 만남을 보면, 직무와 관련한 전문 자격은 갖추었지만, 팀원들과 화합을 이루지 못하는 사람을 조직에 받아들인 것이 문제가 되었음을 깨닫는다. 과제는 무사히 해냈을지 몰라도 팀은 고통을 겪는다.

 팀에 어울릴 마음이 없는 사람이 합류하면, 팀이 잘못된 방향으로 나아가게 되어 심각한 문제가 발생할 수 있다. 이런 문제는 즉각 드러나지 않고 나중에야 나타나기도 한다. 지난 몇 개월 동안 나는 이런 화합의 결여로 훌륭한 두 사역 팀이 큰 어려움을 당하는 것을 보았다. 상당한 시간, 땀과 눈물 그리고 소중한 자원을 쏟아부어서 팀에 섞이지 못하고 겉도는 간사 때문에 생긴 문제를 해결하려고 애썼다. 문제를 해결하려고 온갖 수단을 동원했지만, 효과가 없었고 결국 그 사람을 내보내는 것 외에 달리 방도가 없었다. 생산적인 곳에 쓸 수 있는 귀중한 시간을 서로 화합하지 못해 생긴 문제를 수습하느라 낭비하고 말았다.

 공을 들여 신중하게 팀원을 구성한다고 해도, 서로 화합하지 못하는 문제를 완전히 예방할 수는 없다. 하지만 개인적으로 나는 팀을 구축할 때 이런 무형의 요소를 진지하게 고려해야 한다고 믿는다. 이력서로 자질을 다 확인할 수는 없기에, 다른 팀원들과 잘 어울리는 후보인지를 간과할 수 있다. 이력서상으로는 더없이 적격자로 보이더라도 뭔가 미심쩍은 부분이 있고, 미덥지 못하다는 생각이 들면, 그 직관을 무시해서는 안 된다. 나는 그런 직관을 무시했다가 낭패를 당하기도 했고, 그 직관을 따라서 올바로 결정한 적도 있다. 고민하는 대상이 있다면, 나머지 팀원과 잘 화합할지 그림을 그려보고, 더 진행하기 전에 스스로 질문을 던져보라. 전문 지식만을 근거로 내린 현실적인 결론에 만족하기에는, 팀의 화합은 매우 중요한 문제다. 팀의 화합을 잘 고려해서 적절한 해결책을 찾아보라.

10. 오래 함께 사역하기

좋은 팀이 구성되었으면 오랫동안 함께 일할 수 있어야 한다. 나는 효과적인 팀을 구축하는 핵심 열쇠 중 하나가 오랜 기간 일할 수 있는 관계라고 확신한다. 지금까지 한 교회에서만 목회자로 섬긴 나는, 팀이 형성되면 그 팀 구성원들이 주님이 허락하시는 한 계속 함께해야 한다고 믿는다. 우리는 지금도 새로 등록한 구성원에게 함께 자녀와 손자를 기르자고 말한다. 오랫동안 함께 의미 있는 사역을 하고, 그리스도와 그분의 백성을 위한 사랑을 함께 가꾸어나가다가 같이 은퇴하는 것처럼 멋진 일은 없다고 생각한다.

항상 첫 몇 년은 매우 어렵다. 기초를 다지는 데만 집중해야 하는 이 중요한 시기에 그토록 많은 이가 포기하고 떠나는 이유가 바로 그 때문이다. 건설 현장에서 일해본 적이 있다면 전체 공사 기간 중 가장 힘들고 정신없을 때가 건축 현장에 방해되는 나무와 바위 등을 치우는 때라는 사실을 잘 알 것이다. 공사 초기에는 진흙과 먼지로 사방이 엉망이다. 이 상태에서 기초 공사를 하기 위해 바닥을 파낸다. 그러면 공사장 사방에서 파낸 흙더미 때문에 먼지가 날리고 눈이 따갑다. 이것은 기초 공사 단계가 마무리될 때까지 계속된다. 공사를 지시한 주인이 이렇게 엉망인 상태를 보고 최종 결과물을 상상할 수 없다면 어떻게 되겠는가? 아예 공사를 진행할 수 없을 것이다.

오랜 기간 생사고락을 함께하는 팀은 시간이 지날수록 성장한다. 팀원들이 오래 함께하려고 노력할 때 서로 친숙해지고자 최대한 기회를 이용하게 된다. 이런 노력은 매우 중요하다. 결혼한 부부에게 상대의 온갖 사소한 습관과 일 처리 방식에 서로 익숙해지려고 노력하는 신혼 초에 어땠는지 물어보라. 처음에는 너무 낯설고 적응하기 힘들었지만, 결국 상대의 배경을 받아들이고 적응하여, 이 사람이 얼마나 소중한지 깨닫게 되었다고 답할 것이다. 이해할 수 없는 특이한 습관과 성격이 처음에는 너무 낯설고 심각한 장애물처럼 느껴지지만, 시간이 흐르면 결국 그것을 사랑스러운 개성으로 받아들이게 된다. 마찬가지로 사역 팀이 서로 익숙해지면 처음의 인상을 극복하고, 소중한 동료이자 팀원으로서 진가를 인정하게 되며, 긴 세월을 함께한 것에 감사하는 마음을 품게 된다. 함께한 세월을 소중하게 여기게 된다.

오래 함께 사역할 때 얻는 또 다른 유익은, 상대의 모진 부분에 부딪히면서 마모되어 필연적으로 상처가 생기지만, 결국 원만함에 이르는 것이다. 이런 고통스러운 과정을 견디지 못하고 실망한 사람은 낙오하고 말지만, 지혜로운 사람은 이것이 숨은 잠재력을 최대한 발휘하기 위해 반드시 거쳐야 하는 성장 과정임을 깨닫는다. 주님은 이 가치를 이렇게 말씀하셨다. "철이 철을 날카롭게 하는 것같이 사람이 그의 친구의 얼굴을 빛나게 하느니라"(잠 27:17).

오랜 세월 생사고락을 함께하는 사람들을 주님은 그분의 형상으로 우리 각 사람을 빚어가신다. 힘들 때나 기쁠 때나 놀랍게 성장할 때나 힘들게 인내해야 할 때도 서로 바라볼 수 있다. 결국 얼굴의 가면이 벗겨지고, 모든 사람이 약하고 도움이 필요한 존재라는 사실을 깨닫는다. 그리스도가 필요하고 서로 필요한 존재임을 알게 되는 것이다. 또 오랜 시간을 함께하면, 모든 인생 주기를 함께 보내고 인생의 부침을 고스란히 겪으며, 깊은 곳까지 서로 알고 사랑하게 된다. 서로 신뢰를 쌓을 기회가 많을 것이다. 우리 주님은, 함께 예수 그리스도를 따르며 가족 같은 마음으로 한 방향을 향해 오래 걷도록 우리를 부르신다.

* * *

효과적인 팀을 구축하기 위한 이 열 가지 열쇠는 사역 기간의 질을 결정하는 데 중요한 역할을 한다. 나는 주님이 그리스도를 찾고 그분께 순종하기 위해 함께 헌신하는 믿는 공동체로서 당신을 섬기도록 우리를 부르셨다고 확신한다.

다른 이들과 좋은 것을 함께 맛보고 누리는 일은 특별하면서도 즐거운 일이다. 세속 사회도 이 점은 잘 알고 있다. 주님은 우리를 교제하는 존재로 창조하셨다. 그래서 팀 목회라는 개념과 효과적인 팀을 구축하기 위한 원리와 비결을 그토록 중요하게 생각하는 것이다. 모든 팀이 여기서 소개한 열 가지 열쇠를 다 갖추고 있지는 않을 것이다. 하지만 소유하는 열쇠가 많아질수록, 더 효과적으로 팀의 존재 이유와 목적을 이루고, 더 강한 팀을 세울 수 있을 것이다.

4부

진정한 겸손함 기르기

7장.
꼭 필요한
겸손이라는 자질

많은 젊은 목회자처럼 나 역시 사역 초창기에는 위대한 목회자에 대해 다소 순진하게 생각했다. 목회자 콘퍼런스에서 나는 강사의 말을 집중해 듣고서, 언젠가 나도 그들처럼 강단에 서는 꿈을 꾼 적도 있다. 때로는 강대상 아래서 흠모하던 분을 만나기도 했다. 그중에는 겸손을 실천하는 진정한 그리스도의 종으로, 행동에 그리스도의 품성이 고스란히 드러나는 목회자도 있었다. 그들은 나 같은 무명의 사역자를 따뜻하게 대하며 배려했고, 자신의 인기에 고무되었다는 어떤 징후도 보여주지 않았다. 어느 해 나는 유명한 목회자들이 강사로 참여하는 대회에 참석했다. 복도와 전시 공간에서 여러 유명한 강사 목사님의 사진을 보고 마음으로 이 '거물'들과 인사 나눌 기회를 얻기를, 적어도 내 롤 모델과 대화할 기회를 얻기를 기대했다.

우연히 강의가 시작되기 직전에 내 자리로 돌아가던 도중에

한 지인을 보았다. 그는 내가 아는 거의 모든 사람이 선망의 눈빛으로 바라보는 목사님과 이야기를 나누고 있었다. 나는 그를 만날 절호의 기회가 왔다고 생각하며, 친구에게 인사하러 가까이 다가갔다. 내심 친구가 나를 그 목사님에게 소개해주기를 바랐다. 바라던 대로 친구에게 인사하자 친구는 나를 소개하려고 몸을 돌렸다.

바로 그때 그 일이 일어났다. 그런 경험이 어떤지 모두 잘 알 것이다. 당신이 누군가에게 소개되고 있는데, 심지어 그 사람과 악수하는데, 상대는 당신의 어깨 너머를 훑어보며 더 흥미롭고 중요한 사람을 찾으려 했다. 물론 나는 그와 인사하기만을 바랐을 뿐이다. 하지만 비인격적이고 무성의한 태도로 이렇게 나를 무시하리라고는 생각하지 못했다. 말할 필요도 없이 나는 그에게 매우 실망했다. 성급하게 단정하지 않으려고 애써 그날 그에게 언짢은 일이 있었을 것이라고, 기분이 좋지 않았을 것이라고 생각했다. 그러나 그 뒤로도 그가 보인 반응은 비슷했다. 그는 '별 볼 일 없는 사람'에게는 관심이 없다는 것을 분명하게 보여주었다. 이런 불쾌한 경험을 하고서, 나는 그에게서 목자의 마음이 어디로 사라져버렸는지 궁금한 마음이 들었다. 그리스도의 종으로서 소명과 그리스도께 속한 사람들에 대한 관심 부족 사이에서 그는 어떻게 균형을 유지한다는 것인가?

겸손에 대한 달라진 인식

과연 겸손을 어디서 볼 수 있는가? 하나님의 양 떼를 돌보는 겸손한 종으로서의 목회자 상에 무슨 일이 생긴 것인가? 지난 세월 목회자에 대한 인식은 심각할 정도로 나빠졌고, 일반 대중의 인식에 비친 목회자는 더는 희생과 온화함, 겸손을 상징하는 존재가 아니다. 이기심이 판을 치는 가운데 많은 목회자가 자신의 본분과 소명을 완전히 망각해버린 것처럼 보인다. 그 대신 자신의 욕망을 정확히 알고, 어떤 방해에도 맡은 임무를 완수하는 정교하게 조작된 이미지를 가꾸는 데 공을 들인다. 하나님이 원하시는 대로 되기를 바라는 목회자는 좋은 품성을 갖출 수 있지만, 이기적인 야심과 개인적 성공이 열망의 동기가 될 때 겸손은 자리 잡을 수가 없다.

매주 많은 사람 앞에 서는 것은 보통 일이 아니다. 사람들은 언제든지 마음을 움직이는 감동적인 설교를 들을 의향이 있다. 겸손한 목사는 사람들에게 감사와 칭찬을 받으면 그 모든 공을 주님께 돌려드린다. 하지만 자신의 공을 인정받을 때만 하나님께 영광 돌리려는 사람과 만나는 일은 참으로 괴롭다. 너무나 많은 프리마돈나가 매 주일 강단을 차지하고, 수요일에는 독단적으로 이사회를 주재하며, 기회가 생길 때마다 교회의 부유한 교인들의 초대를 받아 클럽과 고급 레스토랑에서 산해진미를 즐긴다. 또 풍족하고 부유한 생활을 당연하게 받아들이고, 목회자라는 이유로 성직자 우대를 요구하며 무례하게 군다. 심지어 더 많은 사례비를 주는 대형 교회로 가기 위한 '디딤돌'로 우리 교회를 이용한다고, 자신에게 당연히 그럴 자격이 있다고 당당하게 말하는 목사도 있었다. 나는 그 말을 듣고 몹시 당혹스러웠다. 내가 사실을 과장한다고 생각하지 않기를 바란다. 이런 일을 내 눈으로 똑똑히 보고, 직접 듣기도 했다. 그럴 때마다 나는 당혹스러움을 금치 못했다. 그런 오만한 과시욕에 굴복하는 사람, 영혼을 구하는 겸손한 목자인 것처럼 스스로 내세우는 사람을 보면 황망하기 그지없다. 그리고 이 모든 일을 보면서 누구도 교만의 급류에 휩쓸리지 않으리라고 장담할 수 없다는 교훈을 얻었다. 주님이 내 마음을 지켜 주지 않으시면, 이 무서운 질병의 다음 희생자는 내가 될 수도 있다.

교만과 자기중심적 태도가 하나님의 어린 양을 돌보는 목회자로 부름받은 이들에게 유행처럼 번진 때가 언제인가? 겸손은 모든 신자의 기본 덕목으로, 그리스도로 옷 입고 그 모든 더러움과 옛 본성을 벗어버린 사람에게서만 볼 수 있다. 그러나 성도들을 그리스도 안에서 성숙해지도록 이끌려면, 특별히 목회자에게 이 겸손함이 필요하다. 그리스도는 스스로 비천하게 되심으로 "죽기까지 복종하셨으니 곧 십자가에 죽으[셨고]"(빌 2:8), 아버지의 일을 하라는 부르심이 개인적인 관심사 때문에 방해받지 않게 하셨다. 또한 같은 빌립보서 구절에서 바울은 겸손의 본질적 성격을 언급하고 있다. "아무 일에든지 다툼이나 허영으로 하지 말고 오직 겸손한 마음으로 각각 자기보다 남을 낫게 여기고 각각 자기 일을 돌볼뿐더러 또한 각각 다른 사람들의 일을 돌보아 나의 기쁨을 충만하게 하라"(2:3-4). 목회자가 이런 구절을 마음에 새기고 매일 묵상하며 실천한다면, 교회의 상태가 놀라울 정도로 변화되리라고 확신한다.

겸손한 주의 종에게 배우는 겸손

몇 년 전 나는 아들 스콧과 네팔로 선교 여행을 떠났다. 그리고 어느 저녁, 작은 산골 마을에서 친구들과 화롯가에 앉아 저녁 시간을 보내는 특권을 누렸다. 우리는 촌장이 처음 그리스도를 만났던 과정과 마을에서 유일한 기독교 교회 목사가 되기까지 과정을 담담하게 이야기하는 것을 조용히 귀 기울여 들었다. 그리스도가 그의 가족과 마을에 해주신 일에 대해서도 들었다. 그리고 이 겸손한 영혼의 목회자가 세운 몇몇 개척 교회에 관해 이야기할 때 그의 눈에 맺힌 눈물이 난로의 불빛을 받아 반짝거리는 것을 보았다. 주님이 보여주신 겸손이 하나님의 이 종을 통해 빛나고 있었다. 우리 앞에 조용히 타오르는 불빛도 그 영롱하고 아름다운 빛을 가릴 수는 없었다. 그가 목회자 콘퍼런스에 강사로 나온다든지, 이사회를 주재하거나 책을 쓰거나 세계적 규모의 사역을 조직할 가능성은 사실 제로에 가까웠다. 그러나 이 사랑하는 형제가 지구 건너편 작은 나라의 작은 마을에서 수고하는 모습을 생각하고, 그의 삶과 사역을 떠올리면 저절로 무릎을 꿇게 된다. 그의 모습을 생각하면, 나의 교만한 태도를 고백하고 그처럼 겸손한 하나님의 종이 되고 싶다는 열망이 끓어오른다. 그의 이름은 아스만 타망Asman Tamang이다. 이 책이 아니라면 어디서도 그의 이름을 듣거나 그를 만날 수 없을 것이다. 혹은 성공적 사역의 비결을 찾아 그의 교회를 방문할 가능성도 없다. 하지만 그는 종의 마음과 겸손함으로, 주님을 위해 이 세상에 영향을 미친 사람으로 하늘에 알려져야 마땅하다. 나는 하나님이 '성공적인' 목회자보다는 겸손한 목회자를 원하신다고 확신한다.

하나님이 요구하신다면 20년, 30년, 40년 동안 무명의 목회자로 수고의 땀을 흘리며 묵묵히 견딜 수 있겠는가? 그런 형극의 부르심에도 기뻐하고 자족할 수 있겠는가? 이런 질문이 너무 비현실적이어서 심각하게 고민되지 않을 수도 있다. 하지만 우리 진짜 본성을 발견하고 우리 마음에 진정한 겸손을 찾을 수 있는지 보고 싶다면, 우리는 목회자로서 이 질문에 정직하게 대답해봐야 한다.

엄중하게 받아들여야 할 명령

주님 앞에서 겸손하지 않으면 균형 잡힌 신앙생활을 유지하기가 불가능하다. 주님은 그분 앞에서 우리가 겸손해야 한다고 명령하셨는데, 교만과 이기심에 지배당하면 우리를 붙들어 주시는 그분의 손을 놓칠 수밖에 없다. 하나님은 우리가 겸손해야 한다고 단순히 제안하신 것이 아니다. 행동으로 실천하여 스스로 겸손해야 한다고 명령하셨다. 신약의 두 구절에 이런 권면이 나온다. "그러므로 하나님의 능하신 손 아래에서 겸손하라 때가 되면 너희를 높이시리라"(벧전 5:6). "주 앞에서 낮추라 그리하면 주께서 너희를 높이시리라"(약 4:10).

이 구절을 보면, 하나님은 오해하거나 혼동할 여지를 전혀 주지 않으신다. 모든 신자에게 순종하라는 직접적인 반응을 요구하는 명령을 내리셨다. 그런데 어떤 목회자는 소명 자체가 겸손함을 요구하므로 현실을 참작할 여지가 있다고 스스로 설득하여, 특정 적용 분야에 관해 어떻게 해서라도 스스로 면 죄부를 주려 한다. 목사들을 만나보면, 피해 의식에 젖어 있는 사람을 어렵지 않게 볼 수 있다. 낮은 사례비, 장시간 근무, 어디서 쏟아질지 모르는 비판이나 비난…. 이런 부분을 생각하면 목회자 집단이 어떻게 더 겸손할 수 있느냐고 민감하게 반응해도 이해할 수 있는 측면이 있다. 다소 조롱하는 뉘앙스이기는 하지만, 많은 교회의 이사회가 드리는 기도라며 떠도는 기도문이 있다. "주님, 목사님이 가난하게 살도록 잘 지키겠습니다. 주님은 목사님을 겸손하게 해주시면 됩니다." 청빈하고 겸손한 삶을 살아야 한다는 요구에 때로 자아를 만족하게 하고 싶다는 충동을 이기지 못하고, 겸손한 마음을 유지하기 위해 꼭 필요한 마음과 생각, 훈련을 포기하고 싶은 목회자도 분명히 있을 것이다. 앞에서 언급한 자기중심적인 목회자의 사례에서 우리가 얼마나 쉽게 건강하지 못한 행동과 태도로 타락할 수 있는지 알 수 있다. 곧 다른 사람들은 다 아는데 우리 자신은 감지하지 못하는 일이 벌어진다. 목회자로서 우리는 스스로 겸허해야 한다는 명령이 타협해서는 안 되는 것임을 깨달아야 한다. 겸손은 종으로 섬기는 리더이자 하나님의 양을 돌보는 목자로서 우리에게 필수적인 태도다.

겸손하라는 타협의 여지가 없는 명령은 스스로 겸손할 때 주님이 높여주시리라는 하나님의 약속을 동반한다. 누군가에게서 비천한 대우를 받는다고 스스로 높이려는 식으로 자신에게 보상할 필요가 없다. 하나님은 우리 대신 우리를 높여주겠다고 약속하셨다. 스스로 겸손하면 하나님이 우리를 높여주실 것이다.

그러나 우리가 기대하는 시기나 방식으로 우리를 높여주시는 경우는 거의 없다. 우리를 높여주신다고 해도, 우리 처지에서는 높여주셨다고 생각하기 어려운 때도 있다. 그러나 우리 인생에 관한 주권적 계획을 세우신 하나님은 때가 되면 우리를 높여주시되, 우리의 기질과 환경, 은사에 가장 적합한 방식으로 높여주실 것이다. 하나님은 어떻게 해야 우리가 자만심으로 들뜨지 않고 성과를 낼 수 있는지 알고 계신다. 우리는 대부분 어떤 일에 우쭐대기 쉬운지, 자아 과잉 상태에 이르게 하는 취약한 부분이 무엇인지 잘 모른 채 살아간다. 우리가 바라는 많은 일이 사실 우리에게 좋지 않은 경우가 많고, 하나님이 우리를 더 잘 아시기에, 그분은 우리 인격에 해로운 방향으로 우리를 높여주지 않으신다. 따라서 우리 책임은 매우 단순하다. 우리에게 무엇이 최선인지 하나님께 굳이 알려드릴 필요는 없다. 그분은 우리 스스로 겸손하고 나머지는 당신께 맡기라고 말씀하신다.

대체할 수 없는 태도

하나님의 은혜에 붙들리지 않으면 절대 겸손한 마음을 유지할 수 없다. 심심찮게 들리는 목회자의 범죄 행각에 겸손하지 못한 나 자신을 돌아보고, 스스로 더 현실적으로 바라볼 수밖에 없을 때도 있다. 그러나 자신은 특별한 배려를 받아 마땅하고, 겪는 모든 일이 당연하다고 생각한다면(요즘 세태에 일반적인 태도), 은혜는 고상한 개념에 불과하게 될 것이다.

그리스도 예수 안에서 하나님이 값없이 주시는 은혜를 경험한 사람이라면 누구든지, 하나님이 은혜로 역사해주지 않으시면, 우리는 영원한 가치를 지닌 어떤 일도 절대 이룰 수 없는 철저히 무능력한 존재라는 사실을 받아들일 수밖에 없다. 모든 교만의 징후, 자기 자신을 자랑하려는 성향은 우리의 모든 좋은 것이 우리 안에서 역사하시는 하나님의 은혜 덕분이라는 사실을 받아들일 때만 벗어버릴 수 있다. 따라서 우리 안에 하나님이 주시지 않은 것은 아무것도 없음을 알 때 자랑하거나 교만하려는 태도가 완전히 사라진다. 바울은 "누가 너를 남달리 구별하였느냐 네게 있는 것 중에 받지 아니한 것이 무엇이냐 네가 받았은즉 어찌하여 받지 아니한 것같이 자랑하느냐"(고전 4:7)라고 썼다. 우리가 지닌 은사에 대해서도 어떤 공로도 주장할 수 없다. 실제로 우리 안의 좋은 것은 모두 하나님이 주신 것이라는 사실을 이해하지 못하는 사람이 있으면, 이 사실을 신속히 바로잡아야 한다.

그러므로 은혜를 경험하면 겸손해진다. 은혜는 자랑할 모든 이유를 제거하기 때문에 모든 사람을 평등하게 한다. 교만이 우리 행동을 좌우할 힘을 상실하면, 진정한 겸손함이 자리 잡기 시작한다. 나는 하나님 은혜의 소중함을 배우고 은혜가 얼마나 절실히 필요한지 이해할수록, 자랑과 오만 때문에 그리스도를 신실하게 섬길 때 필요한 겸손을 버릴 가능성이 줄게 된다는 사실을 발견했다.

너무나 당연하지만, 은혜를 실제적으로 이해하면 바로 감사하는 마음이 생기고, 그 감사를 표현하게 된다. 나의 소유와 현재 상태는 모두 예수님이 내 안에서 나를 위해 해주신 일의 결과다. 오직 감사하는 일 외에 달리 어떤 태도를 취할 수 있겠는가? 지금 내가 소유한 모든 것은 주님이 주셨으므로, 입술로 기꺼이 감사를 드릴 뿐 아니라 모든 태도에 감사가 드러나도록 살아가야 한다. 목회자로서 사역을 바라보는 시각 또한 감사하는 마음이 바탕이 돼야 한다. 바울이 말한 대로 나도 말해보고 싶다. 진심이다. "나를 능하게 하신 그리스도 예수 우리 주께 내가 감사함은 나를 충성되이 여겨 내게 직분을 맡기심이니"(딤전 1:12). 그리스도를 위해 사는 특권은 헤아릴 수 없이 놀라운 것이다. 하지만 충성스럽다고 인정받고, 인생의 소명으로 그분을 섬기게 해주신 것은 형언할 수 없는 놀라운 일이다! 이 사실을 깨달으면 감사하는 마음이 솟구친다. 주 예수의 자비를 입었다는 마음이 흘러넘친다.

감사하는 마음은 겸손하다. 지금 받은 은혜를 받을 자격이 내게 전혀 없다는 사실을 깨닫지 못하면, 의식 저편에서 내가 받은 모든 것을 가질 권리가 있다고 우길 것이다. 목회자로 부르시는 하나님의 요청을 받아들였을 때 우리는 다른 대우를 받을 온갖 기회가 허용된 위치에 발을 들여놓은 것이다. 교인들이 보이는 관심을 어떻게 다룰지, 사람들이 목회자라는 이유로 쏟아부을 특별한 호의를 어떻게 처리할지 고민해야 하는 것이다. 사역으로 이끄신 하나님의 부르심을 따르고자 '포기했던' 모든 것 때문에 이 모든 것을 받을 자격이 있다고 스스로 정당화하고 싶은 교묘한 유혹을 잘 피해야 한다. 사람들이 당신을 특별히 인정해주지 않고 외면할 때 불평하는 마음이 생기면(최소한 마음으로라도), 감사를 망각하는 덫에 얼마나 쉽게 빠지는지 알게 될 것이다.

겸손할 때 사람들의 현재 모습에 감사하게 된다. 그들이 당신의 자존심을 살려주거나 자부심을 느끼게 해주지 않더라도 상처받거나 낙심하지 않게 된다. 낮은 자리로 내려가 섬기는 것이 얼마나 행복한 일인지 깨닫는 놀라운 기쁨을 알 때 교만으로 우리의 영적 평형 상태를 위협하는 요소가 효과적으로 무효가 된다. 겸손함으로 주님과 동행하는 법을 배우는 사람은 반드시 이런 경험을 하게 되어 있다.

겸손의 교훈

이 책에서 언급한 어떤 영역보다 비교적 쉽게 균형에 도달할 수 있는 영역이 바로 겸손의 영역이다. 그러나 겸손의 영역에서 균형을 유지하는 일은 매우 섬세하고 어려운 일이다. 일상에서 겸손할 수밖에 없는 수많은 일을 마주하기 때문에 어떻게 보면 겸손하기란 그리 어려운 일이 아니다. 그러나 정작 어려운 일은 거짓 겸손을 참된 겸손이라고 착각하는 회색 지대에서 생긴다. 가능한 한 겸손하게 처신하지만, 마음으로는 은근히 사람들이 인정해주기를 바란다. 겸양의 말을 한다고 순수한 마음으로 그런 것이라는 보장은 없다.

어느 날 아침, 나는 현역에서 은퇴한 목사 친구와 아침을 먹고 있었다. 식사 후 담소를 나누는데, 그가 하나님이 우리 교회를 이렇게 양적으로 성장하는 축복을 주신 이유가 무엇이라고 생각하는지 물었다. 그 문제에 대해 종종 고민한 적이 있어서 나 스스로 가장 타당하고 생각하는 서너 가지 이유를 들어 그 질문에 답했다. 내가 말을 마무리하자 친구는 테이블 맞은편에서 나를 빤히 보더니 이렇게 물었다. "그렇다면 이런 성장이 목사님의 설교 덕분이라고 생각하지 않는다는 거군요?" 지금까지 그렇게 직설적으로 질문한 사람은 아무도 없었지만 나는 그 답을 알았다. 나는 평균은 가지만 그렇게 특별히 뛰어난 설교자는 아니었다. "그렇죠"라고 대답은 하면서도 내가 사랑하고 존경하는 이 목사님이 솔깃한 칭찬을 해주기를 내심 기대하고 있었다.

하지만 나의 거짓 겸손을 통쾌하게 폭로하는 그의 솔직한 답변에 나는 웃음을 터뜨리지 않을 수 없었다. 그는 담담하게 "목사님이 그 사실을 알게 돼서 기쁘네요"라고 대답했다. 나는 그가 "아니오, 목사님. 당신은 자신이 훌륭한 설교자라는 것을 분명히 알고 있어요. 하나님께서는 그 은사를 사용해 이 교회를 이렇게 키워주셨어요"라고 말해줄 줄 알았다. 차마 입 밖으로 내지는 못했지만, 내가 스스로 생각하는 것처럼 그렇게 겸손한 사람이 아니라는 사실에 속으로 적잖이 당혹스러웠다. 겸손한 마음에 대해서는 쉽게 말할 수 있지만, 겸손한 마음으로 말하기는 너무나 어렵다.

사역으로 그리스도가 영광받으시려면, 목회자가 겸손의 자질을 키워야 한다. 실제로 사역의 범위가 넓어질수록 오직 그리스도를 전적으로 의지하는 토대를 만들기 위해 겸손의 기초를 더 깊이 파 내려가야 한다. 겸손한 마음이라는 성품을 대체할 자질은 없다.

8장.
겸손한 마음을
지켜내기 위한 싸움

사역에 집중하며 특별히 기쁜 주말을 보낸 후 나는 한껏 고양되어 있었다. 어려운 시기를 숱하게 견뎌왔던 만큼 나는 당시 누리던 평온함이 참으로 감사했다. 그 전년도에 교인들은 자신들이 불만과 원망을 품은 부분이 어디인지 확실하게 알려주었다. 어떻든 그들은 내가 그들의 기대 수준을 충족하지 못하거나 자신들이 싫어하는 일을 교회가 시도하려고 하면, 이제 스스럼없이 그 사실을 지적하고 알려주게 되었다. 그러나 이제 어려운 고비를 넘기고 교인들은 긍정적으로 반응했고 건네는 말도 우호적이고 따뜻해졌다. 내 세계는 이제 아무 문제 없이 완벽한 것 같았다!

한 친구에게 한껏 들뜬 상태로 교인들이 교회, 심지어 나의 설교에 칭찬해줬다고 이야기하자 그녀는 참을성 있게 내 말을 들어주었다. 어려울 때 많은 친구가 가혹한 비난과 비판의 말을 고스란히 견디는 나를 보았다. 내가 이제 이렇게 평온한 시간을 누리게 되어 그녀는 기뻐하는 것 같았다. 마침내 내 말이 끝나고 그녀는 그 이후로 절대 잊을 수 없는 말을 해주었다. 그녀가 온화하게 해준 그 말이 지금까지도 나를 책망하거나 비판하는 말이었다는 생각이 조금도 들지 않는다. 그녀는 단순히 정확하게 관찰한 사실을 지적해준 것이었다. "알겠지만 교회에는 항상 지하실의 음침한 목소리도 있어. 그 사람들은 네가 어떤 일을 해도 마음에 들지 않을 거야. 그렇지만 또 발코니의 감미로운 목소리도 있어. 그런 사람들은 매사를 항상 긍정적으로 보고, 네 기를 살려주면서 너무나 좋아할 거야. 하지만 진리는 항상 바로 가까이에 있어." 현실을 정확한 시각으로 보게 해주는 너무나 멋진 말이었다!

현실을 외면하지 말고 매일 시선을 주님께 맞추고 겸손을 잃지 않도록 의도적으로 싸워야 한다. 지하실의 어두운 음성과 발코니의 감미로운 음성을 치우침 없이 고루 듣기 위해서는 성실함과 지혜가 필요하다.

우리 삶에서 진정한 겸손으로 이루어내는 균형을 파괴하려는 위험은 세 가지다. 바로 자기중심적 사고방식, 사역에 대한 이기적 생각, 개인의 특권 의식이다.

자기중심적 사고방식

습관처럼 스스로 훈련이 되어 있지 않은 사람은 불필요하게 시간을 허비하기 쉽다는 말을 들은 적이 있다. 우리는 삶의 거의 모든 영역에서 매일 수천 가지 결정을 내리지 않아도 되도록 습관을 개발한다. 머리 빗는 법, 아침을 위한 식단, 커피를 마시는 법, 샤워하고 면도하는 법, 직장으로 가는 길 등 습관처럼 하는 수많은 일 덕분에 사소한 일을 어떻게 할지 고민하는 시간을 허비하지 않을 수 있다. 이런 습관은 여러 면에서 우리에게 도움이 되는 행동의 패턴이 있음을 보여준다.

  익히 알겠지만, 습관은 긍정적인 측면도 있지만, 부정적인 측면도 있다. 한번 특정한 습관이 자리 잡으면 그 습관을 깨고 다른 것으로 대체하기란 상당한 스트레스를 받을 정도로 어렵다. 건강하지 못한 것이라도 익숙한 일은 일정한 수준의 안정감을 주고, 균형을 유지하게 해주며, 통제 안에 있다는 느낌이 들게 한다. 그래서 사람들은 그렇게 변화에 거부감을 보인다. 우리 삶에 안정감을 주는 습관을 쉽게 바꾸기가 어렵다.

  우리 각 사람은 일정한 사고의 틀을 갖추었다. 습관처럼 같은 방식으로 정보를 처리하고 같은 틀로 그 정보를 걸러내어, 의식 속에 분류해둔 전제와 선입관의 도서관에 제출한다. 이런 과정은 역시 좋은 측면이 있다. 예를 들어, 책을 읽을 때마다 매번 철자를 복습할 필요가 없다. 각 단어의 철자가 대표하는 음을 인지하는 법을 배웠기에 어떻게 읽어야 할지 이미 알고 있다. 우리 뇌에 어떤 것을 인지하는 일정한 패턴이 형성된 것이다. 이렇게 사고의 틀은 불필요하게 생각하는 수고에서 벗어나 다른 중요한 문제를 생각하도록 우리 의식을 자유롭게 해준다.

  그러나 사고방식이 정형화되면 자유로운 만큼 사고의 폭이 제한될 수 있다. 예를 들어, 인종 차별은 나와 인종이 다르거나 국적이나 민족적 유산이 다른 사람들을 대하는 시선에 결정적 영향을 미치는 학습된 사고방식에서 기인한다. 그러나 오래된 습관이 새것으로 바뀌듯이, 사고방식도 바꿀 수 있다. 건강하지 못하고 부적절한 낡은 사고방식을 건강하고 새로운 사고방식으로 바꿀 수 있다.

바울은 그리스도 안의 새로운 피조물로서 우리에게 "이전 것은 지나갔으니 보라 새것이 되었도다"(고후 5:17)라고 말했다. 그는 또한 우리 과거를 결정한 옛 사고방식을 버리고 그리스도께 나아갈 때 그분이 주실 새로운 사고방식을 받아들여야 할 책임이 있다고 말한다. "누가 주의 마음을 알아서 주를 가르치겠느냐 그러나 우리가 그리스도의 마음을 가졌느니라"(고전 2:16). "너희는 이 세대를 본받지 말고 오직 마음을 새롭게 함으로 변화를 받아"(롬 12:2). 하나님은 예수 그리스도 안에서 새로운 마음으로 사역하기를 원하신다. 이 마음의 변화는 개인으로서 우리를 바라보는 방식, 더 중요하게는 목회자로서 우리 자신을 바라보는 방법에 직접적인 영향을 미친다.

로마서 12장 다음 절에서 바울은 이렇게 말한다. "내게 주신 은혜로 말미암아 너희 각 사람에게 말하노니 마땅히 생각할 그 이상의 생각을 품지 말고 오직 하나님께서 각 사람에게 나누어 주신 믿음의 분량대로 지혜롭게 생각하라"(3절). 지혜롭게 생각하기 위해서는 마땅히 생각할 수 있는 것보다 자신을 과대평가하게 되는 모든 사고방식을 찾아내고 버려야 한다. 자신의 사고 유형 중 자기중심적이고 이기적인 면은 얼마나 되는가? 이제 겸손을 가꿀 때 균형을 위협하는 몇 가지 사고 유형을 살펴보도록 하자.

다른 사람의 인정을 구하는 태도

어릴 때부터 우리는 다른 사람들의 평가를 중시하라고 배운다. 노골적으로 말하는 사람은 거의 없지만, 우리는 사람들에게 인정받고 용납받도록 노력하고 나서 자신에게 만족하라는 메시지를 항상 듣고 산다. 다시 말해, 누군가에게 인정받지 못하면 사람들도 우리를 인정하고 칭찬할 수 없다는 말이다. 타락한 세상은 이런 식으로 돌아가고, 우리는 대부분 이런 틀 속에서 행동하도록 정해져 있다. 우리 생각은 다른 사람들이 우리에 대해 중요한 문제라고 생각하면, 그 생각에 동조하는 과정을 통해 작동한다.

많은 목회자가 주님이 아니라 사람들을 기쁘게 해주려고 살아가다가 결국 불행한 결말을 맞이한다. 자신의 행동과 말을 다른 사람들의 반응에 맞춘다면, 허약하기 짝이 없는 우리 자아의 지배를 받겠다고 선언하는 것이나 마찬가지다. 더는 주님만 기쁘시게 해드리는 말과 행동만 하지는 않겠다는 것이다. 사람들을 기쁘게 해주는 일이 무조건 나쁜 것은 아니다. 특별히 사람들을 섬기고자 겸손히 행동한다면 그렇다. "나와 같이 모든 일에 모든 사람을 기쁘게 하여 자신의 유익을 구하지 아니하고 많은 사람의 유익을 구하여 그들로 구원을 받게 하라"(고전 10:33). 물론 핵심 차이는 바울이 '자신의 유익'을 구하려고 다른 사람들에게 인정받으려던 게 아니고, 더 중요한 선을 이루려고, 즉 사람들이 구원을 받음으로 복음이 전해지게 하려고 그들의 호의를 얻으려 했다는 점이다.

그러므로 단순히 다른 사람들을 기쁘게 하거나 그들에게 인정받으려는 행동 자체가 위험하지는 않다. 정말 위험한 것은 자존심을 세우려고 사람들의 인정을 받으려는 것이다. 수많은 목사가 청중의 환심을 사려고 영원한 진리의 메시지를 희석하거나 메시지 자체를 버리는 일도 서슴지 않는다. 바울은 군중의 환심을 사려는 자들이 대중의 환영을 받고, 사람들의 욕망에 편승하는 메시지로 엄청난 인기를 얻을 때가 오리라고 디모데에게 경고했다. "때가 이르리니 사람이 바른 교훈을 받지 아니하며 귀가 가려워서 자기의 사욕을 따를 스승을 많이 두고"(딤후 4:3).

실제로 설교하러 청중 앞에 섰다가 그들이 메시지에 보이는 반응을 의식하느라 설교에 집중하기 어려웠던 경험을 목사라면 누구나 해봤을 것이다. 나 역시 강대상에 오를 때 사람들이 어떤 반응을 보일지에 연연해서, 전하고자 하는 메시지를 타협하지 않으려고 마음을 다잡아야 했던 적이 많았다. 무엇보다 우리는 사람의 인정이나 칭찬을 받기 위해서가 아니라 성령의 능력으로 사랑 가운데 진리를 전하고자 강대상에 오른다. 그러나 옛 사고방식은 매우 강력해서, 그리스도가 그분처럼 겸손한 마음과 생각을 주지 않으시면, 우리 자아는 쉽게 머리를 쳐들 수 있다.

신혼 초에 설교자로 초청받아 처음 방문하는 작은 교회들에 항상 아내 캐시가 동석했다. 차를 타고 집으로 돌아오는 길에, 젊은 설교자는 아내에게 설교가 어떠했느냐고 용기를 내어 물어보았다. 그러면 아내는 조금도 망설이지 않고 대답했다. 그것도 아주 세세하게 말이다. 어릴 때부터 신앙 교육을 받은 그리스도인이자 영어 선생이었던 아내는 개선해야 할 점을 지적하는 데 전혀 주저함이 없었다. 조금 전에 설교했던 내용에 주관적인 감정도 담겨 있고, 설교자로서 나의 가치를 인정받고 싶다는 욕망도 강렬했기에, 아내의 조언을 듣는 일은 쉽지 않았다. 나는 방어적인 태도로, 아내가 지적하는 내용이 타당하든 그렇지 않든, 일일이 반박하고 논쟁을 벌였다. 설교를 개선하고 싶어서가 아니라 자존심을 달래야 했기 때문이다. 아내가 그런 사실을 모를 리가 있겠는가? 그래서 결국 우리가 그 문제를 어떻게 해결했는지 아는가? 간단했다. 묻기를 그만두었다. 그러고서 나는 성장하기 시작했다. 자기중심적인 사고방식을 버리고 오만한 마음과 생각을 낮추어 배우고 성장하려고 노력했다.

사람들을 기쁘게 하려는 노력을 멈추고 그들의 갈채를 받고 싶은 욕구에 끌려다니기를 거부하지 않는 이상, 그리스도 대신 자신에게 관심이 집중되게 하려는 욕망은 계속 우리를 지배할 것이다. 내가 처음으로 섬겼던 교회는 "선생이여 우리가 예수를 뵈옵고자 하나이다"*라고 적힌 작은 카드를 강대상 안에 비치했다. 이 말씀에 두 단어를 추가해 그 의미가 더욱 분명해졌는데, 나는 그 구절을 한 번도 잊어본 적이 없다. "선생이여, 우리가 '당신이 아니라' 예수를 뵈옵고자 하나이다!" 설교자로서 우리는 세례 요한의 태도를 본받아야 한다. "그는 흥하여야 하겠고 나는 쇠하여야 하리라"(요 3:30). 자기중심적인 사고의 틀에서 벗어나려면 스스로 높이기보다 그리스도를 높이는 것이 더 중요하고 고귀한 소명임을 잊지 말아야 한다. 그렇지 않으면 겸손에 이를 길이 없다.

---

* 요 12:21.

사소한 일에 과민 반응하는 태도

인생이 모두 나를 중심으로 돌아간다고 확신한다면 모든 상황에 나를 대입하여 좋은 일이든 나쁜 일이든 내게 미치는 영향을 근거로 사건을 평가할 것이다. 자기중심적 사고방식은 결국 이렇게 귀결된다. 누구도 의도하지 않았는데도, 사소한 일에 오해하고 과도하게 반응한 적은 없는가? 우연히 들은 말을 개인적으로 심각하게 받아들였다가 나중에 당신과 아무 상관이 없는 말이라는 것을 알게 된 적은 없는가? 자기중심적인 틀로 주변 상황을 판단할 때 우리는 사람들에게 무시당하고 사랑받지 못하며 정당하게 인정받지 못하고, 이용당한다는 생각에 시달릴 수밖에 없다.

목회자는 사람의 감정에 민감하게 반응하고 공감해야 하지만, 동시에 사람들의 반응에 의연해야 한다. 마음으로 변화를 받지 못했다면 온갖 편집증에 취약해질 수 있고, 우리와 전혀 상관없는 상황에 과도한 의미를 부여할지도 모른다. 사소한 일에 연연하는 이유는 우리의 현재 위치 때문에 일정한 대우를 받을 자격이 있다고 생각하기 때문이다. 목회자는 자신이 사역을 위해 너무 많은 것을 희생했으니 특별 대우를 받는 것이 마땅하다는 생각을 은연중에 할 수 있다. 무시당한다는 느낌이 드는 이유는 우리의 보상 수준이나 업무량을 분담할 추가 사역자가 부족하기 때문일 수도 있고, 사역 기념일이나 온 힘을 들여 노력한 일이 인정받지 못했기 때문일 수도 있다. 장담하건대, 불편한 감정을 밖으로 드러내고 우리가 정당한 인정을 받지 못한다는 것을 입증할 증거를 찾으려 든다면, 자기중심적인 생각과 오만한 태도에 떠밀려 완전히 균형을 잃고 겸손함은 자취를 감추어버릴 것이다.

죄에 대해 죽기보다* 자존심을 세우는 태도

스스로 자부심을 느끼고 싶은 욕망이 때로 자신은 죽고 그리스도가 사시게 하려는 열망이나 우리를 향한 하나님의 부르심을 대신할 경우가 있다. 목회자 대회에서 주요 안건으로 다루어지는 주제를 생각해보라. 더 효율적이고 성장하는 교회를 만들기 위한 성공 비결을 가르치는 강의의 수와 영적 전투의 실제 현실을 다루는 강의의 수를 비교해보라. 목회자들이 나누는 대화는 하나님의 겸손한 종으로서 성숙에 이르는 법보다는 교회 성장으로 성공과 번영을 거둘 지름길에 관한 내용에 더 집중되어 있다. 가슴 아픈 일이 아닐 수 없다. 부분적으로 이런 현상은 목회자로서 정체성을 우리 안에 빚어지고 있는 그리스도의 형상과 연관 짓기보다 주일에 예배당에 출석하는 성도의 수와 관련짓는 풍토 때문에 나타난 것이라고도 볼 수 있다.

목사의 자존심을 교회의 크기와 연관 짓는 세태이다 보니, 복음을 전하는 게 아니라 개인의 명성을 쌓고, 성취하는 업적으로 자존심을 세우려는 야심에 불타는 젊은 목회자들을 봐도 별로 놀랍지 않다. 비극적인 사실은 목사가 죄에 대해 죽고 죄가 우리를 지배하지 않도록 싸우라고 강조해도, 이 역시 그리스도의 영광이 아니라 더 많은 사람을 유인할 목적으로 특

---

* 초기 기독교 작가들은 죄에 대해 죽는다는 개념, 혹은 '우리 죽을 몸에서 죄를 죽인다'는 성경의 개념을 '죄에 대한 죽음'이라고 종종 표현했다. 보존할 필요가 있는 매우 유익한 표현이라고 생각한다.

별히 강조한다는 것이다. 그리스도의 변화시키시는 사역에 우리 마음과 생각을 집중하지 않으면, 잘못된 사고방식 때문에 순식간에 무너져, 겸손함을 버리고 균형을 잃고 비틀거릴 수 있다. 그리스도가 우리 마음과 만물을 새롭게 해주셔서, 우리를 변화되게 해주실 때만 자기중심적인 옛 사고방식에서 벗어나 그리스도의 새 방식으로 살아갈 수 있다. 그럴 때만 우리는 주님과 겸손하게 걸어갈 수 있다.

사역에 대한 이기적인 생각

사역을 바라보는 시각이 겸손한 본성보다 이기적인 본성에 더 부합하기 시작할 때 목회자는 갈등에 직면한다. 심지어 전혀 자각하지 못한 채 이기적인 사역 수행 방식에 굴복하여 변절의 길로 걸어갈 수 있다.

사회적 지위가 높은 사람들을 편애하기

겸허한 태도로 사람들을 대하며 개인적 이기심에서 자유롭다면, 우리는 사람들을 있는 그대로 받아들일 수 있다. 우리의 상호 관계는 상대방의 이용 가치에 따라 결정되지도 않고, 그들과의 대화에서 어떤 혜택이나 유익을 얻을지에 좌우되지도 않는다. 그러나 사람을 지위에 따라 구분하지 않는 것은 말은 쉽지만 실천하기는 어려운 일이다.

한번 생각해보자. 중요하다고 생각하는 사역에 별 도움이 안 되는 사람과 대화하기를 소홀히 한다거나 거절한 적이 있지는 않은가? 앞에서도 언급했지만, 나는 이런 취급을 당한 적이 있다. 겸손함은 당연히 겸비해야 할 품성이다. 그렇지 않으면, 경계심이 사라지고 나태해지는 순간, 정중한 사과 없이 누군가의 요청을 뿌리칠 수 있다. 지위가 낮은 사람들을 상대하기에는 시간이 너무 아깝다고 스스로 변명할 것이다. 그러다가 다음 순간 뒤돌아서서 이용 가치가 있다고 생각하는 사람을 만나면, 무슨 일이 있어도 시간을 내려고 할지도 모른다. 목회자로서 우리는 어떤 사람은 귀하게 여기고, 어떤 사람은 천시해도 되는가? 야고보는 그런 태도를 신랄하게 비판했다.

> 만일 너희 회당에 금가락지를 끼고 아름다운 옷을 입은 사람이 들어오고 또 남루한 옷을 입은 가난한 사람이 들어올 때에 너희가 아름다운 옷을 입은 자를 눈여겨보고 말하되 여기 좋은 자리에 앉으소서 하고 또 가난한 자에게 말하되 너는 거기 서 있든지 내 발등상 아래에 앉으라 하면 너희끼리 서로 차별하며 악한 생각으로 판단하는 자가 되는 것이 아니냐…만일 너희가 사람을 차별하여 대하면 죄를 짓는 것이니 율법이 너희를 범법자로 정죄하리라(약 2:2-4, 9).

인정하기 부끄럽지만, 정신없이 바쁜 일정 때문에 잠깐만 시간을 내달라는 누군가의 요청을 거절했다가, 다음 순간 다른 사람의 약속 요청은 받아들였던 적이 있다. 부끄러운 점은 순전히 이기적인 이유로 한 사람의 요청은 거부하고, 다른 사람의 요청은 받아들였다는 것이다. 마침 영적으로 좋은 상태가 아니었다고 변명한다면, 그런 잘못이 정당화되기보다 오히려 하나님 앞에서 겸손한 마음의 균형을 유지하는 싸움에서 패했다고 인정하는 것이나 마찬가지다. 겸손은 그리고 겸손의 부재는 사람들을 대하는 태도에 영향을 미친다. 당신도 마찬가지다. 스스로 경계하라. 사람을 편애하면 사역을 망칠 뿐 아니라 더 중요하게는, 주님이 사랑하시는 사람들을 무정하게 대하는 우리를 보시고, 가슴 아프게 생각하신다는 것이다.

자기실현에 대한 야심

겸손이 사라지면 이기적 야심이 힘을 얻는다. 목회자는 사역의 '진척'에 대한 압력에 굴복하기가 너무나 쉽다. 눈에 띄는 '결과를 내는 데' 필요한 계획을 집중하라는 압력도 마찬가지다. 이렇게 고통스러운 진실을 길게 살펴볼 마음은 없다. 하지만 이런 사실에 주의해야 할 책임이 있다. 때로 현재의 자기 행동을 돌아보고 '왜?'라고 탐색하는 질문을 던져봐야 한다. 나를 드러내고 싶은 유혹에 굴복하고 있지는 않은지, 그 징후를 찾아 마음을 찬찬히 들여다보기 위해서다.

분명히 말해두지만, 이 작업은 절대 쉬운 일이 아니다. 마음속 깊은 곳에 있는 동기를 검증해야 하는 과정을 거쳐야 하기 때문이다. 사람을 의식하여 타협한 결정을 내렸다면, 그것을 이행하기 전에 자신이 품은 개인적 야심을 검증하는 작업을 하지 않을 수 없다. 현재 싸우고 있지만, 아직 해결이 안 된 문제를 소개해주면 아마 이해가 더욱 쉬울 것이다.

목사로서 내 인생에서 가장 중요한 일은 하나님의 말씀 사역을 통해 '성도가 봉사의 일'을 하도록 준비시키는 것이라고 확신한다(엡 4:12). 성인이 된 이후로 나는 매주 성경에 맞는 설교를 준비하는 데 전념하며 살았다. 내가 전하는 말씀을 듣는 이들이 성숙해지게 하기 위해서뿐 아니라 그리스도의 몸 된 우리가 모든 사람을 그리스도 안에서 온전한 자로 세우기 위해서다(골 1:28). 그렇게 수고하며 준비한 결과, 설교를 녹음한 수많은 테이프와 설교, 강의 노트를 남기게 되었다.

딜레마는 이것이다. 사람들이 이런 자료를 이용하고 혜택을 얻을 수 있게 하면서도, 이 자료를 통해 나를 드러내고 홍보하려는 야심에서 자유로울 방법이 무엇이냐는 것이다. 오디오든 영상이든 인쇄물이든, 자료를 생산하고 배포하는 일에는 비용이 들기 때문에 고민이 되는 실제적 문제가 분명히 있다. 이 자료를 판매한 대가로 개인적인 이득을 봐도 되는가? 사람들이 자료를 활용하게 하는 일보다 나를 드러내고 알리는 일에 더 관심이 있지는 않은가? 이미 말한 대로, 많은 목회자가 이런 문제를 해결했고, 어떤 부분에서는 나 역시 이 문제를 해결했다. 그렇지 않았다면, 당신이 지금 이 책을 읽지 못했을 것이다! 그러나 단지 다른 목회자들이 그런 시도를 한다고 나도 덩달아 이런 노력을 하는 것은 아니다. 언젠가 개인적인 겸손과 더 많은 성도가 선한 일을 할 준비가 되게 돕고 싶은 마음이 균형을 이루도록 그 비결을 찾기를 원한다. 그때까지는 나 자신을 드러내고 알리려는 야망에 집착하게 되는 어떤 일도 하지 않고, 그 유혹에 계속 저항할 것이다. 동료 사역자 가운데 겸손함을 멀리하고 사람들의 관심을 받으며, 재물을 얻으려는 사람을 적지 않게 보았다. 하나님이 우리를 이런 유혹에서 보호해주시고, 조금이라도 자기를 드러내려는 일은 멀리할 수 있게 해주시기를 기도한다.

이겨야 할 필요

양들을 인도하는 목자의 소명을 양 떼를 몰고 가는 카우보이의 역할과 혼동하는 목회자가 너무 많다. 목회자의 권위에 대한 논쟁에는 나보다 훨씬 똑똑한 사람들이 계속 참여하고 있다. 모든 대답을 다 준비하고 있어야 하는 '교회 책임자'와 팀이라는 환경에서 책임을 공유하며 다른 지도자들과 '동료'가 되어야 하는 문제는, 내게는 전혀 서로 긴장 관계로 보이지 않는다. 그러나 역시 후자의 모델에 대한 나의 편견이 이 책 전반에 분명하게 드러나 있다. 하지만 어떤 경우든, 목회자는 담대한 계획과 용감한 태도로 확고한 리더십을 발휘해야 하는 자신의 역할에 과하게 몰입하기가 쉽다. 교회에서 강력한 리더십을 행사한다고 우리 인생의 다른 영역에서 예외 없이 드러날 연약함과 실수가 무조건 무마되는 것은 아니다.

주님 앞에서 겸허히 행하지 않으면 우리의 영적 리더십은 하루아침에 육적인 교만과 오만으로 변질된다. 강력한 리더십을 항상 옳아야 한다는 강박증적 필요처럼 오해한다면, 곧 거센 폭풍으로 일렁거리는 험한 바다로 직행할 것이다. 개인적으로 나 역시 잘못을 저지르고 있다는 사실을 안 뒤에도 고집을 꺾지 않을 정도로 어리석게 굴었던 시간이 얼마나 많은지 일일이 나열조차 할 수 없다. 하나님은 모든 사안에 대해 무결점의 판단을 할 은사를 내게 주시지 않았다. 그러므로 내 의견에 반대하는 사람들과 논쟁을 벌일 때 이런 사실을 고려해야 한다. 결국 논쟁에서 이긴다고 해서 개인적으로나 섬기는 사역 팀이나 교회에 항상 최선의 결과를 내는 방향으로 이어지지는 않을 것이다. 겸손의 힘으로 균형을 이루지 못하고 한껏 고양된 자아는 언제나 이겨야만 직성이 풀린다.

더 나아가, 다른 수단을 모두 동원했다는 절대적 확신이 서지 않는 이상, 목회자의 권위라는 비장의 카드를 논쟁을 끝내는 수단으로 삼지 않도록 주의하라. 그렇게 하고 싶은 유혹을 받을 때 다음과 같이 스스로 물어보라. 당사자에게 관련 문제를 고민하고 기도할 시간을 주었는가? 대안이 될 시각이 있는지 살펴보았는가? 자신의 주장을 관철하기 위해 무리하게 결정을 밀어붙이는 것은 아님을 확실하게 보여주었는가? 단호하게 목회자를 지지하도록 맹목적 충성심에 호소하는 것이 때로 너무나 드물기는 하지만 올바른 접근 방식일 수 있다. 하지만 그렇게 해서 거룩한 겸손이라는 본질적 태도가 결여된 마음이 자리 잡을 수 있다.

이제는 알지 모르겠지만 겸손한 마음을 잃을 때 사역에 대한 우리 시각이 몇 가지 파괴적 국면을 거치고, 결국 우리 자신이나 사역에 건강하지 못한 영향을 미치게 된다. 우리는 주님 앞에서나 인도하도록 맡기신 이들 앞에서 겸손한 마음을 잃지 않겠다는 열정으로 사역을 대해야 한다.

개인의 특권 의식

균형을 잃은 채 겸손을 버리고 오만하게 굴면, 겸손이라는 제약에서 보호받아야 할 개인적 권리에 속하는 삶의 범주가 있다고 변명하며, 겸손하지 않아도 될 자유를 자신에게 허용할 수 있다. 호화로운 인생을 포기하고, 어떤 경우에는 기본적인 일상의 편의도 포기했던 위대한 기독교 지도자의 전기를 접하면, 위화감을 느끼고서 자신을 방어하려는 마음이 든다. 자신에게 어떤 사치스러운 삶도 허락하지 않았던 하나님의 위대한 종 가운데는 가장 기본적인 것 외에는 모두 버리고 삶의 향락을 즐기는 것을 철저히 멀리한 사람이 많았다. 그들의 삶은 '부유하고 유명한' 기독교 자도자의 풍족한 생활과는 극명한 대조를 이룬다. 우리는 마땅히 성인들의 지극히 검소하고 엄격한 삶에 비추어 우리 삶을 돌아봐야 한다. 그들은 이 세상의 쾌락을 포기하고, 내세에 투자하는 축복을 추구했다.

풍요를 누리며 살 권리

세계 역사상 가장 부유한 문화권에서 소명을 감당하는 목회자가 '풍족하게 사는 것'은 어쩌면 당연한 일인지도 모른다. 물질주의의 위력이 너무나 강력해서, 우리 주변의 세상이 본질을 규정하는 힘을 행사해도 속수무책 바라보고 있다. 우리가 단순하고 검소한 삶을 추구하다 보면 세속 문화의 물결을 거스를 수밖에 없다.

검소하고 단순한 삶을 추구하는 동료 사역자를 보면, 마음에 새로운 힘을 얻고 감동을 얻지 않는가? 최근 3일간 진행된 모임에서 전담 강사로 나온 목사 중 한 사람은 강의 때마다 매일 같은 스포츠 코트와 넥타이 차림을 했고, 다른 강사들은 보통 그렇듯이 강의 때마다 다른 정장으로 깔끔하게 차려입었다. 모임에 참석했던 한 친구는 나머지 강사의 조금도 흐트러짐 없는 멋진 복장보다는 수수한 복장을 한 그 목사에게 더 큰 감동을 받고 돌아갔다.

또 다른 사례는 유명한 기독교 작가이자 목회자이며 리더가 거주할 집을 선택할 때 검소한 삶의 면모를 보여준 경우다. 그는 은퇴 후 그의 지위와는 한층 격이 떨어져 보이는 허름하고 비좁은 아파트에서 사는 길을 선택했다. 그는 더 크고 더 화려한 것이 필요하지 않았다. 안락하고 편안한 삶을 살 권리를 입증할 필요도 느끼지 못했고, 강조하고 싶어 하지도 않았다.

오늘날 많은 목회자가 집이나 자동차, 옷이나 액세서리와 관련해 어떤 선택을 내리는지 살펴보면, 다음세대에게 겸허한 삶의 모델을 보여줄 사람을 어디서 찾을 수 있을지 혼란스러움을 느낀다. 안락한 삶을 살 자원이 없는 목회자조차 그런 삶을 동경하며 언젠가는 부유하게 살 길을 은밀하게 궁리한다. 사실대로 말하자면, 머릿속이 성공하고 싶다는 생각으로 가득 찬 많은 사람이 지위나 명성 때문이 아니라 금전적 보상의 특권을 바라고 그런 야심을 품는다. 하나님은 섬기는 삶을 살라고 목회자들을 부르시지만, 그 삶이 반드시 궁핍과 금욕의 생활을 의미하지는 않는다. 하지만 그들에게 겸손한 삶의 실제적 모델이 되어야 할 책임을 외면할 권리가 있다고도 인정하지 않으셨다.

존경받고자 하는 욕구

우리가 겸손한 삶을 살아야 하는 책임에서 면제받지 않았듯이, 유능한 전문가(또한 목회자이기도 함)로 인정받을 권리가 있다는 생각에서 자유로운 것도 아니다. 경영계나 의료계, 정계나 사법부, 교육계 등의 지도자와 동류라는 지위를 입증하고 보호받기 위해 어떤 극단적 행동도 서슴지 않는 많은 목회자를 보면 존경받으려는 욕구의 위험성을 분명하게 알 수 있다.

최근 목회자 사이에서는 학교로 다시 진학해, 전문 학위를 이수하는 것이 유행처럼 번지고 있다. 어떤 이유에선지 목회자는 인격보다는 지위를 더 중시하고, 실제적 경험보다는 형식적 훈련에 더 가치를 부여하는 문화의 시선에 동조하여, 박사라는 호칭이 그들에게 가치를 부여하는 것처럼 '박사'라고 불리기를 좋아한다.

나는 데이비드 웰스가 『신학실종』No Place for Truth에서 많은 학교가 이전의 박사학위 프로그램에 비해 너무나 느슨한 프로그램을 제공하고 있다는 지적에 동의하지 않을 수가 없다. 그는 이것이 '학위 인플레이션'으로 가는 점진적 변화의 증거라고 주장한다.* 그의 말이 사실이라고 해도, 더 많은 훈련에 목말라하며 공식적인 교육 환경에서 하나님이 주신 은사를 갈고 닦으려는 열망을 품은 목회자도 적지 않다. 그러나 목회자로서 가치가 성공과 관련된 자격증을 얼마나 소유하느냐에 달려 있다고 믿게 된 사람도 많다는 사실 역시 지적할 수밖에 없다.

그리스도 안에서 학문적으로 탁월한 성과를 보여주면서도 겸손함을 잃지 않는 소중한 형제자매를 모욕하고 싶은 마음은 추호도 없다. 당신이 학위로 사역의 도구를 갖추기 위해 부지런히 노력하는 사람이라면 솔직하게 말하겠다. 나는 박사학위가

---

* David F. Wells, *No Place for Truth: Or Whatever Happened to Evangelical Theology?*(Grand Rapids: Eerdmans, 1993), 234-235, 『신학실종』(부흥과개혁사 역간)에 이렇게 나온다. "사역자에게 학위가 왜 그렇게 중요해졌는가? 대답을 찾기가 그리 어렵지 않다…미국에서 학위로 그 중요도를 평가하기 때문이다. 1960년대 말과 1970년대 초에 사회에서 사역자의 지위는 전문적인 업그레이드가 매우 심각하게 필요했다…신학교 연합의 신중한 지도 아래, 대체적인 대응은 학위 명명법을 상향하는 것이었다. 1970년대 초에 B.D.는 M.Div.로 대체되었고, 상향식 신분 이동을 원하는 사람들을 위해 D.Min.이 다시 추가되었다. 20년이 채 지나지 않아 만 개가 넘는 학위가 목회자들에게 수여되었다."

단 하나도 없고, 박사학위를 취득할 계획도 현재로서는 없다. 그러나 박사학위를 취득하고 싶을 때가 올 수도 있다. 그때가 오면 나는 그렇게 학위를 이수해서 나의 지위를 향상하고 자아의 만족을 얻기 위해서 그러는 것이 아닌지 철저히 점검할 것이다.

거부하지 말고 기꺼이 받아들여야 할 말씀을 하나님이 우리에게 주실 때, 그 말씀에 관해 우리 삶의 영역을 차단하고 출입 금지 팻말을 세우지 않도록 조심해야 한다. 하나님이 보시듯이 우리 마음을 볼 수 있게 해달라고 기도하라. 그러고서 주 예수님의 놀라운 겸손을 부어주셔서, 적발하고 버려야 할 남은 교만의 흔적이나 자만의 그림자는 없는지 보여달라고 요청하라.

* * *

아서 베넷Arthur Bennett은 1994년에 임종하기 전에 오랫동안 하트퍼드셔의 성공회 주임 사제이자 세인트 알반스대성당의 운영위원으로 섬겼고, 『기도의 골짜기』The Valley of Vision라는 제목의 청교도 시대부터 보존된 기도서를 출판함으로써 기독교계에 지대한 공헌을 했다. 다음 기도를 음미하듯이 읽어보라.

섬기는 자의 겸손

능력이 많으신 하나님,
내가 잘못 사용한 재능과
무시해버린 기회와
무분별한 언사 때문에 겸손히 나를 낮춥니다.

나의 어리석음과 경솔한 태도와
지키지 못한 결심과 참되지 아니한 섬김과
퇴보하는 발걸음과 헛된 생각을 회개합니다.
오, 나의 죄를 예수의 피의 바다에 수장하게 해주시고,
성마른 기질과 온당치 않은 행실과
옹졸한 마음으로 인하여, 해악이 닥치지 않게 하소서.
나의 불친절 때문에 다른 이들이 상처받았다면,
주께서 그들에게 하늘 위로의 향유를 부어주소서.
내가 궁핍과 비참과 비탄에 처한 이들을 차갑게 외면했을지라도,
주님의 의로운 분노로 나를 버리지 마소서.
내가 가난과 고통을 보고 구제하기를 마다했을지라도,
주님은 내게 은혜롭게 복 주시기를 마다하지 마소서.
내가 내 마음을 상하게 한 이들을 못 본 체했을지라도,
주님은 내게 마음의 문을 열어주시고 나의 필요에 응답하소서.

긍휼의 바다가 내 안에 가득 넘쳐흐르게 하시고,
주님의 사랑의 통치가 나의 동기가 되게 하시며,
주님의 사랑의 법이 나의 규칙이 되게 하소서.

오, 모든 은혜의 하나님, 나로 더 감사하고 더 겸손하게 하시며,
나의 무익함을 깊이 깨닫게 하소서.
이 무익함은 내 본성의 타락과
나의 의무를 태만히 여김과
나의 재능을 활용하지 아니함과
주님의 계명을 어김으로써 생겨난 것입니다.

나로 감사와 기쁨의 모든 부르심을 기억하되,
슬퍼하고 겸손해야 할 이유도 있음을 기억하게 하소서.
오, 내게 생명에 이르는 회개를 주소서.
복되신 주님과 나의 하나 됨을 굳게 하셔서,
믿음이 주께 더욱 달라붙어 움직이지 않게 하시고,
사랑이 주님을 더욱 단단히 휘감게 하시며,
주님의 성령을 나의 온몸에 충만하게 하소서.
그리하여, 나를 보내셔서 다른 이들에게 주님을 알리게 하소서.*

---

* Arthur Bennett 편집, *The Valley of Vision*(Carlisle, PA: Banner of Truth Trust, 2003), 326, 『기도의 골짜기』(복있는사람 역간).

9장.

겸손에
뿌리내린 삶

　　　　열매로 그 나무를 알 수 있다(마 7:16-17). 삶과 사역이라는 나무의 가지에 겸손의 열매가 맺히지 않는다면 단언컨대 뿌리 전체가 문제가 있을지 모르니 주의 깊게 살펴보아야 한다. 당신의 상태가 그렇기 때문에 그런 식으로 행동하는 것이다. 우리의 본질은 행동으로 드러나게 마련이다. 목회자이자 그리스도를 따르는 제자로서 우리 인생은 겸손이라는 토양에 뿌리를 내려야 한다. 겸손한 마음을 가꾸지 않으면 사역의 균형을 유지할 수 없다.

　실제로 실천하지 않으면 어떤 태도든 유지하기가 쉽지 않다. 겸손하게 생각하고 행동하기 위해 어떤 노력을 해야 하는가? 때로 실용성을 지나치게 추구하는 나 자신이 못마땅하지만, 일단 옳다는 확신이 들면 다음 단계에 할 일이 무엇인지 알아야 직성이 풀린다. 목회자의 소명에 대해 성경적인 균형을 유지하고자 한다면 겸손한 삶의 습관을 훈련해야 한다. 겸손에 대한 이 단원을 마무리하는 차원에서 겸손한 마음을 가꿀 수 있는 열두 가지 실제적인 제안을 소개하려 한다. 이 책을 손에서 내려놓는 즉시 실천할 수 있다.

1. 매일 섬길 기회를 찾으라

인생은 누군가를 섬길 다양한 기회를 끝없이 제공한다. 그렇다면 다른 사람의 필요를 찾아내고 그것을 충족해주는 수고를 온전히 감당하며 겸손한 마음을 가꿀 수 있는 방법을 찾아야 한다는 사실을 특별히 강조해야 마땅하지 않겠는가? 이런 일은 먼저 집에서 당장 시작할 수 있다. 다른 사람에게 요구하기보다 먼저 섬기는 모습을 보여주면 가족이 얼마나 기뻐하고 놀랍게 받아들일지 상상해보라. 최고의 섬김은 누구도 모르게 선행을 베풀고 오직 하늘에서만 그 보상을 받는 것이다. 아내가 매일 잠자리를 정리하고 설거지를 한다고 해서 내가 그 사실을 특별히 관심 있게 바라보는 경우는 좀처럼 없다. 아내 역시 특별히 관심을 보여달라고 요구하지 않는다. 하지만 어쩌다가 내가 그 일을 하면 보통 아내에게 수고했다는 말을 들어야 직성이 풀린다. 누가 보아도 유치하고 이기적이다.

일단 집 밖을 나서면 온 세상이 자신보다 다른 사람의 필요를 돌아보고 살펴주며 종의 마음으로 섬길 사람들을 기다리고 있다. 레스토랑에서 웨이터를 대할 때 이런 섬김의 자세를 보여줄 수 있다. 그들이 비록 돈을 받고 서빙하지만, 당신이 그들을 배려하려고 최선을 다한다면 그들은 직감적으로 그 사실을 알아차린다. 매일 자동차로 운전하고 다닐 때 상대방을 배려하고자 치르는 대가는 그리 크지 않다. 잠시 상대방 차가 지나가도록 속도를 늦추면 된다. 사람들에게 소소한 일이 중요하다. 허리를 굽혀 누군가 버린 쓰레기를 주워서 버리는 일도 다른 사람의 수고를 덜어주는 것이다. 가만히 앉아서 커피를 가져다 주기를 기다리지 말고 먼저 일어나서 커피를 가져다주라. 주일날 예배가 끝나고 비가 쏟아질 때 우산을 들고 차까지 데려다주는 일도 좋다. 비록 목회자라고 해도 말이다(교인들은 설교한 대로 실천하는 목회자의 모습을 보면 놀라워하며, 감사하게 생각할 것이다). 이 외에도 더 많은 사례를 소개할 수 있지만, 무슨 말을 하려는지 이해했을 것이다. 섬기는 것이 별로 어려운 일은 아니다. 하지만 어떤 이유로, 무엇보다 자존심과 우리 자신의 욕구 충족에 급급해서 다른 사람을 섬기고 겸손을 베푸는 모습을 찾아보기가 쉽지 않다. 매일 다른 사람을 섬길 수 있는 기회를 찾아 실천하라.

2. 모든 사람을 존중하며 편애하지 말라

그렇다고 해도 타고난 성향 때문에 겸손하게 섬기기가 쉽지 않은 사람들이 있다. 그런 사람들과는 얼굴을 맞대고 싶지 않은 것이 당연하다. 하지만 이런 사람들을 통해 진정한 겸손을 가꾼다는 것이 결코 쉬운 일이 아님을 알게 된다. 요구 사항이 많고 불평하기 급급한 사람들, 비판적인 사람들, 어떻게 도와야 할지 막막할 정도로 형편이 좋지 않은 사람들, 교회는 그런 사람들로 가득하다! 목회자는 항상 그런 사람들과 교류한다. 솔직히 말해, 원한다면 그런 사람들을 피할 방도는 얼마든지 찾아낼 수 있다. 목회자로서 그들을 사랑하고 있음을 확인해 주고 그들을 맡겨주신 주님 앞에서 그들 각자에 대해 해명하라는 성경의 명령을 진지하게 수용하면서 이런 겸손을 실천하는 것이 가능한가? 우리에게 위탁하신 분의 이름으로 그들을 존중하고 심지어 존경하는 것은 우리의 마땅한 의무다.

또한 야고보서 2장의 말씀으로 이미 지적했듯이 부유하거나 지위가 높은 사람들을 편애하지 않도록 해야 한다. 하나님은 편견이나 선입견을 버리고 사람들을 존귀하게 여기라고 말씀하신다. 매일 우리는 사람들을 대하는 우리의 태도에 새로운 도전을 받는다. 이를 통해 우리의 겸손이 온전히 검증받는다.

3. 질문하고 사람들의 반응을 귀 기울여 듣는 습관을 훈련하라

나는 그동안 많은 훌륭한 사람들을 만났다. 유명한 사람들도 만났고, 가족 외에는 알아주지 않는 지극히 평범한 사람들도 만났다. 그러면서 한 개인에게 볼 수 있는 겸손의 가장 위대한 증거 중 하나는 유창한 언변이 아니라 사람들에게 질문하는 능력이라는 결론을 내렸다. 나는 새로운 사람들을 만나면 그들이 듣는 사람인지 일방적으로 말하는 사람인지 확인하는 과정을 즐긴다. 때로 친구들과 저녁 시간을 함께한 뒤 아내와 나는 그 시간을 되돌아보고 우리가 대화를 독점하고 사람들에게 말할 기회를 거의 주지 않았다는 사실을 깨닫는다. 하지만 나는 상대방에게 질문을 던지고, 진심으로 그에게 관심이 있으며, 그에게 중요한 일이 무엇인지 진심으로 알고 싶다는 마음을 전달하고, 상대방도 그 진심을 확인하고 눈빛을 반짝이며 흥분하는 모습을 볼 때 정말 기분이 좋아진다. 사람들에게서 최선을 끌어내기 위해서는 우리를 알리고 좋은 인상을 남기는 것이 아니라 상대방을 진심으로 알고 싶다는 순수한 관심에서 비롯된 질문을 정확히 할 수 있는 능력이 있어야 한다. 다음에 새로운 지인을 만난다면 상대방을 배려하는 겸허한 마음으로 질문하고, 그들에게 변화가 일어나도록 대화를 주도하게 해보라.

4. 그리스도와 십자가 외에는 자랑하지 말라

최근에 한 친구와 점심을 먹은 적이 있다. 그는 최근에 알게 된 친구의 이야기를 들려주었다. 이 새 친구가 인상 깊었던 부분은 대화의 주제가 항상 그리스도였고 일상적인 대화에서도 성경 구절을 빈번하게 인용한다는 점이었다. 나는 그 이야기를 듣고 반성하게 되었고 도전을 받았다. 나는 내 가족과 여가 활동과 교회 사역에 대해 이야기하는 데 전혀 어려움이 없다. 하물며 그리스도를 대화 중에 늘 거론하고 알리는 일은 당연히 해야 하지 않겠는가. 그렇게 해서 대화 중에 내가 아니라 그리스도가 스포트라이트를 받으셔야 하는 것이다. 바울은 그리스도의 십자가 외에는 절대 자랑하지 않겠다고 말했다(갈 6:14). 반면에 예레미야서에서 주님은 명철하여 여호와를 아는 것을 자랑하라고 말씀하셨다(렘 9:23-24). 주님과의 첫사랑에 대해 자주 말하겠다고 결심할 때 우리 자신보다 그리스도를 더 사랑한다는 점을 확실히 드러내야 한다.

5. 목회자로서 특별 대우를 요구하거나 기대하지 말라

친구 중에 기독교 서점을 운영하는 이가 있다. 그 친구가 한 번은 제일 까다로운 고객이 목사들이고, 이들은 '성직자'라는 이유로 할인을 요구하며 특별 대우를 받으려고 한다고 말했다. 당시 친구의 서점은 본격적으로 사업을 시작해 주변 지역에서 호평을 받는 초창기였고, 대다수 고객이 목회자였다. "가장 큰 비중을 차지하는 구매자에게 할인해줄 여력이 어디 있겠어요? 그렇게 하면 다른 고객들과의 형평성 문제는 어떻게 되겠어요?"라고 그녀는 반문했다. 목회자들이 현재의 신분과 위치를 빌미로 특별 대우를 바라며 '정중한 척' 찾아온다는 생각이 사람들의 인식에 박힌다면 이런 오만한 목회자들로 인해 지역 공동체에서 교회를 바라보는 시선에 매우 부정적인 영향을 미칠 것이다.

몇 년 전에, 할 수만 있다면 사람들이 식비를 대신 내도록 하지 않겠다고 말했던 어느 목사님의 말에 동의한다. 누군가 대신 식비를 낸다면 그가 그곳에서 달갑지 않은 존재라는 메시지를 전달한다. 계산서를 들고 식비를 받으러 올 때 주머니에 손을 찔러 놓고 모른 척하는 목회자는 사역이라는 소명으로 그리스도를 따르기 위해 큰 희생을 치르고 있으므로 모든 사람이 자신에게 빚을 지고 있다고 말하는 것이다. 이제 정신을 차릴 때다! 사역자로 섬긴다고 각자의 영역에서 그리스도를 섬기는 일반인들보다 더 우대받을 이유가 없다. "말씀과 가르침에 수고하는 이들을" "배나 존경할 자로" 알라고 가르치는(딤전 5:17) 성경 말씀을 언급하며 반박할 사람들도 있을 것이다. 사실이다. 하지만 바울이 성직자 특별 우대나 로터리 클럽 오찬 모임에서 상석에 앉아야 한다는 식의 주장을 하는 것이라고 뻔뻔하게 이 구절을 해석할 수 있겠는가?

이 모든 것은 '기대'로 귀결된다. 자신이 목회자라는 이유로 특별 대우를 기대하는가? 그렇다면 이번 주에 아무도 예상하지 못한 일을 해보라. 사람들을 식당에 초대하고 식비를 계산하는 것이다. 동네 기독교 서점을 애용하고 할인 도서 목록에 사고 싶은 책이 있지만, 그들을 후원하는 차원에서 정가로 책을 구입하고 소소하게 도움이 되고 싶다고 말해보라. 물론 그렇다고 하더라도 이런 식으로 모든 책을 사기에는 여유가 없을 것이다. 이렇게 적극적으로 행동하려고 하는 생각 자체가 당신에게는 겸손함을 배우는 기회가 된다. 이런 글을 쓰고 있는 이 와중에도 나는 친구가 무료로 사용하도록 빌려준 바닷가의 근사한 별장 거실에 앉아 있다. 나는 어떻게 해서라도 감사한 마음을 표현해야 할 것 같다. 이런 호의를 당연한 것처럼 받아들이고 싶지 않다. 실제적인 문제는 다른 데 있다. 도를 넘을 정도로 특별한 호의를 기대하거나 심지어 요구하는 태도와 싸울 방법을 찾아내는 것이다. 그런 호의를 감사한 마음으로 한 번씩 받아들이는 것과 특별 호의를 받지 못할 때 낙심하고 실망하는 것은 큰 차이가 있다.

6. 사람들과 대면할 때 서먹하지 않도록 먼저 자신을 소개하라

사람들이 당신을 당연히 잘 알고 있을 것이라고 생각하지 말라. 몇 년 전 어느 교회 연회에 내 친구가 강사로 초대받은 적이 있다. 한 집사님이 진행을 담당하고 있었고 연설을 하기 전에 내 친구를 소개해야 하는 순서가 있었다. 그 집사님은 친구를 옆으로 데려가 소개할 때 도움이 될 신상 정보를 얻으려 했다. 자신에 대해 구구절절 소개할 필요를 별로 느끼지 못한 친구는 "저에 대해서는 자세히 소개 안 하셔도 됩니다. 이 교회에서 여러 차례 강의했습니다. 교인들이 이미 저를 알고 있을 겁니다"라고 말했다. 그 집사님이 "제가 이 교회에 5년 정도 있었는데 목사님에 대해 아는 바가 없습니다"고 말했을 때 나는 친구의 아내가 웃음을 참지 못하리라는 것을 알고 있었다. 그녀는 남편에게 "당신 너무 뻔뻔한 거 아니에요?"라고 웃으며 말했다. 사람들이 당신을 잘 알고 있다고 절대 생각하지 말라!

섣불리 단정하지 말고 먼저 나를 소개한다면 나나 상대방에게 도움이 된다. 이렇게 적극적으로 자신을 소개할 때 그들이 당신에 대해 알고 있다면 그렇다고 말해줄 것이다. 그리고 당신을 따라 그들도 이름을 소개해주는 혜택을 추가로 얻게 된다(때로 그들이 이름을 밝히지 않아 먼저 자존심을 굽혀야 한다고 하더라도, 그들의 이름을 모른다고 인정하고 이름을 알려달라고 요청하라). 이런 일이 아무것도 아닌 것처럼 보일 수 있지만, 첫인상은 오래 남는다. 이렇게 소소한 방법으로라도 행동으로 겸손을 보여주었으면 좋겠다.

7. 사람들의 선의를 믿고 항상 끝까지 믿어주라

겸손한 마음이 있으면 우리가 항상 옳을 수는 없으며, 모든 사실을 늘 우리가 다 관장하는 것은 아니라는 점을 인정하게 된다. 그러므로 가능하다면 사람들이 자신들의 입장을 확인하도록 기회를 준 다음에 결론을 내려야 한다. 이렇게 하면 나와는 다르게 바라볼 수 있는 가능성을 인정해주게 된다. 실제로 상대방의 시각이 나보다 더 정확하고 선명할 경우도 있다. 성급하게 누군가를 판단할 때 자만하기 쉽다. 모든 상황을 통제하고, 정보의 흐름을 지배하며, 결정권을 내려놓지 않으려고 하는 것이다. 그러나 대부분 자만심을 내려놓으면 참을성 있게 듣고 질문을 던지며 상황을 파악하는 데 도움이 필요하다는 것을 인정하게 되어 어떤 상황이든 더 잘 대처할 수 있게 된다.

8. 칭찬을 가벼운 마음으로 받아들이는 법을 배우라

이런 일이 쉽지는 않다. 대부분 사역자는 겸손을 실천하기 위해서 칭찬을 받으면 주님께 다시 되돌려드리려고 한다. 당연히 그렇게 해야 하지만, 어떻게 하느냐가 중요하다. 설교에 대해 누군가가 칭찬하면 "제가 아니라 주님이 하신 거지요"라고 말할 수 있다. 표면적으로는 그럴듯해 보이지만, 이런 말은 상대방이 당신보다 영적 분별력이 없으므로 모든 좋은 선물이 주님에게서 왔다는 사실을 일깨워주어야 한다는 것처럼 들린다.

베테랑 설교자가 설교하기 직전에 노래를 부른 젊은 소프라노 가수의 이야기를 들은 적이 있다. 자기 자리로 돌아오자 그 설교자는 그녀에게 "정말 훌륭했어요. 정말 잘했습니다"라고 말했다. 그녀는 겸양의 표현으로 "그건 제가 아니라…주님이 하신 거지요"라고 대답했다. 이 말을 듣자 그는 실소를 지으며 "그런데 그 정도로 훌륭하지는 않았어요"라고 말했다.

그냥 "고맙습니다. 그렇게 말씀해주시니 감사해요"라고 말하기가 그렇게 어려운가. 이렇게 반응하면 칭찬하는 사람은 인정받는다고 느낄 것이고, 그러면 그들의 칭찬을 주님께 즉각 돌려드릴 수 있다. 예전에 알던 비범한 기타리스트는 이 점과 관련해 내게 절대 잊지 못할 소중한 교훈을 가르쳐주었다. 나는 그의 연주를 듣고 감동한 사람들이 끝없이 보내는 찬사를 어떻게 처리하는지 물어보았다. 그는 "저는 사람들의 칭찬 세례를 말이 아니라 장미 다발이라고 생각합니다. 그 칭찬을 받아들이고 그 사람에게 감사 인사를 한 다음 돌아서서 예수님의 발아래 놓아드리면 됩니다"라고 대답했다. 참으로 단순하면서도 우아한 그림이 아닌가. 상대방의 칭찬을 굳이 부정하며 사양하기보다 친절에 대해 간단하게 감사 인사를 한 다음, 즉시 그 '꽃다발'을 그리스도의 보좌 앞에 가져다 바치면 되는 것이다.

잠언을 보면 "도가니로 은을, 풀무로 금을, 칭찬으로 사람을 단련하느니라"(27:21)고 말한다. 우리가 보이는 반응에 우리 마음의 본심이 무엇인지가 드러난다. 칭찬으로 우리 안에 오만함이 생기는 것이 아니라 이미 우리 마음에 있는 것이 외부로 표면화될 뿐이다. 라디오 성경 교사인 J. 버논 맥기 J. Vernon McGee 는 이렇게 썼다. "아부는 향수와 같다. 달리 말해, 향기를 맡고

삼키지는 말라는 말이다."* 우리는 누군가가 칭찬할 때 그 칭찬을 삼켜서는 안 된다. 주님께 가져다드리면서 달콤한 향기를 맡을 수 있다.

9. 실수로 사람들에게 고통을 안겼다면 그 실수를 신속히 인정하고 용서를 구하라

우리는 쉽게 실수를 저지른다. 어떤 일을 하더라도 인간으로서 실수하기 마련이고 때로 실패할 수도 있다. 겸손한 사람은 자신의 이런 실수를 신속히 인정한다. 자신의 의도를 방어하고 정당화하며 합리화하려 하지 않는다. 나는 잘못을 인정하고 잘못된 지점으로 겸손하게 돌아가서 새롭게 출발하기보다 실수를 합리화하는 데 많은 시간과 노력을 허비했다. 오류를 범했을 가능성을 빨리 인정할수록 신뢰를 회복하는 시간도 앞당겨진다. 어떤 이유에서인지 목회자들은 이렇게 흔쾌히 실수를 인정하는 데 어려움을 겪는다. 적어도 나는 그렇다. 하나님이 직접 양 떼를 돌보도록 부르셨다는 자부심이 원인일지도 모른다. 그래서 우리는 항상 무슨 일이든지 실수가 있어서는 안 되고 완벽해야 한다고 생각한다. 불행히도 우리는 그렇게 할 수도 없고 실제로 진심으로 노력하지도 않는다. 그러므로 자만심을 버리고 심호흡을 한 다음 실수를 고백하고, 설

---

* J. Vernon McGee, *Proverb through Malachi*, 제3권, of *Thru the Bible with J. Vernon McGee*(Nashville: Thomas Nelson, 1982), 92.

령 굴욕을 감수하는 일이 있더라도 겸손하게 쓴 약을 먹으라.

그러나 실수를 인정하는 일은 때로 첫걸음에 지나지 않을 때가 많다. 실수로 누군가에게 상처를 주거나 불편을 겪게 하는 일이 적지 않기 때문이다. 일단 실수했다는 사실을 알면 즉각 찾아가 상처를 준 데 대해 용서를 구하라. 우리의 오만함은 이런 단계를 밟지 말라고 말하지만, 겸손은 꼭 이 단계를 이행하라고 말한다. 이것이 그리스도께 순종하는 유일한 길이다.

10. 당신이 없어도 상관없음을 스스로나 다른 사람들에게 확인해주라

목회자들은 보통 감당할 수 있는 이상의 짐을 떠맡으려 한다. 이렇게 해서 무슨 일이든 다 해결할 수 있는 만능인이라는 자만심을 만족시키는 외에 무엇을 입증하고 싶은지 도통 알 수 없다. 우리는 스스로 없어서는 안 되는 존재처럼 상황을 유도한 후 쉴 틈이 없다고 투덜거리고 한순간만 한눈을 팔아도 엉망이 된다고 푸념한다. 사역이 우리를 중심으로 돌아갈수록 우리의 자아도 한껏 부풀어 오르고 교회라고 하는 대규모 사업에 대한 우리의 중요성도 부풀리게 된다.

이런 우리의 오만과 싸울 최선의 방법 중 하나는 늘 독점하다시피 하던 일을 다른 사람들에게 꾸준히 위임하는 것이다. 이렇게 하면 세 가지 유용한 목적에 도움이 된다. 첫째, 때로 숨을 돌릴 수 있는 휴식 시간을 확보하고 기력을 회복할 재충전의 시간을 가질 수 있다. 둘째, 사람들이 영적 은사를 활용할 기회를 얻을 수 있고, 함께 보조를 맞추어 섬길 수 있는 리더들을 발굴해 사역을 확장할 수 있다. 그러나 셋째, 여기서 강조하고자 하는 핵심으로, 당신이 누구와도 대체 가능한 사람이며, 당신이 모든 일을 관장하지 않더라도 예수 그리스도의 교회는 흔들림 없이 설 수 있음을 스스로나 교인들에게 확인해줄 수 있다. 친구여, 당신이나 교인들이 이런 사실을 아는 것은 모두에게 좋은 일이다.

11. 사람들의 노력을 공개적으로 인정하고 개인적으로 감사를 표현함으로 존중해주라

일단 책무를 위임하는 것이 얼마나 놀라운 일인지 알았다면 더 자주 이런 일을 하고 싶을 것이다. 많은 사람이 함께 노력하면 모두가 짊어질 전체 사역의 짐이 훨씬 가벼워질 것이다. 사람들을 존중할 수 있는 방향으로 감사를 표현할 방법을 찾아보라.

12. 항상 낮은 자리로 나아가라

이 마지막 제안은 실제로 모든 다른 제안의 기초에 해당한다. 낮은 자리로 나아갈 길이 있다면 그렇게 하라! 여러 사람이 함께 외출할 때는 항상 차에 뒷자리가 있다. 그 자리에 앉으

라. 접시에는 항상 더 작은 케이크 조각이 있다. 그 조각을 먹으라. 주차장에는 항상 더 멀리 떨어진 자리가 있다. 그곳에 주차하라. 요지는 누군가 다른 사람이 앞자리에 앉게 자리를 양보하고, 더 큰 케이크 조각을 먹고, 더 가까운 위치에 주차하도록 양보하라는 것이다. 예수님 외에 높은 자리에 앉을 수 있는 사람은 아무도 없다. 그러므로 주님을 높여드리고 당신은 그분과 다른 사람들 앞에서 겸손하라. 어느 날 특별히 심한 좌절감으로 힘들다면, 그것은 당신의 것을 다른 사람이 가져갔다는 착각 때문일 수 있다. 낮은 자리에 앉기로 결심했다면 모두에게 아낌없이 주었기 때문에 내게서 빼앗아갈 것이 없다. 겸손은 큰 자유를 선사한다. 더는 내가 아니라 내 안에 그리스도가 사신다는 진리를 실현해주기 때문이다. 나는 죽었으므로 나를 방어할 필요가 없다. 죽어서 더는 살아 있지 않은 자존심을 보호하려고 할 필요가 없다.

겸손에 대한 생각을 마무리하며

겸손을 가꾸는 일은 일생이 걸리지만, 무너지는 것은 한순간이다. 사려 깊지 못한 말, 잠깐의 방종, 오만한 행동으로 나타나는 이기적 동기, 우리가 갈망하는 순수하고 단순하며 겸허한 삶이 순식간에 단 한 번의 일격으로 균형을 잃고 비틀거리게 된다. 유일한 해결책은 성실함이다. 역시 잠언이 가장 적절한 경계의 말을 전한다. "모든 지킬 만한 것 중에 더욱 네 마음을 지키라 생명의 근원이 이에서 남이니라"(잠 4:23).

그리스도가 내 안에 사신다는 확신은 주님처럼 온전히 겸손할 때 가장 분명해질 것이다. 이렇게 이기심을 버리고 그리스도로 옷 입은 삶은 이기적 야심과 자기중심적인 옛 본성과 가장 직접적으로 대비된다. 내가 주님을 닮았고 그분의 형상을 본받아가며 그분의 의와 그분의 성품으로 옷 입었다는 것을 유일한 자랑으로 삼아야 한다. 모든 목회자는 "우리 안에 살아계시는 예수님을 사람들이 보게 하라"는 간단한 합창을 마음에 새겨야 한다. 그리스도 안에 거한다고 하면서 계속 오만할 사람은 없다. 이 둘은 서로 상극이다. 삶의 열매는 우리 마음의 뿌리가 어떤지 증명한다.

마지막으로 '겸손한 종'이라는 자격은 실제로 사람들이 그렇게 인정해줄 때 확인될 것이다. 우리가 스스로 밝힌 신분을 사람들에게 인정받을 때 우리는 어떤 반응을 보이는가? 하나님이 근래에는 좀처럼 보기 어려운 겸손이라는 미덕을 목회자 안에 길러주시기를 기도한다. 그리고 오직 주님만을 섬길 수 있도록 우리에게 겸손의 영을 주시기를 기도한다.

> 여호와여 영광을 우리에게 돌리지 마옵소서 우리에게 돌리지 마옵소서 오직 주는 인자하시고 진실하시므로 주의 이름에만 영광을 돌리소서(시 115:1).

5부

실수와 잘못을 통해 성장하기

10장.

실수를
고백하는 훈련

전화기를 들었을 때 그토록 두려워하던 날이 오고야 말았음을 알았다. 교회 건물을 신축하는 데 필요한 비용 계산을 막 끝냈고, 예상한 대로 교회가 감당할 수준을 훨씬 넘어서는 금액이었다. 공간 부족이 이미 임계 수준을 넘어선 상태였다. 우리는 무엇이든 해야 했지만 당장 수중에 돈이 없고, 제때 기금을 모아 필요를 해결할 가능성도 없었다. 이런 간극을 어떻게 해결해야 하는가? 다시는 고민할 필요가 없었으면 하던 문제였다.

대략 6년 전에 심각한 판단 착오와 여느 목회자 못지않게 주님을 신뢰한다고 증명하고 싶은 과욕으로 나는 사역자로서 생애 가장 혹독한 비용을 치르는 시도를 했다. 관련된 현안은 도덕적으로 심각한 죄의 문제가 아니었고, 용서할 수 없는 신학적 이단에 관한 문제도 아니었다. 다년간 나를 괴롭힌 문제이자 실수는 교회의 대출 여부에 관한 나의 답변이었다. 성경적 증거나 결과의 여파를 고려하지 않고 나는 한껏 고무되어 공개적인 입장을 밝혔고, 결과적으로 그 판단은 잘못된 것이었음이 드러났다. 이런 태도의 근저에는 합리적 확신보다는 자만심이 자리하고 있었던 것으로 보인다. 나는 주님의 일을 한답시고 교회가 돈을 빌리는 일은 절대 없을 것이라고 교인들에게 강조하곤 했다. 전국적으로 명성을 떨치고 있는 세미나 리더들의 모든 이론으로 중무장한 나는 하나님이 우리에게 무슨 일을 맡기시든 필요한 비용에 대해서는 세속의 대부업자가 아니라 하나님을 신뢰해야 하며, 필요하다면 희생을 불사해야 한다고 교인들에게 주장했다. 돈을 빌리는 것이 죄라고 말하지는 않았지만, 내가 표명한 입장에서 사람들은 그것이 그에 준하는 죄라는 결론을 내릴 수밖에 없는 논리적 함의를 읽어냈다.

그렇게 6년이 흘렀다. 그때 그렇게 확신에 차서 했던 말은 큰 호응을 얻었다. 공개적으로 장담했던 것 못지않게 개인적으로도 나는 그 사실을 진심으로 믿었음을 인정하지 않을 수 없는 상황에서 그때 내가 했던 말이 뇌리를 떠나지 않았다. 그렇게 단호하게 선언했던 말을 감히 철회할 수 있을까? 대출 문제를 재고하기 위해서는 직접적인 성경의 가르침과 동시에 적용 가능한 원리들을 다각도로 살펴야만 했다. 나는 성경에서 돈을 꾸어주고 빌리는 문제에 대해 무엇이라 말하는지 꼼꼼하게 다시 살펴보았고, 하나님 말씀의 교훈을 지키는 데 어떤 타협의 여지도 허락하지 않는 전국의 교회 지도자들과 상의하면서 내가 몇 년 전에 견지했던 입장의 문제점이 무엇인지 정직하게 평가했다. 이런 과정을 통해 나는 심각한 실수를 저질렀다는 굴욕스러운 결론에 도달했다. 아무 근거 없는 독단적인 주장을 그렇게 공개적으로 선언했다고 생각하니 얼굴이 화끈거렸다. 이것은 개인적 차원에서 끝나는 문제가 아니었다. 내가 원하지 않더라도 교인들은 기억력이 뛰어나다. 장담하건대 아무도 잊지 않았을 것이다.

나는 일부 교인들이 내가 가르쳤던 당시의 교훈을 얼마나 진지하게 받아들였는지 곧 알게 되었다. 자신들에게 확고한 신념으로 자리 잡은 교훈을 포기할 마음이 없는 교인들도 많았다. 교회는 절대 돈을 빌리거나 빚을 지면 안 되는 것이다! 그런 상황에서 내가 무엇을 해야 하겠는가? 채무와 관련한 성경의 교훈을 정직하게 재검토하는 과정에서 성경적인 진리라고 믿던 내 생각에 변화가 생겼다. 이제 나는 나의 잘못을 공개적으로 고백하고 실수를 인정하는 고통스러운 일을 실행해야 했다. 내가 진리를 가르쳤다고 믿었던 교인들에게 용서를 구해야 했다. 어리석게도 당연히 알려야 할 내용을 알리지 못하고 교인들에게 잘못된 확신을 심어주었다. 이상적인 세계라면 교회는 잘못을 구하는 나를 흔쾌히 받아들이고, 나의 실수를 용서해주며, 나의 사과를 받아주고 생각을 바꾸었을 것이다. 그런데 그런 일은 일어나지 않았다.

몇 주일 동안 우리는 듣고 질문하는 공청회를 열고 한때 내가 신봉했던 입장을 여전히 포기하지 않는 이들을 설득하고자 했다. 그런 다음 교회는 전 교인 투표를 실시해 아주 근소한 차이로 과거의 '대출 금지' 정책을 무효화하고 꼭 필요한 추가 공간 확보를 위해 건축 계획을 진행하기로 했다. 아주 근소한 표 차이로 정책을 변경하는 안건이 통과되었지만, 이런 움직임에 반발하는 이들도 만만치 않았고, 그 여파로 내 인생과 교회 생활에 한동안 풍파가 계속되었다.

어떤 이들은 그것을 기회로 내가 더 큰 건물을 짓고 사역의 가시적 성공을 증명하고 싶은 개인적 야심 때문에 원칙을 저버렸다고 비난에 열을 올렸다. 어떤 사람들은 다른 영역의 성경적 가르침에 대해 내가 또다시 입장을 번복할 생각이냐고 따지듯이 물었다. 무엇보다 6년 전에 그렇게 확신에 차서 어떤 입장을 밝혔다가 정반대 결론을 받아들이고 동일하게 확신에 찬 주장을 한다면 진리에 대한 우리의 확신이 얼마나 신빙성이 있겠는가? 자유주의 교회들처럼 성경을 우리에게 끼워맞춤으로 우리 욕망을 따라가기라도 하면 어떻게 되겠는가?

어쩔 수 없었겠지만, 아무 말 없이 교회를 옮기는 교인도 일부 있었다. (아이러니하게도 그들 중 일부는 교회 건축 프로젝트를 위해 대출한 교회로 옮겼다.) 무슨 이유인지 모르지만, 이런 사태로 내가 전혀 신뢰할 수 없는 사람임이 드러났음으로 내가 주관하는 예배는 절대 참여하지 않겠다는 이상한 결심을 하고 교회에 그대로 남기로 한 이들도 있었다. 어떻게 이런 반응이 가능한지 이해가 되지 않았지만, 나는 용서할 수 없는 실수라고 생각하는 문제, 도무지 용납하기 어려운 실수에 대한 항의 차원에서 끝까지 입장을 고수하기로 한 이름 없는 사람들이 여전히 있다는 사실을 주기적으로 상기해야 했다.

확실히 해둘 것이 있다. 목회자로서 공적인 문제를 망쳐버릴 때 항상 큰 고통이 따른다는 것이다. 당신이 다른 사람들에게 고통을 가하든, 다른 사람들이 당신에게 고통을 가하든 말이다. 그러나 그 일로 배우고 성장할 기회는 항상 있다. 나의 경우처럼 그렇게 심각할 정도로 망쳐버린 경우가 아니라면 주님이 내가 견뎌야 했던 힘든 과정보다 더 수월하게 배움에 이를 수 있도록 도와주시기를 바란다. 그러나 그렇게 해서 배웠던 교훈을 맞바꿀 마음은 없다. 하나님은 주님과 동행하며 그 안에 거한다면 그런 혹독한 폭풍을 무사히 통과할 수 있음을 가르쳐주셨다.

먼저 일격을 가하라

사역 중에 저지르는 실수는 마상 시합에서 창에 맞는 것처럼 우리에게 충격을 가한다. 이런 공격에 준비되어 있지 않다면 창에 맞고 말에서 굴러떨어질 수 있고, 솔직히 말해 다시는 말에 올라타고 싶지 않을 수도 있다. 그러므로 균형 잡힌 사역을 하고 싶다면, 또한 안장에 단단히 자리를 잡고 앉아 흔들림 없이 달리고 싶다면, 불가피한 실수에 대처할 준비가 되어 있어야 한다.

당신의 자아가 첫 타격을 받으면 자신이 오류를 범했을 가능성을 인정하지 않을 수 없을 만큼 충격을 받는다. 자신이 중대한 실수를 저지를 수 있다는 사실이 너무나 충격적으로 다가와서 사건의 의미를 확대하여 해석하고, 과잉 반응을 하며, 그 실수의 충격을 의식 속에 필요 이상으로 확장할 수도 있다.

다만, 우리의 자아가 때로 몇 번의 직접적인 공격을 받아낼 수 있다는 점은 다행스럽다. 조심해야 할 점은 한편으로는 자기 연민에 빠지거나, 또 다른 한편으로는 자기 정죄에 빠져 균형을 잃지 않는 것이다. 자기 연민이나 자기 정죄는 어떤 경우에도 배움의 과정을 진척시키고 실수를 통해 배우는 데 도움이 되지 않는다. 우리의 자아는 너무나 연약해서 우리는 어떻게 해서라도 자아를 보호하려고 안간힘을 쓴다. 실수를 인정하고 실수에서 배우기보다 다시 판단 착오를 하고 사람들이 우리가 한 일을 알게 되면 마주할 어려움을 회피하고자 잘못을 은폐하려고 시도할 수 있다. 책임을 전가할 누군가를 찾는다. 체면을 구기지 않고 사람들이 기대하는 공적 이미지를 지킬 방도를 찾아내고 사역에 관한 한 모든 분야에서 전문가임을 사람들이 믿도록 하는 것이다.

그러나 우리가 실수할 수 있는 연약한 존재임을 정직하게 인정하면 일상생활이나 사역에서 중요한 성장의 기회가 될 수 있다. 실수를 저지르고 개인적인 실패를 경험한다고 우리가 더는 가치 없는 존재라거나 완벽해질 때까지 지도자의 역할을 수행해서는 안 된다는 말이 아니다. 물론 특정 리더십 역할에서 목회자의 자격을 박탈해야 하는 도덕적 실패의 영역이 있다. 하지만 하나님은 그런 목회자들도 쓸모없는 존재라고 버리시지 않는다. 하나님은 망가진 사람들을 돌이키시고 올바른 관계로 회복해주시는 데 전문가시기 때문이다.

실수를 저지를 때 흔쾌히 그 사실을 인정하면 많은 유익이 따른다. 가장 큰 유익 중 하나는 항상 완벽해야 한다는 압박감에서 해방되는 것이다. 스스로는 완벽한 존재가 아님을 알지만 거리낌 없이 그 사실을 인정하면 더는 완벽한 존재처럼 긴장하며 살 필요가 없다. 자유롭고 허심탄회한 관계를 누릴 수 있다. 설교할 때 솔직하게 소통할 수 있는 가장 효과적인 수단을 하나 꼽는다면 자신의 개인적인 어려움과 실수와 무능력을 한 번씩 고백하는 것이다. 당신이 약점이 전혀 없는 완벽한 존재라는 인상을 준다면 사람들은 당신과 관계하는 데 어려움을 느낄 것이다. 당장 관련된 현안에 대해 당신이 실수를 저지를 때 용서하기가 훨씬 어려워질 것이다.

많은 사역자는 완벽함이라는 가면을 쓰고 주님 외에는 누구도 도달할 수 없는 기준에 부합한 것처럼 행동한다. 그런 다음 스스로 뒤집어쓴 족쇄에, 결점 없는 리더십 능력과 흠잡을 데 없는 사역 본능이라는 비현실적 기대의 족쇄에 불필요하게 매인 신세가 된다. 몇 번 실패를 경험하고 나면 자신이 오류를 범했을 가능성을 인정할 때 생각 이상으로 훨씬 더 홀가분하게 자유를 누릴 수 있음을 알게 된다. 실수를 반복하고 계속 나태하고 부주의하게 살라는 말이 아니다. 당신에 대해 사람들이 이미 알았어야 하는 있는 그대로의 모습을 그들이 보더라도 두려워하지 않고 살 수 있다는 것이다. 누구라도 실수할 수 있고, 실제로 실수하며 살아간다.

야고보는 "그러므로 너희 죄를 서로 고백하며 병이 낫기를 위하여 서로 기도하라 의인의 간구는 역사하는 힘이 큼이니라"(5:16)고 말했다. 오직 주님께만 죄나 실수를 고백하고 사람들에게는 숨기며 드러내지 않으려 한다면 고백의 의미가 퇴색한다. 디트리히 본회퍼Dietrich Bonhoeffer는 『성도의 공동생활』Life Together이라는 책에서 소규모 공동체를 이끄는 목회자들에게 서로 죄를 고백하는 일을 게을리하지 말라고 충고했다.

형제 앞에서 죄를 고백하는 사람은 더는 혼자가 아니라는 사실을 안다. 누군가 다른 사람이 있는 상태에서 하나님의 임재를 경험한다. 혼자 있는 상태에서 죄를 고백한다면 모든 것은 여전히 어둠 속에 있지만, 형제가 있는 상태라면 그 고백한 죄는 빛으로 드러난다. 그러나 언젠가 죄는 빛으로 드러나게 되어 있으므로 마지막 날에 최후의 심판 자리에서 강렬한 빛에 그 전모가 백일하에 드러나기보다는 오늘 당장 나와 형제 사이에 죄를 드러내는 것이 더 낫다. 형제에게 죄를 고백할 수 있다는 자체가 하나님의 자비다. 그런 은혜로 우리는 마지막 심판의 공포에서 벗어날 수 있다…형제 앞에서 죄를 고백하는 것은 가장 치명적인 굴욕에 해당한다…그렇다고 형제에게 죄를 고백하는 것이 하나님이 정해두신 의무 사항인가? 그렇지는 않다. 고백은 율법이 아니라 죄인을 향해 하나님이 도움을 베푸시겠다는 제안이다.*

고백은 주님이 우리 삶을 바로잡는 사역을 시작하시도록 문을 열어준다. 이렇게 고백할 때 주님은 우리를 회복하시는 사역을 시작하실 수 있다. 실수를 바로잡으면 성장으로 나아가지만, 우리가 잘못한 것이 없다고 우기면 교정 작업을 시작하기가 힘들다. 그리스도의 임재를 더 깊이 지각할 수 있는 첫 단계는 우리의 잘못을 인정하고 순종하는 가운데 그분이 주시는 기쁨을 누림으로 우리를 바로잡아 주시는 주님의 작업을 받아들이는 것이다. 우리가 죄를 지었음을 깨닫는 최초의 충격을 어떻게 처리하느냐에 따라 실수가 성장의 바탕이 될지 퇴보의 원인이 될지 결정된다.

---

* Dietriech Bonhoeffer, *Life Together*(San Francisco: Harper & Row, 1954), 116-117, 『성도의 공동생활』(복있는사람 역간).

손상 평가

실수의 성격이 무엇이냐에 따라 균형을 상실하는 정도와 기간이 종종 판가름 난다. 실수가 죄악의 범주에 해당한다면 그 실수는 영적 생활과 리더십에 즉각적인 결과를 초래한다. 예를 들어, 도덕적 실패는 파괴적이고 치욕스러운 치명상을 입힌다. '단순한 실수'라고 우기며 사소한 일로 치부하려 한다면 하나님이 죄를 혐오하신다는 성경의 접근 방식을 부정하는 꼴이다. 도덕적 실패로 야기된 손상을 평가할 때 우리는 죄를 심각하게 받아들이고 도덕적 순결의 신성함을 위반할 때 생기는 후유증을 대비해야 한다. 공정하다고 생각하든지 하지 않든지 간에 도덕적 실패는 중대한 결과를 초래하며, 거의 항상 우리 안에 생존 본능을 일깨운다. 보통 평판을 보호하기 위해 진실을 덮고자 하는 강력한 충동에서 생기는 본능이다. 우리가 이렇게 반응하는 이유는 '지금까지의 삶'이 붕괴하지 않도록 보호하고 목회자의 세계를 지탱하며 균형을 잡아주는 위태로운 행위가 와해되지 않도록 하기 위해서다.

방탕의 죄는 개인적 게으름, 냉담함, 자제력과 수양 부족, 자제할 줄 모르는 감정적 폭발, 내면 깊숙한 곳에 숨겨놓은 분노와 원한처럼 더 일상적일 수 있다. 그러나 이런 종류의 죄는 모두 피해를 일으킬 수 있으므로 소홀히 여겨서는 안 된다. 이기적인 욕망을 제어하지 않고 방치하며 분별력을 발휘하지 않고 감정에 휘말릴 때 성급하면서도 어리석은 행동을 하기 쉽고, 이로 인해 우리는 어려움에 내몰린다. 사역의 균형을 다시 회복하고 싶다면 죄를 고백하고 버리지 않으면 안 된다.

실수가 모두 죄는 아니다

모든 실수를 죄로 볼 수는 없다. 어떤 실수들은 수많은 이유로 발생할 수 있는 납득 가능한 오류일 뿐이다. 어떤 결정의 결과를 과소평가하거나 어떤 행동이나 단어 선택이 미칠 영향을 잘못 계산하는 식의 판단 착오에 불과할 수 있다. 아마 경험 부족이나 그동안 믿었던 잘못된 정보 혹은 일반적 상식 부족 때문에 더 이상을 생각하지 못했을 수도 있다. 모르면서 아는 척하면 궁지로 몰려 당연히 실패할 수밖에 없다. 모르면 모른다고 솔직히 인정하면 순간적으로 창피할 수는 있지만, 어리석게 행동하는 것보다 확실히 더 낫다.

또 다른 실수의 원인은 부주의하고 충동적으로 반응하는 것이다. 눈앞의 현안을 정확히 분석하지 않고 당장 할 말이나 행동이나 판단에 대해 성급하게 결정을 내리는 경우가 얼마나 많은가. 깊이 생각하지 않고 충동적으로 반응한다면 제대로 준비하지 못했다는 사실을 스스로 알리는 꼴이다. 그런 부주의함은 얼마 가지 못해 숨길 수 없는 재앙으로 나타날 것이다. 잠시 임기응변식으로 대처하는 것이 가능할 수 있지만, 결국 한계에 봉착할 것이다. 충동적으로 결정하고 반응하다 보면 성급하게 행동하게 되고, 결국 우리가 자초한 혼란을 해결하고자 노력하다가 더 크게 후회하게 된다.

프로비던스 교회에서 사역하던 초기 몇 년간은 잘못을 해도 쉽게 수습이 가능했고, 실패해도 그 부담은 보통 개인적인 선에서 끝났기 때문에 사전 계획이나 소통이 다소 부족해도 그럭저럭 지낼 수 있었다. 미리 적절한 대비를 해두지 않았더라도 몇 날 며칠을 늦게까지 일하고 노력해서 수습하면 아무도 모르게 지나갈 수 있었다. 교회가 양적으로 성장하자 나는 의도하지 않았던 상황에 부닥치게 되었다. 조직을 운영하는 능력과 경영 방식은 소규모 교회와 사역 팀에는 적절했지만, 교회가 성장해서 다음 단계로 나아가야 할 때는 적절하지 않았다. 나는 곧 미숙한 기획력이 다른 사람들을 혼란스럽게 한다는 사실을 깨달았다. 성급한 반응, 임기응변식 대처, 만성적 혼란 등 굳이 표현하자면 온갖 상투적 평가가 나의 사역 습관에 적용되었다. 실수하는 빈도가 계속 증가하면서 많은 문제가 생기자 나는 마침내 교회와 함께 계속 성장하기를 기대한다면 나도 성장해야 한다는 사실을 깨달았다.

사역에서 실수하는 마지막 한 가지 원인은 가능하다면 갈등을 피하고자 하는 태도였다. 목회자로서 우리는 거의 끊임없이 갈등과 직면한다. 주의하지 않으면 이렇게 갈등을 피하려고 하다가 훨씬 더 심각한 실수를 저지를 수 있다. 아무리 불편하고 심지어 고통스럽다 하더라도 즉각 그 문제를 해결했다면 방지할 수 있었을 실수를 저지르는 것이다.

여러 면에서 갈등을 회피함으로 생기는 실수는 먼저 의료적 도움이 필요하다는 생각이 들 때 즉각 도움을 받지 않음으로 저지르는 실수와 흡사하다. 즉각적으로 조치했어야 할 일을 드디어 하게 될 즈음이 되면 상황은 훨씬 더 악화되어 있고 해결할 방법도 훨씬 더 복잡해진다. 갈등을 싫어한다는 자체가 잘못은 아니지만 갈등을 다루어야 할 때 회피한다면 위기 상황으로 내몰릴 수 있다.

우리가 저지른 실수를 고백하면 우리의 어떤 경험도 헛되이 쓰시지 않는 하나님이 우리를 사용하실 자리로 나아가게 된다. 하나님은 우리가 그리스도의 형상을 닮아가도록 우리 인생을 변화시키시는 데 최선을 다하신다. 그러나 이것은 단순히 우리 선에서 끝나지 않는다. 우리의 실수는 다른 사람들에게 영향을 미친다.

우리의 실수로 다른 사람들이 영향을 받을 때

우리는 교인들이 어떤 반응을 보일지 전혀 예상할 수 없다. 때로 뜻밖에 호의적인 반응을 보일 수도 있고, 때로는 너무나 격렬하게 반응해서 충격을 받을 수도 있다. 가장 열렬한 지지자 중에도 실망감을 보이는 사람들이 있을 것이고 당신은 그런 사실을 받아들이기가 쉽지 않을 것이다. 우리는 우리가 사랑하는 이들을 실망시킬까 매우 두려워한다. 그들의 의견이 우리에게 중요하기 때문이다.

실수를 고백하고 인정할 때 양 떼로 돌보고 양육해야 할 이들의 반응은 제각각일 것이다. 그렇다면 우리가 저지른 실수를 인정하고 실패를 고백할 때 어떤 반응을 기대할 수 있는가?

비판적인 사람들은 당신을 비난할 것이다

불행하게도 교회마다 다른 사람들의 문제를 물고 늘어지려고 혈안이 된 사람들이 있다. 그들이 보이는 부정적 반응은 강도와 표현 방법에 차이가 있다. "어떤 사람들은 위기를 보면 물 만난 물고기처럼 좋아한다"라는 종종 반복되는 표현은 많은 교회에서 그대로 적용된다. 그리스도 안에서 신앙을 고백하는 사람들이 다른 사람들의 어려움을 보고 왜 그렇게 좋아하는지 이해가 되지 않는다. 우리는 모두 다른 사람들의 실수나 실패를 보고 상어처럼 '물속의 피' 냄새를 맡을 때만 생생하게 살아 있는 것처럼 보이는 사람들을 알고 있다. 그들은 다른 사람들의 실수를 찾아내고 사방에 알리며 험담하는 데 야릇한 기쁨을 느낀다. 특히 자신들의 목회자와 관련된 일일 때는 더욱 기뻐하는 것 같다.

이런 행동은 교묘하게 '기도 요청'이라는 명목으로 표출될 수 있으며, 그들은 왜 비판 조로 말할 수밖에 없는지 신앙적으로 그럴듯한 설명을 앞세운다. ["이 교회의 한 구성원으로서 목사님이 한 일(말 혹은 생각)을 여러분이 알아야 한다고 생각합니다. 목사님과 우리 교회를 위해 정말 기도해야 할 때입니다…."]

물론 모든 사람이 다 뒤에서 당신을 험담하지 않는다. 어떤 사람들은 바로 눈앞에서 실수를 저지른 당신을 비난한다. 당신이 그렇게 행동한 이유가 무엇인지 설명해도 들으려 하지 않는다. 이런 사람들은 상대방을 이해하려는 마음이 거의 없어 보인다. 자신들의 기대 수준에 맞지 않는 사람이면 누구나 비난하고 정죄한다.

어떤 사람들은 다른 사람들의 동기를 파악하는 데 전문가인 양 자처하면서 상대방의 행동에 대해 스스로 추측한 동기를 사실인 것처럼 우기기도 한다. 그들은 자신들이 '확인한' 어떤 사악한 동기나 의도를 근거로 당신을 비난하고 억측을 퍼트릴 것이다. 모든 배후에 음모나 모종의 기획이 있음을 내비치며 '갈등을 부추기는 데' 쾌감을 느끼고 그 실수가 실제로 전혀 의도하지 않은 것이었다는 어떤 가능성도 받아들이려 하지 않는다. 불행하게도 사탄은 항상 형제들의 '참소자'로서 자신의 역할에 그런 무지한 우군들을 이용해왔다(계 12:10).

신앙적으로 성숙한 사람들은 당신을 위로해줄 것이다

사역에 몸담은 기간에 상관없이 앞에서 살펴본 시나리오나 다른 많은 시나리오를 이미 목도하였을 것이다. 그렇다고 너무 낙담할 필요는 없다. 하나님은 또한 당신과 함께하면서 위로해주고, 당신의 잘못을 책망하면서 주님이 그분의 성품대로 당신을 빚어가시도록 내어드리는 가운데 신망을 회복하도록 도와줄 사람들을 보내주실 것이다.

하나님은 우리에게 배우려고 하는 마음이 있고, 실수를 숨기기보다 실수에서 배우기 원하는 모습을 보시면 우리와 마음을 같이하고 위로해주며 긍휼히 여기는 마음으로 도와줄 사람들을 보내주실 것이다. 당신을 격려해주지만 당신의 실수를 묵인하거나 합리화해주지 않을 것이며, 너무나 완벽한 사람이라 그런 실수를 할 리 없다는 식으로 두둔하지도 않을 것이다. 자신이 받은 은혜를 조금도 주저하지 않고 베풀어주며, 실수했다고 더는 회복 불가능한 치명적인 상태는 아님을 알게 해줄 것이다. 등 뒤에서 수군거리지 않고 중보 기도로 하나님께 당신에 대해 아뢸 것이다. 성부 하나님은 사역과 인생의 고통스러운 시기를 통해 당신이 성장하는 모습을 보고 싶어 하신다. 신앙심이 돈독한 친구들은 곁에 서서 손을 잡아주고 당신의 최선을 믿으며 남들이 외면할 때 위로해줄 것이다.

하나님은 우리 주변에 그렇게 배울 수 있는 순간을 포착해서 그토록 절망적인 상황이 아니라면 배울 수 없었을 소중한 교훈들을 배움으로 치욕의 구렁텅이에서 밝은 고지대로 데려갈 사람들을 두신다. 고통스럽고 치욕스러운 시기에 그들이 우리에게 지혜와 경험을 나누어줄 때 하나님은 우리가 그들의 시의적절한 통찰로 배우고 자라며 성숙에 이르도록 인도해주신다. 결국 내가 실수를 통해 배웠듯이 당신도 선진 학문을 배우는 하나님의 학교에 다니는 특권을 감사하게 될 것이다. 하나님은 고통스럽지만 배움의 때를 이용하셔서 우리가 절망적인 어둠이라 생각한 상황에 그분만의 빛을 비추어주신다.

모든 것을 망쳤음을 인정하기란 결코 쉬운 일이 아니다. 당신의 실수로 공적인 영역에 미친 여파와 고통을 자신과 무관하다고 방관해서도 안 되고, 사소한 실수라고 축소해서도 안 된다. 그러나 실수를 인정하고 치러야 할 대가와 그로 인해 성장할 수 있는 기회를 받아들일 때 그렇지 않았더라면 배우지 못했을 하나님의 신실하심의 새로운 측면을 발견하게 될 것이다.

11장.
실수와 잘못을 통해 배우기

실수를 저지르고 그 실수를 통해 배우지 않을 때 발생하는 심각한 문제는 절대 과장이 아니다. 그런 순간들을 놓치지 않고 교훈을 배우고 변화를 위해 노력한다면 세상은 많이 달라질 것이다. 하나님은 우리의 실패를 이용해 그 문제를 고칠 뿐 아니라 다음에 동일한 상황을 만날 때 같은 실수를 되풀이하지 않도록 가르쳐주기를 원하신다.

내가 인생의 중요한 지침으로 여기는 말씀이 있다. 이 말씀은 하나님이 이런 때를 대비해 필요한 자료를 준비해주셨다고 지적한다. "모든 성경은 하나님의 감동으로 된 것으로 교훈과 책망과 바르게 함과 의로 교육하기에 유익하니 이는 하나님의 사람으로 온전하게 하며 모든 선한 일을 행할 능력을 갖추게 하려 함이라"(딤후 3:16-17). 하나님은 우리에게 말씀을 주셔서 우리가 진리를 믿고 되새기며 옳은 일을 행동으로 실천하고 잘못된 것은 피하게 인도하심으로 그리스도 안에서 살아갈 수 있도록 해주셨다. 하나님의 말씀은 우리의 실수를 있는 그대로 보도록, 다시 말해서 경건의 길과 지혜로운 삶의 길에서 떠난 것으로 보도록 우리의 지각 수준을 높여준다. 우리는 성경 말씀으로 책망을 받아야 하고, 진리의 길과 정반대 방향으로 갈 때 징계를 받아야 한다.

디모데후서 3장 16-17절에 따르면 성경은 우리가 저지른 실수를 보여주고, 하나님이 설정하신 기준에 미흡하거나 충족하지 못한 지점이 어디인지 보여줌으로 우리가 잘못을 깨닫도록 도와준다. 하나님의 말씀은 우리의 잘못을 지적하고 책망한 뒤 바르게 하는 말씀을 주셔서 우리 실수를 직시하는 데서 나아가 상황을 다시 바로잡을 방법을 보여준다.

다시 말해, 하나님은 이 구절로 특별한 격려를 해주시는 것이다. 말씀으로 우리를 가르치시지만, 우리가 바로 그 말씀을 이해하지 못할 수도 있고, 우리 노력이 실패로 돌아갈 수 있음을 알고 계신다. 그러나 우리가 있어야 할 곳에 있지 않음을 인정할 때 우리가 그분의 길로 다시 돌아가 의롭게 사는 법을 배우도록 필요한 교훈을 제공해주실 것이다.

이해되는가? 하나님은 그분의 말씀 속에 우리 실수나 실패로 생긴 가르침의 순간을 포착할 수단을 장착해주시고, 우리가 "모든 선한 일을 행하기에 온전케" 되도록 해주시는 분이다. 이것이 사실이라면 우리가 저지른 실수로 생긴 가르침의 순간을 어떻게 붙잡을 수 있는가?

얻을 수 있는 유익

우리 인생은 어려움을 통해 배우는 교훈으로 더욱 풍성해 진다. 실수를 저지른 뒤 겸손한 마음으로 듣고 배우며 하나님이 가르쳐주시고자 하는 교훈에 대해 마음의 문을 활짝 열 때 많은 혜택이 따른다.

1. 실패는 자족함, 자기 의존, 자기 의라는 거짓된 모든 개념을 무너뜨린다

우리는 누구나 하나님을 위시해 외부의 도움에 전혀 기대지 않고 인생을 살아가야 한다는 생각과 싸운다. 주님을 의지해야 한다고 말은 하지만, 종종 하나님이 우리 일상과는 전혀 무관하신 분처럼 살아간다. 마치 어린아이처럼, 도와주겠다는 제안을 완강하게 외면하고 혼자서 해낼 수 있다고 고집을 부린다. 참으로 어리석지 않은가! 그러나 목회자로서 사역을 감당하다가 주님을 의지하지 않고 자기 노력에만 의존하고 있다는 사실을 깨달았는데도 그대로 감행한 적은 없는가? 실패하면 막다른 골목에 다다른 듯 사실상 아무 일도 진행할 수 없게 된다. 또한 공격적으로 접근해야 하는 사역 시도도 위축될 수밖에 없다. 이런 경우 아마 하나님이 주신 지침대로 따르지 않았을 것이 확실하다. 일단 중대한 잘못의 대가를 치러야 하는 상황이 되면 주님을 떠나서는 영원한 가치를 지닌 일은 실제로 전혀 할 수 없음을 깨닫는다. 그러므로 우리의 실수와 실패는 주님을 의지할 수밖에 없게 함으로 사실상 우리에게 긍정적으로 기여한다.

2. 실패는 강화해야 할 약점에 눈뜨고 피해야 할 방향과 반복해서는 안 되는 실수를 알게 해준다

자신이 무슨 잘못을 저질렀는지 깨닫지 못한다면 하나님이 원하시는 모습과 자신이 얼마나 동떨어져 있는지 절대 알지 못할 것이다. 우리가 저지른 실수와 잘못 자체에 성령의 열매를 맺고 그리스도처럼 살아가는 데 필요한 교훈의 씨앗들이 배태되어 있다. 때로 우리는 성경의 직접적인 훈계에도 전혀 깨달음을 얻지 못하고 자신의 부적절함과 약점이라는 거대한 벽에 정면으로 부딪힌 뒤에야 실제로 필요한 교훈을 효과적으로 전달받을 수 있다. 솔직히 나는 실패하기가 죽어도 싫다. 내가 틀렸다거나 내 계획이 수포로 돌아갔다는 사실을 인정하기는 더욱 싫다. 그러나 그런 사실을 인정하고 그런 실패를 겪어보지 않았더라면 나 자신에 대해 거짓된 사실을 믿고 실제의 내 모습을 정확히 반영하지 않은 시각으로 나를 보게 될 것이다. 판단 착오나 실수할 가능성이 없다는 착각에 빠져 사역을 한다면 절대 배우려 하지 않을 것이고, 신앙적 성숙과 섬기는 리더십은 중단되고 말 것이다.

나의 경우 내가 옳다는 아집에 사로잡혀 내게 도움이 되었을 조언이나 제안을 완강히 거부하고 귀를 막았던 적이 한두 번이 아니었다. 내가 틀릴 수도 있고, 내 시야의 맹점 때문에 중요한 세부 내용을 놓칠 수도 있다는 가능성을 인정하지 않았으며, 주님이 가르쳐주시려고 하는 교훈을 스스로 제한했다. 그때 나는 도무지 배울 마음이 없었고, 심지어 완고하다는 평가를 듣기도 했다. 물론 그들의 말은 사실이었다. 하지만 결국 현실은 냉혹했고 나는 마땅한 벌을 받아야 했다. 내가 밀어붙이고 있던 일이 뜻대로 풀리지 않거나 내 방식으로 계속 밀고 나가려다가 결국 이것도 저것도 아닌 상태가 되었음을 인정해야 했다. 그런 경우에 실패는 하나님의 자비를 전하는 수단이 되었다. 실패하지 않았더라면 나는 계속 나 자신을 기만하고 내가 무오류의 존재인 것처럼 생각하였을 것이고, 나아가 내가 시도하는 일마다 성공이 보장되어 있다고 착각하였을 것이다.

우리가 넘어져 비틀거릴 때마다 현실이라는 몸에 좋은 쓴 약을 받고, 하나님이 여전히 우리 인생을 통해 하실 일이 많이 있음을 확인하게 된다. 하나님이 사용하시는 가장 효과적인 도구 중 하나는 우리가 오류를 범할 가능성이다. 하나님은 그 뜻을 이루고자 필요하다면 그것을 주저하지 않고 사용하신다.

3. 실패는 우리가 더 성장해야 하며 믿음의 뿌리를 더 깊이 내려야 함을 보여준다

실패의 무서운 파도가 우리를 덮칠 때 뿌리를 더 깊이 내리고 실패와 함께 찾아오는 어려움에 휘청거리며 넘어지지 않는 것이 얼마나 중요한지 알게 된다. 험한 파도 없이 계속 잔잔하기만 하다면 피상적으로 살아도 아무 상관이 없고, 깊이 뿌리내리지 않아도 상관이 없다는 착각을 하게 된다. 폭풍이 덮칠 때야 비로소 더 성장해야 한다는 사실을 깨닫게 된다. 나 자신의 어리석음으로 생긴 엄청난 파도가 이빨을 드러내고 우리를 노릴 때 매일의 헌신과 주님과 늘 교제하도록 도와주는 정해진 일과로는 그 파도에 맞서기가 어렵다. 전혀 요동하지 않는 뿌리로 영혼이 흔들리지 않게 고정해주는 깊은 곳에서 주님을 불러야 한다. '영혼의 어두운 밤'을 맞을 때 드리는 기도는 평상시 정해진 일정에 따라 드리던 기도보다 더 진중하고 끈질기며 더 정직하고 솔직하다. 절박함으로 몸부림치며 고통 중에 하나님께 마음 깊은 곳에서 부르짖을 때 우리 믿음은 요동함이 없는 영원한 반석 되신 하나님께 더 깊이 뿌리를 내리게 된다. 실패와 어리석은 결정으로 굴욕을 당해보지 않은 인생은 주님을 붙들어야 할 필요를 거의 느끼지 못한다. 그러므로 우리는 실패와 실수를 진심으로 주를 바라보고 더 깊이 주님의 진리에 안착하는 계기로 삼아야 한다.

4. 실패는 인내심과 흔들림 없이 주를 붙드는 힘을 길러준다

일단 뿌리가 충분히 튼튼하게 자리 잡으면 아무리 바람이 불어도 실패와 실수의 아픈 경험으로 부러지지 않고 유연히 맞서며 더 강해질 수 있다. 기초가 깊고 단단해야 하지만 또한 표면 위로 드러난 줄기와 가지도 동시에 튼튼해야 한다. 가지가 부러지고 흔들리는 어려운 시기와 고통을 잘 견뎌내면 때로 우리의 통제 범위를 벗어나는 세력으로 거센 폭풍이 불어 닥칠 때 흔들리지 않고 굳건히 서 있기 위해 꼭 필요한 경험을 했음이 증명될 것이다. 굴하지 않고 싸우며 힘을 기르다 보면 다른 영향력으로 인한 도전들에 맞설 준비가 되어 있음을 알게 된다.

5. 실패는 겸손과 포기하지 않는 기도로 나아가게 한다

최선을 다했지만 역부족이었다는 사실을 깨달을 때 우리는 비로소 겸손하게 무릎을 꿇게 된다. 그럴 때 우리는 새로운 시각으로 우리의 인간성과 대면하게 된다. 하나님이 계속 말씀하셨으나 우리가 인지하지 못한 것을 밝혀주는 진정한 빛 아래에서 우리의 참모습을 보게 된다. 하나님은 우리가 그분을 떠나서는 아무것도 할 수 없음을 알기를 바라신다. 우리는 우리의 무능함을 처절하게 깨달을 때 희망의 마지막 밧줄을 잡으려는 필사적인 몸부림으로 기도에 의지하게 된다. 하나님은 때로 우리의 자아에 일격을 가하는 방법으로 우리를 뒤흔드시고, 오직 성공만을 구가했더라면 결코 배우지 못했을 방법으로 우리의 트라우마를 이용해 그분의 뜻을 전하는 위치에 서게 해주신다.

그 어떤 동기보다 필요라는 동기가 있을 때 우리는 기도하게 된다. 교제와 예배, 찬양과 감사, 심지어 일반적인 간구와 구체적인 중보의 시간을 가질 때 당연히 더욱 간절하게 마음을 모아야 하지만, 무너진 꿈과 실패한 계획으로 고통 중에 드리는 기도가 종종 더 엄중하고 진지하며 간절하다. 찰스 스펄전 Charles Spurgeon은 이렇게 말했다. "상황이 당신이 바라는 것과 정반대로 흐를 때 주님이 우리를 위해 더 좋은 것을 준비해두셨으리라는 기대를 가지라. 하나님은 얕은 물에서 우리를 몰아내어 더 깊은 바다로 나아가게 이끌고 계시는 중이다. 그곳에서 그물을 던지면 더 많은 물고기를 잡을 수 있다."*

깊은 바다에서 기도와 하나님에 대해 배우는 교훈은 우리가 상황을 통제하고 계속 승승장구하며 우리 뜻대로 만사형통

---

* Charles Spurgeon, *Spurgeon's Expository Encyclopedia*, 제5권(Grand Rapids: Baker, 1978), 412.

한다면 절대 배울 수 없다. 우리가 빈번히 저지르는 실수와 실패는 이전에는 결코 가지 못했을 기도의 자리로 우리를 데려간다.

6. 실패는 삶 속에서 은혜에 대해 진정으로 감사하는 마음을 일구어 준다

우리가 얼마나 쉽게 일을 망칠 수 있는지 안 뒤에도 하나님이 값없이 주신 모든 것을 받을 자격이 있다고 계속 착각할 수 있을까? 눈을 열어 하나님의 놀라운 은혜라는 신비를 보기 위해서는 우리가 처한 조건을 반드시 겸허히 인식해야 한다. 1758년 로버트 로빈슨Robert Robinson은 "복의 근원 강림하사"라는 찬송가를 쓰면서 하나님을 떠나 방황하는 우리의 본성에서 보호해달라고 하나님의 도우심을 구했다. "주의 사랑 자주 잊고 곁길 가기 쉬우니 주여 내 맘 붙드셔서 주께 인도하소서."* 우리는 하나님이 우리를 얼마나 오래 참으시는지 알 때만 그 은혜의 깊이와 자비의 풍성함을 온전히 이해할 수 있다. 어리석음으로 잘못 행한 일들과 기도 없이 저지르는 실수들은 한껏 높아진 오만한 마음을 겸손하게 해준다. 그리고 마침내 고개를 들어 하나님의 선하심이 정말 어떤 것인지 보게 된다.

7. 실패는 명성이 아닌 인격의 가치를 드러낸다

하나님께 고백하는 정직한 우리의 현재 상태가 우리에 대한 사람들의 평가보다 훨씬 더 중요하다. 그리스도의 성품을 본받

---

* Robert Robinson, "Come, Thou Fount of Every Blessing", 1758. Public domain.

기 위해 명성을 다 포기해야 한다면 평범한 환경에서 살아가는 우리에게 그 대가가 너무나 큰 것처럼 보인다. 그러나 사람들에게 크게 인정받고 칭송받다가 갑자기 낙마하여 명성을 잃어버릴 때 우리는 오직 주님의 은혜만이 필요하다. 사람보다 하나님을 기쁘시게 해드리는 것이 더 중요하다는 사실을 깨닫기 위해 치러야 하는 대가가 있다면 충분히 그럴 가치가 있다. 실패하고 넘어지는 경험은 명성을 누릴 때 차올랐던 교만을 버리도록 도와준다. 그래야 진정으로 성숙한 백성이 되라는 그리스도의 부르심에 응할 수 있다.

8. 실패는 우리 눈과 마음을 열어 우리처럼 실패한 사람들과 마음을 같이하고 공감하도록 해준다

상대방을 비난하고 판단하는 태도는 실수로 상하고 실패로 무너진 마음에 아무 위력을 떨치지 못한다. 그런 곳에서는 상대방을 긍휼히 여기고 이해하는 마음이 힘을 얻으며, 실패할 때 어떤 기분인지 공감하는 능력과 회복에 필요한 것이 무엇인지 이해하는 마음이 힘을 얻는다. 실수한 사람들에게 자비의 손을 내밀지 않는 사람들을 보면 마음이 아프다. 뼈아픈 실수를 저지른 사람이라도 아버지의 백성을 통해 아버지의 무조건적 사랑을 확인할 수 있어야 한다. 실패의 경험을 통해 우리는 사람들을 더욱 긍휼히 여기게 되고 생각이 깨어나서 사람들을 진심으로 이해하게 된다.

9. 실패는 우리의 인간적인 면을 드러내고, 주변 사람이 동질감을 느끼게 해주며, 우리의 리더십을 필요로 하는 이가 부담 없이 다가오게 한다

완벽한 사람들에게는 동질감을 느끼기가 어렵다. 아무리 노력한다 해도 그들의 완벽함 때문에 도무지 넘을 수 없는 이질감을 느낀다. 물론 그 사람들이 실제로 완벽하지는 않다. 하지만 그들에게서 실수하고 실패하는 인간적인 면모를 보지 못한다면 그들과 관계를 맺기가 쉽지 않을 것이다.

사람들의 눈에 허술해 보이고 그들처럼 은혜로 구원받은 죄인에 불과하다는 사실을 가감 없이 드러낼 때 주변 사람들이 스스럼없이 다가올 수 있을 것이다. 그렇다고 그들의 호의를 얻기 위해 어리석은 실수를 하라고 부추기는 것이 아니니 오해하지 말기를 바란다. 사람들에게 있는 그대로의 모습을 보여줌으로 당신의 실수에 대해 동질감을 느끼고, 그리스도의 힘으로 곤경을 극복할 때 희망과 용기를 얻도록 하라는 것이다.

실수를 기회로 활용하라

큰 실수를 했다는 사실이 분명해질 때 우리는 어떻게 해야 하는가? 하나님이 당신을 꾸짖고 책망하고 계심을 깨달았다면 그분의 음성을 귀담아들으라. 하나님은 곧 제자리로 다시 돌아가서 상황을 바로잡도록 훈계하시고 우리 자신을 돌이키는 말씀을 주실 것이다.

1. 자신의 실수를 깨닫는 즉시 주님이 여전히 우리 안에 일하고 계신다는 또 다른 암시를 주신 데 대해 감사드리라

힘든 상황에 처했을 때 하나님이 우리에게 무슨 일이 일어나는지 아무 관심이 없다고 생각한다면 잘못된 것이다. 만약 우리에게 관심이 없으셨다면 잘못을 저질러도 묵인하셨을 것이고, 심지어 우리가 자초한 해라도 대가를 치르지 않게 하셨을 것이다. 실제로 하나님이 우리를 돌보신다는 사실은 우리의 어려움을 통해 하나님을 더욱 가까이하도록 이끄시는 데서 증명되었다. 바울은 "너희 안에서 착한 일을 시작하신 이가 그리스도 예수의 날까지 이루실 줄을 우리가 확신하노라"(빌 1:6)고 말했다. 하나님이 사용하시는 도구 중 하나는 언제라도 즉각 사용할 수 있다. 바로 우리의 실패다. 루이스 에번스 주니어 Louis Evans Jr.는 자신이 쓴 혼인 예식 기도문에서 부부가 되는 두 사람을 위해 주님께 "서로를 아끼는 마음이 변하지 않을 정도로 눈물을 주시고…서로 손을 꼭 맞잡고 놓지 않을 만큼 실패하게 해주소서"라고 기도한다.* 하나님은 우리가 넘어지고 실패하도록 허락하셔서 다시 손을 잡고 일어서는 기쁨을 배우게 하신다. 또한 우리에게 손을 내미시며 가르쳐주심으로 그 어느 때보다 강하고 지혜롭게 하신다. 이것이 하나님이 우리의 성장에 전폭적으로 관심을 기울이신다는 확실한 증거다.

---

* Louis H. Evans, *The Marriage Prayer*, http://www.wrvm.org/marriage_prayer.htm. 2006년 8월 14일 접속.

2. 문제의 원인이 확실하지 않다면 신뢰할 수 있는 친구들에게 정확히 진단해달라고 부탁하고, 그들의 솔직한 판단을 가감 없이 알려달라고 요청하라

실수에서 배우도록 도와줄 정도로 당신을 아끼는 사람들에게 검증을 맡기는 것이므로 이 일은 고통스럽고 힘든 일일 수 있다. 하지만 그들은 지적할 것이 있으면 숨기지 않고 가감 없이 말해야 한다는 점을 이해한다. 당신의 실수가 일시적인 판단 착오 탓이라고 결론을 내리고 다시는 그런 실수를 하지 않도록 피할 방법을 찾게 도와줄 수도 있다. 혹은 일정한 기간 동안 관찰했지만, 말할 기회가 한 번도 없었던 특정한 경향을 지적해줄 수도 있다.

상처가 되더라도 진실을 알면 옛 생활 방식에서 벗어날 수 있는 길을 찾을 수 있고, 그리스도와 동행하는 데 한 걸음 나아갈 수 있는 계기로 삼을 수 있다. 기꺼이 귀 기울여 들을 마음이 있다면 진실을 알아낼 좋은 방법이 있다. 소규모의 엄선된 집단을 찾아가서 지속적으로 당신에게 조언해주고 책임져주도록 요청하는 것이다. 그들에게 사랑으로 진리를 말해달라고 요청하라. 당신이 그들의 지혜에서 배우며 그들의 통찰에서 도움을 얻도록 해달라고 부탁하라.

3. 어디서 어긋났으며 그 이유는 무엇인지, 어떻게 하면 올바른 선택을 했을지 확인할 방법을 찾아보라

때로 생각을 종이에 적어보면 불분명했던 내용들이 선명하게 정리되고, 떠오르지 않았을 해결책들을 살피고 정리하는 데 도움이 된다. 관련된 문제들을 정리하는 데 필요한 사고 훈련은 앞으로 만날 수 있는 유사한 상황에 대처하기 위한 좋은 훈련이자 준비 과정이다. 나태함, 충동적 반응, 철저히 숙고하지 못함, 이와 유사한 많은 다른 원인은 잘못된 선택에는 잘못된 생각이 있음을 보여준다. 실패한 원인이 무엇인지 정직하게 판단하고 그 경험을 반면교사로 삼아야 한다. 동일한 행동을 반복하면서 다른 결과가 나오기를 기대하는 행위는 어리석기 그지없다. 그러므로 다음에 동일한 결과를 맞지 않도록 철저히 반성하고 분석하는 작업으로 행동에 변화가 일어나도록 노력해야 한다.

평가와 재검토의 일환으로, 앞으로 행동 지침으로 삼을 계획을 세우고 과감하게 실천할 대안들을 찾아보아야 한다. 그런데도 우리가 여전히 실수를 저지를 수 있다는 점은 인정해야 한다. 불완전한 세상에서 오류투성이의 인간으로 살아가는 한 이 사실은 변하지 않을 것이다. 실수를 처리하는 데 시간을 투자하는 이유는 다시는 동일한 상황을 겪지 않도록 가능한 모든 것을 배우기 위해서다. 하나님은 그리스도 안에서 자라갈 수 있도록 실패에서 배우기를 원하신다.

몇 가지 마무리 제언

동일한 실수를 반복한다면 그런 실수를 개의치 않는다는 의미이거나 상황 파악이 안 되었다는 의미일 수 있다. 자신이 바로 이런 사례에 해당한다면 틀림없는 인간 종족의 일원이라는 의미다. 그러나 그렇다고 영적 성숙에 대한 하나님의 부르심을 외면해도 된다는 뜻은 아니다. 같은 실수를 반복해도 개의치 않는 사람이라면 단순히 실수를 반복하는 이상의 더 심각한 문제가 있는 것이다. 그리스도 안에서 자라가기를 열망하는 심령은 이런 자신을 보고 염려하고 고민해야 정상이다. 그러나 어떤 부분이 문제인지 도무지 이해가 되지 않는다면 역시 지혜롭고 사려 깊은 상담자 그룹이나 전문가, 멘토 혹은 다른 친구들의 도움을 받아야 한다. 정확한 결론을 내리고 문제를 파악하며 타당한 해결책을 마련할 때까지 책임지고 도와달라고 부탁하라.

나는 자신들의 실수와 잘못을 인정하기보다 사의를 표명하는 식으로 체면을 살리려고 하는 사역자들을 슬픈 심정으로 지켜보았다. 그들은 실수에서 배우려 하기보다 무작정 잘못을 부정하며, 자신들이 완벽한 존재가 아니라는 사실을 아무도 모르기를 바란다. 또 다른 한편으로 교회 역시 성숙한 교회만 있는 것은 아니다. 모든 교회가 그리스도를 구하고 그분을 닮아가고자 애쓰는 성도들의 성장을 돕기 위해 서로 은혜를 베푸는 환경을 가꾸려고 노력하지는 않는다. 어떤 목회자들은 실수에서 배울 기회를 얻기 전에 강제로 사임을 당한다. 그런 곳에서는 실수에서 배우기는커녕 정죄와 비난의 짐에 짓눌려 서로가 고통스럽다. 이런 경우 실수를 저지른 사역자나 그런 사역자를 도우려 하지 않는 교회에 실수와 잘못은 매우 파괴적인 영향을 미친다.

인생이 항상 공평하지는 않다. 특히 지역 교회의 목회자로 섬기도록 하나님의 부르심을 받은 사람들에게는 그렇다. 우리가 다른 사람들의 행동을 좌우할 수는 없다. 하지만 자신의 실수가 파국으로 흘러가지 않도록 결정할 수는 있다. 실수할 때마다 은혜와 그 은혜의 필요성에 대한 건강한 이해를 지닌 경건하고 균형 잡힌 사역자로 성장해가도록 하나님의 새 강좌를 듣는 기회로 삼으라.

실수와 잘못을 숨기면 마음의 평강을 누릴 수 없다. 마음 깊은 곳에서는 잘못을 들킬 날이 머지않았음을 알기 때문에 피해 의식은 날이 갈수록 심해질 것이고, 불안감은 더욱 증폭될 것이다. 실수를 숨기거나 실패를 은폐하려고 하면 회복은 더욱 더뎌지고 하나님이 우리 인생에서 이루시고자 하는 진보도 불가능하다. 저지른 실수가 심각한 죄악의 수준이라면 잘못을 인정하지 않을 경우 보통 마음이 더욱 완악해진다. 나아가 하나님의 음성을 듣지 못하거나 하나님도 그 기도를 들어주시지 않는 사태로 끝난다. "내가 나의 마음에 죄악을 품었더라면 주께서 듣지 아니하시리라"(시 66:18). 그런 일이 생기면 명성을 지킬 수는 있겠지만, 결국 사역을 지속하는 특권을 잃을 것이다. 하나님 아버지 앞에서 지위를 잃은 사람은 누구든지 하나님의 양 떼를 이끌 권리 역시 잃게 된다. 반면에 사람을 용서하고 긍휼히 여김으로 서로에게 은혜를 베푸는 환경이 조성되면 성도들은 당신의 모범을 통해 훈련을 받을 것이다. 나아가 당신에게 은혜와 자비를 더욱 베풀고 싶을 것이다.

하나님은 우리가 실수와 잘못으로 전체 사역이 영구히 균형을 잃고 비틀거릴 필요가 없음을 배우기를 원하신다.

비록 역경의 학교에서 수업을 받는다 하더라도 하나님이 우리를 가르치시고 책망하시며 바르게 해주시고 훈련해주시도록 의탁하라. 우리는 일을 망치고 실수를 저지르며 심각한 판단 착오를 범하고, 심지어 사역 도중에 참혹할 정도로 실패할 수도 있다. 마상 시합처럼 고통의 창에 맞아 추락해 땅에 내동댕이쳐질 수도 있고, 일시적이지만 균형을 잃었다가 안장에 다시 올라타기까지 힘들게 버둥거릴 수도 있다. 본인의 선택으로 어려움을 자초했다 하더라도 절망하고 낙심하지 말라. 대신 이 특별한 싸움이 없었다면 배우지 못했을 소중한 교훈을 가르쳐 주시도록 주님을 초청하여 비극을 승리로 바꾸어보라.

12장.
목회자를 향한 공격

풋볼 훈련 시간이 이제 막을 내렸다. 비시즌기에 하루에 두 번씩 하는 강훈련으로 이미 지쳐버린 우리 팀은 킥오프 리턴(경기를 시작하기 위해 상대방이 찬 공을 받아 상대 영역으로 반격하는 것-역주)을 반복하여 연습하는 데 주력하였다. 필드 전체를 여러 번 반복해서 왔다 갔다 하다 보니 선수들은 이미 지칠 대로 지쳤고, 나도 마찬가지였다.

각각의 기술이 전체의 공격력에 영향을 미치기 때문에 한순간이라도 집중하지 못하면 코치들에게 좋은 인상을 남기려고 기회를 노리는 동료 선수들에게 표적이 될 수 있다. 내게도 이런 일이 벌어졌다! 나는 시합이 벌어지자 사이드라인을 따라 필드의 중앙으로 들어오는 선수를 막는 역할을 맡았다. 리시빙 팀에서 킥을 했고 나에게 공이 날아왔다. 놀랍게도 공을 들고 있는 나를 저지할 수 있는 사람이 주위에 아무도 없었다. 아드레날린이 솟구치기 시작하고 내가 만들어야 할 공격 플레

이가 머릿속에 떠오른 순간, 나는 별을 보았고 잠시 감각이 마비되었다. 이후 등 쪽에서 숨이 멎을 듯한 고통과 공포가 느껴졌다. 나를 막은 그 녀석은 있는 힘을 다해서 나를 가격했다. 안타깝게도 나는 그가 오는 걸 보지 못했고, 나를 보호하기 위한 아무 조치도 취할 수 없었다.

목회자에게 킥오프에 해당하는 훈련은 주일 아침부터 시작되는 마라톤이다. 이날은 목회자에게는 전혀 안식일이 아니다. 우리는 보람이 있었지만, 힘든 하루를 마치고 쏟아지는 피로를 물리치며 마침내 집으로 가려고 차에 오른다. 그런데 그때 난데없이 누군가 방심한 틈을 노려 우리를 공격해서 넘어뜨린다. 우리를 비난하는 사람들은 항상 우리가 무방비 상태에 있을 때 기습적으로 공격한다. 때로 강대상을 향하고 있을 때 공격 받기도 하고 때로는 주일 밤 늦게 전화로 기습 공격을 당할 때도 있다. 종종 월요일에 불만스러운 마음이 아직 가시지 않은 사람에게서 공격을 받기도 한다. 때로 수취인 불명 상태임을 채 알아차리기 전에 익명으로 온 편지를 읽다가 공격을 당하기도 한다.

교회마다 왜 이런 사람들이 있는지 여전히 그 이유를 알 수가 없다. 자칭 그리스도의 제자라고 하는 많은 사람이 목회 사역을 가능한 한 어렵게 만들어야 한다는 막중한 책임감을 느끼는 것처럼 보인다. 이상하지만 그들은 자신들의 목사가 계속 공격을 받아야 제대로 목회할 수 있다고 생각하는 것 같다.

1차 걸프 전쟁이 한창일 때 이라크의 인접 국가들이 가장 심각한 위험에 노출되었다. 그들은 사담 후세인이 이동 발사대로 스커드 미사일을 발사할까 전전긍긍했다. 이동식 발사대를 사용할 경우 공격이 언제 어디서 시작될지 예측이 거의 불가능했다. 미사일 사정거리 안에 있었고 후세인이 가장 증오하는 적이었던 이스라엘 국민은 특별히 공격의 위험에 노출되어 있었다. 이동 발사대로 미사일을 발사했기 때문에 유일한 방어 수단은 미사일이 공중을 날아가는 동안 감시 체계로 감지한 후에야 사용할 수 있었다. 패트리엇 미사일과 다른 방어용 무기들은 이스라엘과 사우디아라비아를 대다수 공격에서 보호하는 데 성공했지만, 움직이는 표적은 명중시키기가 쉽지 않았다.

불행하게도 교회 안에서 벌어지는 수많은 공격 방식은 현대전과 매우 흡사하다. 공격 방식을 계속 바꿀 뿐 아니라 공격이 눈에 보이지 않게 은밀하게 이루어진다는 점에서 문제는 더욱 복잡해진다. 비밀에 싸여 있고 공격의 출처를 숨기는 언어적 은폐물로 연막을 치고 위장하고 있기 때문에 탐지가 쉽지 않다. 우리는 모두 우리를 향한 공격의 최초 발원지를 추적해 보려고 시도했지만, 다음과 같은 막다른 길에 도달하는 경우가 대부분이다. "글쎄요. 이 말이 사실이라고 저도 들었어요. 하지만 누가 이 말을 했는지 발설하면 신의를 저버리는 셈이니 밝힐 수가 없어요. 제가 그런 짓을 한다면 목사님도 원치 않으시겠죠? 그렇지 않나요?"

때로 우리를 공격하는 출처가 어디인지 너무나 잘 아는 경우도 있다. 마셜 셸리Marshall Shelly는 『선의의 가면을 쓴 용들』Well-Intentioned Dragon이라는 제목의 책에서 그런 일을 저지르는 사람들에 대해 살펴보고 그들의 방법을 확인한 뒤, 그렇게 행동하도록 부추기는 원인을 암시하는 몇 가지 유익한 통찰을 제공한다.* 목회자로 섬겨본 경험이 있다면 그가 묘사하는 사람들을 쉽게 식별할 것이다. 책을 읽다 보면 여백에 이름을 쓰고 싶은 유혹을 애써 눌러야 할지 모른다.

목회자에게 어려움은 여러 가지 형태로 찾아온다. 그중 일부는 우리 자신의 실수와 잘못으로 자초한 것이다. 여기에 대해서는 앞 두 장에서 살펴보았다. 그러나 자신의 잘못으로 당하는 어려움을 통해 배우기가 어려운 만큼 적대적인 공격을 받는 와중에 하나님이 우리에게 가르쳐주시려는 교훈을 깨닫기란 훨씬 더 어려워 보인다. 어려움이 우리 자신의 잘못 때문일 때 자신에 대해 더 관대하고, 자신을 더 이해하며, 용서하고자 하는 태도를 보이기 쉽다. 그러나 우리가 누군가에게 부당하고 억울한 공격을 당하는 희생자라고 생각할 때는 하나님의 지혜를 의지하기보다 분노를 키우기가 더 쉽다.

그렇다면 사역에 몸담은 지 오래될수록 급증하는 것 같은 인신공격에 우리는 어떻게 대비해야 하는가? 목회 리더십의 역할은 종종 교회 안에 불만이 많은 사람에게 피뢰침 역할을 한다. 마치 '목회자'라는 직책이 우리에게 온갖 짜증과 화를 표현해도 되는 면허증을 받은 것처럼 사람들이 행동하기 때문이다. 스튜어트 브리스코Stuart Briscoe가 기독교 지도자들의 취약함에 대한 질문에 대답하는 것을 들은 적이 있다. 그는 수많은 목회자의 경험과 어울리는 새로운 격언을 만들었다. "군중보다 감히 머리를 더 높이 들려고 하는 사람은 사방에서 토마토가

---

* Marshall Shelley, *Well-Intentioned Dragons*(Minneapolis: Bethany House, 1994). 2장에 나오는 "Identifying a Dragon"을 참고하라. 마셜 셸리는 목회자를 곤란하게 하는 데 특출한 능력을 보이는 사람들이 공통으로 사용하는 전략을 알려준다.

날아오는 것을 자초하는 것이다". 다시 말해, 성경적 리더십의 역할을 감당하고자 한다면, 특별히 목회자로서 역할을 감당하고자 한다면 사람들의 비난과 공격을 감내하겠다는 의미로 받아들이는 사람들이 있다는 뜻이다. 그런 사람들은 당신이 비난당하고 공격받으면 좋아할 것이다. 이런 환경에서 주 예수 그리스도의 은혜와 그분을 아는 지식 가운데서 자라는 법을 어떻게 배울 수 있는가?

여러 종류의 공격

그리스도인 리더로서 우리가 주의 의를 함께 추구하는 동지라 생각하는 사람들의 공격에 대비해야 하는 이유는 무엇인가? 목회자들이 받는 가장 파괴적인 공격 중 일부는 믿지 않는 세속 세계에서 오는 것이 아니다(일부 공격 기지는 여전히 이곳이지만). 가장 빈번한 공격은 그리스도를 사랑한다고 자처하고 그분의 교회를 이루도록 그리스도가 부르신 사람들에게서 온다. 오늘날 국가 간에 새롭고 다양한 공격 방식이 등장하듯이 목회자들과 다른 그리스도인 리더들의 위신과 사역을 공격하는 방식이 다양하게 동원되고 있다. 이런 공격을 가능한 한 정확하게 파악하면 그리스도의 명예에 흠이 가지 않고 오히려 그리스도를 더욱 신뢰하는 방향으로 대처할 수 있다.

나 자신의 경험을 복기해보고 내가 아는 사역자들의 경험을 살펴보면 목회자의 위신에 대한 두드러진 공격은 주로 두 가지 범주로 구분되는 것으로 보인다. 의도적인 공격과 비의도적인 공격이다.

의도적인 공격

목회자를 대상으로 하는 대부분의 공격은 의도성이 다분하며 그들에게 당신의 회복을 돕고자 하는 마음 따위는 조금도 보이지 않는다. 당신을 겨냥하는 사람도 자신이 왜 그런 행동을 하는지 이유를 명확히 모를 수도 있고, 개인적으로 당신과 거의 상관이 없을 수도 있다. 물론 그렇다고 해서 그들이 가하는 공격이 덜 고통스럽지는 않다. 당신을 철저히 괴롭히면서 "개인적인 감정은 전혀 없습니다"라고 말한다고 고통이 희석되지는 않는다. 하나님이 그런 경험을 통해 우리를 빚어가시고 인격이 자라도록 하신다는 것을 알 때 우리는 위로받고, 그럴 때 고난을 통해 경건의 교훈을 배울 수 있다.

인신공격: 인신공격을 받으면 맹렬하게 타오르는 도가니에 던져진 신세라는 생각이 든다. 내 안에서 그리스도의 성품이 훼손되지 않게 보전하며 무사히 견뎌낼지 의문스럽다. 누군가가 우리를 인신공격할 때 우리는 일단 그것을 맞받아치고 자신을 방어하는 식으로 반응할 때가 많다. 최고의 방어는 적절한 공격이다. 그러므로 우리가 피해를 입기 전에 대응 사격을 하는 것이 좋은 전략으로 보인다. 그러나 잠깐 기다리라. 목회자로서 우리는 우리 자신을 보호하고 방어하도록 부름받은 것이 아니라 그리스도를 선포하도록 부름받았다. 공격한 사람을 무너뜨리는 데 성공한다면 그 양을 목양하는 데 실패할 것이다.

설교 스타일에 대한 공격: 설교를 준비하고 선포하는 데 많은 시간과 기도와 에너지를 투자하는 사람이라면 자신의 설교 스타일에 대해 항상 객관적일 수는 없을 것이다. 따라서 사람들이 설교 방식에 대해 비판할 때 그런 종류의 공격은 감정적으로 심각한 거부감을 불러일으킨다. 맞은편에 앉은 커플 중 한 사람에게서 "죄송한데, 목사님의 설교에서 그리스도의 모습이 전혀 보이지 않습니다"라는 충격적인 말을 듣고 머리가 멍할 정도로 힘들었던 기억이 지금도 생생하다. 그 사람은 내 가슴에 비수를 찔러 놓고도 아무렇지 않게 "하지만 너무 개인적으로 받아들이지는 마십시오"라고 말했다. 맞다. 당신이라면 그런 '유익한 조언'에 무엇이라고 말하겠는가?

인격에 대한 공격: 나는 설교가 아니라 나의 인격과 관련해 공격을 받은 적도 있다. 나는 그리스도를 따르는 사람이라면, 더욱이 그리스도를 전파하는 목회자라면 정직과 성실이라는 인격적 자질을 기본적으로 갖추어야 한다고 생각한다. 그러나 매우 힘들게 처리했던 두 건의 인사 문제와 관련해 내가 진실을 말하지 않았다고 비난받은 적이 있다. 나는 나를 변호해야 했고, 그런 상황에서 나의 정직성이 의심받고 있음을 알았다. 나의 해명을 뒷받침해주는 증인들이 있었는데도 나는 내가 알고 사랑하며 신뢰했던 사람들이 나를 불신한다는 생각에 참담한 마음을 가눌 길이 없었다. 그런 종류의 공격은 극히 개인적인 성격을 지니기 때문에 큰 상처와 고통을 남긴다. 나에 대한 진실을 알지만, 나의 평판에 손상을 가할 목적으로 그것을 무시한 사람이 철저한 계산 아래 의도적으로 나의 인격을 공격했기 때문에 나는 훨씬 더 힘들고 고통스러웠다.

목회자는 쉬운 공격 대상이다: 인격에 대한 직접적인 공격을 받는 것 외에도 단지 목회자라는 이유로 공격받을 수도 있다. 또한 항상 대중에게 노출되어 있어서 쉽게 공격의 대상이 될 수 있다. 스스로 삶의 기쁨이 없거나 불만스러운 사람들은 주변에 탁월하고 뛰어난 사람이 있으면 견디기가 쉽지 않다. 그래서 그들은 가장 가까이 있는 안전한 대상에게 공격을 가하고, 목회자들이 보통 손쉬운 대상이 된다. 직장이나 가정에서는 감히 생각하지도 못했을 일을 당신에게 하면서 완벽하게 안도감을 느낀다. 이렇게 불만투성이인 사람들은 이런 짓을 하면서 자신도 상처를 받는다. 이런 사람들은 고통에서 벗어날 방법을 찾아 교회로 온 일명 '걸어 다니는 마음의 부상자'인 셈이다. 이들은 잠시 분풀이할 대상을 찾아 교회를 찾아오고, 그들 눈에 당신은 보복을 걱정하지 않아도 되는 훌륭한 표적으로 보인다.

세상에 대한 불만으로 누군가를 공격하려고 노리는 사람들의 경우, 그들의 공격을 개인적인 공격으로 받아들이지 않는 것이 정말 중요하다. 그런 사람들은 당신 개인에 대해서는 별로 관심이 없다. 인생에 대해 억눌린 분노와 좌절감을 표출할 기회를 엿보고 있으며, 보복을 걱정하지 않고 감정을 표출할 수 있는 안전한 곳을 찾고 있다. 마침 당신이 그곳에 있었고 바로 옆에 전화기가 놓여 있었을 뿐이며, 교회당을 떠날 때 문 앞에 당신이 서 있었을 뿐이다. 이렇게 완벽한 기회가 눈앞에 있는데 그냥 지나칠 수가 없다. 오늘 갖고 놀 대상은 당신이다. 그 사람이 평상시에 잘 알던 사람인지 그리고 그 사람의 의견을 그동안 얼마나 중요하게 생각했는지에 따라 이런 공격은 큰 고통을 일으킬 수도 있고 그렇지 않을 수도 있다. 하지만 그리스도를 사랑한다고 주장하는 사람들이 당신에 대해 그렇게 무감각하고 무례할 수 있다는 사실은 여전히 이해되지 않을 것이다.

정체성을 오해하는 경우: 당신이 목회하는 교회와 당신 자신을 개인적으로 구분하려고 해도 당신을 교회와 동일시하고 교회를 당신과 동일시하는 사람들이 적지 않을 것이다. 교회의 역할에 대해서나 사역 철학과 강조하고자 하는 사역 분야에 대해 생각이 다르다면 어떤 일이 일어나겠는가? 틈만 나면 당신을 공격하려 들 것이다. 그러나 그들은 교회와 당신을 엄격하게 분리해서 바라보지 않으므로 교회에 대한 공격이 당신 개인에 대한 공격으로 직결되기 쉽다.

엄밀히 말해 개인인 당신을 집단인 교회와 동일시하는 세태는 부분적으로 대부분 사역자가 자신들의 존재 가치를 사역 활동과 연관시키는 경향에서 원인을 찾을 수 있다. 사람들이 교회와 교회의 사역에 흡족함을 느낀다면 우리 역시 인정받고 격려받는다고 느낀다. 교회에 문제가 생기면 그것을 개인적인 문제로 받아들이기 쉽다. 목회자들이 사역하는 교회에 대해 생각하고 말할 때 객관적인 입장을 취하기란 쉽지 않다. 그들은 교회를 자신들의 연장으로 생각한다. 감사하게도 하나님은 우리를 이렇게 바라보시지 않는다. 하지만 이렇게 교회를 자기 자신과 동일시한다면 사람들이 교회에 대해 비판적으로 말하고 지적할 때 방어적으로 되고 상처받게 된다.

잘못된 정보로 공격하는 경우

교인 중에서 목회자를 비판하는 데 열을 올리기 쉬운 또 다른 부류는 잘못된 정보를 받았지만, 그 정보를 검증하지 않고 최악을 가정하는 사람들이다. 그동안 결국 누군가 오보를 전달해주었음이 드러났는데도 그 오보를 바탕으로 분노에 차서 나의 잘못을 고쳐주려고 했던 사람들이 얼마나 많았는지 모른다. 대부분 그 오보를 처음 알린 사람은 악의가 없었지만, 사실을 제대로 확인하지 않고 사람들에게 전달했고, 결국 상황을 바로잡기보다 더 악화시키는 결과를 초래했다.

하지만 때로 특정한 목적으로 의도적으로 만든 정보가 사람들에게 전달되기도 한다. 몇 년 전 우리가 사는 도시의 시 의원이 했던 말을 잊을 수가 없다. 그의 말은 자신이 기안한 프로젝트가 의회의 승인을 받을 때까지 자신의 주장을 관철하려고 했던 한 시민의 보고를 받고 나온 것이었다. 그 의원은 회의실을 떠나면서 제안자를 보고 이렇게 말했다. "사실을 이렇게 치밀하게 검증해서 발표해주시니 의회를 대표해 감사드리고 싶습니다." 진리를 위해 사는 사람은 결코 기만과 거짓에 기대서는 안 된다. 그러나 개인적인 야망이 개입되고 성령의 생명보다 육신이 더 중요해질 때 그리스도의 몸인 교회에서도 사람들은 더 우호적인 평가를 받으려고 '꼼꼼하게 관리해서 만든 사실들'을 유포할 것이다.

거짓 정보가 교회 가족들 속으로 침투할 때 누군가 그 정보를 빌미로 당신에게 접근할 것이다. 그런 사람들은 항상 예의 바르고 정중하게 접근할 수밖에 없음을 기억해야 한다. 그런 사람들이 그렇게 화를 낸 이유가 더는 근거가 없음을 알게 될 때 어떤 일이 생기겠는가? 그들이 숱하게 말했던 모든 내용이 무의미해졌지만, 이미 공격 버튼을 누른 뒤라 공격 모드에서 바로 후퇴하기는 어렵다. 그러므로 사실을 알고 무장 해제된 뒤라 하더라도 잠시나마 분노를 표출하도록 시간적으로 배려할 필요가 있다.

통제하고자 하는 욕구: 통제하기를 좋아하는 사람들은 목회자인 당신을 통제할 기회가 생기면 대체로 주저하지 않는다. 자신들만의 세계에서 권력을 휘두르는 사람들은 교회라는 세계에서도 동일하게 하기를 원한다. 교회에서 당신이 소위 최고 실권자라고 생각하면 주저하지 않고 당신의 위세를 꺾으려고 시도할 것이다. 때로 그들은 아부를 전략으로 이용할 수도 있고, 때로 개인적인 호의로 교묘히 조작해 부채감을 갖도록 하는 전략을 사용할 수도 있다. 이런 전략이 효과가 없고 많은 사역자가 공격의 징후를 보기만 해도 위축된다는 사실을 알았다면 교회 활동에서 우위를 장악하기 위해 결국 권력의 정점이라고 생각하는 대상에게 공격을 감행할지 모른다. 바로 목사직이다(그 생각이 얼마나 잘못된 것인지 알면 좋겠다).

사람들이 자기 방식을 굽히지 않고 상황을 처리하려 할 때 얼마나 원칙 없이 비양심적으로 구는지 나는 경험을 통해 뼈저리게 배웠다. 교회 리더들과 장로들과 집사들과 교인들이 이미 수용하고 승인해준 사역 방향을 좌우하려고 했던 사람들에게 공격받을 때 조작, 기만, 위협은 그들이 동원한 수단의 일부에 불과했다. 그들에게 중요한 것은 다른 것을 원한다는 것뿐이었다. 그들은 자기 뜻대로 하는 데 익숙했고, 따라서 자기들이 원하는 목적을 위해서라면 어떤 수단도 정당화되었다. 때로 우리는 교회 내의 친구들 때문에 얼마나 비참하고 곤고한 시간을 견뎌야 하는지 모른다. 그런 공격들은 의도적으로 당신을 압박하고 도전하며 지치게 해 결국 포기하도록 하는 데 목적이 있다. 모두 통제력을 장악하고 마음대로 권력을 휘두르기 위해서다.

자신을 돋보이려고 하는 욕망: 당신을 향한 의도적 공격 중에는 심리적으로 불안정해서 자신을 돋보이게 하려고 끊임없이 남을 깎아내려야 하는 사람들의 공격도 포함될 것이다. 그런 사람들은 자기 자신에게 안전감을 느끼지 못하므로 자아의 욕구를 충족하려면 상대방이 방어 태세를 취하도록 몰아붙이는 방법밖에 없다. 그들은 권위를 행사하는 사람이면 무조건 의심스러운 눈빛으로 바라본다. 당신은 맞서 싸워야 하는 또 다른 권력자를 의미하기 때문에 기회가 생기면 언제라도 목소리를 높이고 도발하려 할 것이다. 도발해도 직접적인 대가를 치르지 않는 유일하게 안전한 곳이 교회라는 사실을 알면 그들이 그런 짓을 하는 이유가 무엇인지 이해하게 된다. 그런데도 가시 돋친 비난과 날카로운 비판은 여전히 깊은 상처로 남는다.

사탄의 공격: 고의적인 공격의 마지막 출처는 전혀 놀랍지 않다. 하나님이 하시는 일이라면 무조건 방해하는 사탄의 사력을 다한 공격이 바로 그 출처다. 우리의 가장 취약하고 연약한 부분을 찾아내서 공격하는 그의 능력은 성경에서나 우리의 경험을 통해 오랫동안 확인되었다. 베드로전서 5장 8절의 경고는 처음 이 말씀이 기록되었을 때 못지않게 오늘날에도 여전히 유효하다. "근신하라 깨어라 너희 대적 마귀가 우는 사자같이 두루 다니며 삼킬 자를 찾나니." 그리스도와 관계를 맺도록 사람들을 인도하고 하나님과 동행하도록 준비시키는 사명으로 부

름받은 목회자처럼 사탄이 노리기에 적당한 사람이 누가 있겠는가?

우리의 원수가 목회자들과 기독교 지도자들을 넘어뜨리려고 사용하는 다양한 수단들에 관한 이야기는 수없이 많다. 하나님의 은혜를 힘입어 베드로가 조언한 대로 부지런하고 성실하게 행하라. 그래서 사탄의 기습 공격을 받고 사역의 균형을 잃고, 형제를 참소하는 자의 사악한 계략에 휘말려 파멸한 목회자라는 또 다른 일화의 주인공이 되지 않도록 하라.

의도성이 없는 공격

목회자로서 우리가 받는 도전의 두 번째 범주는 우리를 공격할 의도로 말하고 행동하지 않았지만, 그 결과는 매한가지인 사람들과 관련이 있다. 종종 이런 어려움은 자신들의 말이 어떤 영향을 미칠지 생각하지 않고 부주의하게 행동하고 말하기 때문이다.

끊임없는 질문 공세: 앞에서 언급한 적이 있지만, 나는 두 명의 교회 리더로 인해 매우 수세적 입장에 내몰린 적이 있었다. 어떤 주제가 제기되든지 두 사람이 계속해서 질문을 거듭하는 모습을 보면서 나는 그들이 나를 반대하리라고 당연히 예상할 수 있었다. 나의 리더십에 도전하는 듯한 내용, 나의 상식에 관한 우려, 교회 성장을 위해 사역자를 추가로 고용하고 공간을 확장하며 사역 기회를 확대하자는 제안에 대해 내 동기를 따져보아야 한다는 미묘한 암시를 그들의 질문에서 읽을 수 있었다.

내가 그들의 반대 의견을 반박하는 강도가 세질수록 그들은 자신들의 생각을 관철해야 한다는 각오를 더욱 새롭게 다지는 것 같았다. 결국 나는 두 손을 다 들 수밖에 없었고, 상황을 있는 그대로 인정해야 했다. 특별히 악의적으로 나를 대하는 만남을 가진 뒤 나는 집으로 돌아가 두 사람에게 전화를 걸었다. 그리고 만나서 이 상황을 해결해보자고 부탁했다. 그날 밤 우리는 만났고 그들에게서 중요한 교훈을 배웠다. 그들 역시 무엇인가 느끼는 바가 있었을 것이다.

두 사람에게 그들이 나의 리더십을 계속 폄하하는 것이 우리 관계에 얼마나 걸림돌이 되었는지 말해주었을 때 그들은 놀라서 충격을 받은 것 같았다. 두 사람은 그들의 질문이 나나 다른 사람에게 부정적으로 받아들여졌다는 사실을 꿈에도 생각하지 못한 모양이었다. 그들에게는 나에게 반항을 하겠다거나 반대를 하겠다는 의사가 전혀 없었다. 나를 궁지로 몰아넣거나 권위에 도전하려고 하는 생각도 없었다. 이런 문제들을 서로 이야기하면서 나는 두 사람을 다른 시각으로 보게 되었다. 그들은 말로 나를 해칠 의도가 전혀 없었고, 그들이 모임에서 이의를 제기할 때마다 내가 공격을 받고 있다고 생각한다는 사실도 전혀 모르고 있었다.

다른 한편으로 그들은 상대방의 잘못을 들추어내려 한다는 미묘한 암시를 주지 않고 질문하는 법을 배워야 한다는 사실을 깨달았다. 그들이 질문을 표현하는 방식 때문에 함께 있던 나머지 사람들 역시 그들에게 부당한 공격을 받고 있다고 느꼈다. 나 역시 분명히 그런 식으로 느꼈다. 서로 허심탄회하게 대화를 나눈 끝에 나는 그들이 질문을 하더라도 가능한 한 과민하게 굴지 않고 그들은 좀 더 신중하게 단어를 고르기로 흔쾌히 의견을 모았다. 우리는 또한 구태의연한 낡은 습관으로 퇴

행하는 모습을 보이더라도 서로 너그럽게 포용해주고, 우리 관계에 어떤 장벽도 생기지 않게 노력하기로 마음을 모았다. 그날 밤 우리는 서로의 신뢰를 재확인했다. 그들이 말하는 태도에도 불구하고 나는 두 사람에게서 그리스도의 나라에 대해 순수하고 진지한 관심을 보았고, 심지어 나에 대해 깊은 관심과 염려하는 마음을 보았다. 그들의 부적절한 태도와 나의 과민함이 의도치 않은 불편한 관계를 만든 것이 분명했다. 내가 이 이야기를 하는 이유는 관련된 당사자들과 항상 대화로 문제를 해결하도록 격려하기 위해서다. 하나님이 처음에 의도하지 않았던 방향으로 대화를 이끌어가실 수도 있고, 교회 리더들의 유대가 더욱 단단해질 수도 있다.

철학의 차이: 어떤 경우에 사람들은 현재 내가 활용하는 방식보다 장점이 더 클 수 있는 사역 방식들을 추천함으로(최소한 그들이 보기에) 개인적인 시간을 확보하도록 '도와주려고' 노력했다. 오래전에 특별히 기진할 정도로 힘든 토론을 한 적이 있다. 이때 우리 교회 일부 리더가 전하는 메시지는 매우 분명했다. 우리가 사역하는 방향이 효과적인 교회의 의미에 대해 그들이 생각하는 바와 일치하지 않는다는 것이었다. 몇 시간 동안 숙고의 시간을 가진 뒤 우리는 모두 한 가지 결론에 도달했다. 우리 교회가 그들이 원하는 모습의 교회로 변화되기 위해서는 내가 현재 사역하는 방식을 근본적으로 바꾸어야 한다는 것이었다. 나의 우선순위, 나의 가치관, 나의 사역 원칙, 나의 비전까지 모두 다 바꾸어야 한다는 것이었다. 당연히 그들은 자신들이 제안하는 내용의 모든 세부 내용까지 다 이해하지는 못했다. 그러나 우리는 모두 문제의 핵심을 파악했다. 사역에

대한 나의 방식에 근본적 변화가 필요하다는 것이었다.

그들이 개인적으로 나를 공격한 것이었는가? 전혀 그렇지 않았다. 나는 그들의 지적이 철학의 문제임을 깨달았다. 그들에게는 단순히 강조점의 차이일 뿐이었지만, 나에게는 내 인생에 대한 하나님의 뜻과 사역을 통해 하나님이 내게 주신 것에 대한 생각을 모두 근본적으로 바꾸는 문제였다. 그들의 계획과 제안의 의미를 분석한 결과 서로의 비전이 완전히 다르고 본질적으로 양립하기 어렵다는 것을 알게 되었다.

일단 문제의 본질을 파악하게 되자 우리는 그 문제를 다룰 수 있게 되었다. 그들의 문제 제기가 나 개인에 대한 공격의 차원이었고, 내가 그들의 제안을 거부한 것이 그들에 대한 사적인 반대의 차원이었다면 서로에 대한 불신이라는 장애물에 가로막혀 아무 진전이 없었을지 모른다. 의도치 않은 공격이라도 여전히 심각한 고통을 남길 수 있다. 하지만 그들이 실제로 사적인 감정을 전혀 갖지 않았다는 사실을 알면 덜 위협적으로 받아들일 수 있다.

당신의 사역을 '고쳐주고' 싶어 하는 자원봉사자들: 스스로 생각하기에 현안들을 다룰 수 있는 유일하게 타당하고 영적으로 온전하며 적절한 방식과 기준에 당신이 부응하기를 원하는 사람들이 있다. 이런 문제들은 자신을 매우 성숙하며 사역의 경험이 풍부하다고 여기는 사람들이 주로 제기한다. 그들이 바라는 것은 오직 당신이 그들의 영적 수준과 풍부한 교회 사역 경험을 따라오는 것뿐이다.

이런 사람들은 당신을 찾아와서 사역 방식을 '고쳐주겠다'고 자원하는 자체가 얼마나 고압적이며 모욕적으로 들리는지 이해하지 못한다. 과거의 어느 시점에선가 사역을 수행하는 특정한 방식을 접하게 되었고, 이제 과거의 그 경험으로 당신을 돕기를 원하는 것이다. 그들에게 당신이 현재 사역하는 방식이 열등하고 비효율적이라고 지적할 의도는 조금도 없다. 그러나 문제는 그들이 바로 그런 행동을 하는 것처럼 비친다는 것이다.

구체적으로 제안하기에 앞서 그들은 보통 제안할 내용의 근거가 무엇인지 설명하려 할 것이다. 대부분 이전에 경험한 사역 활동이나 교회 활동을 예로 들 것이다(모든 것이 오직 멋진 기억으로 남아 있다). 그런 다음 계속해서 현재 당신의 사역이 어떤 점에서 다른지 그래서 그것이 왜 잘못인지 설명해줄 것이다. 복음 전도 방식, 연간 예산 관리, 간사 관리, 공동체 예배에서 사용하는 음악의 종류, 교회 차원의 기도 사역 체계 등등, "전에 다녔던 교회의 목사님은 늘⋯"이라는 말로 시작해 그 목사님이 어떤 점에서 옳았는지 설명해줄 것이다.

그들의 의도는 선하지만, 목회자들이 이미 지고 있고, 해결해야 하는 수많은 문제에 짐을 더 얹어주고 있다는 사실을 그들 스스로는 거의 깨닫지 못한다. 때로 상당히 유익한 제안을 하는 경우도 있다. 그래서 무조건 그 제안을 외면할 수는 없다. 하지만 그 제안을 하는 사람들이 실제로 당신이 현재 진행 중인 사역과 그 사역의 이유가 무엇인지 알아보는 수고를 하지 않는다면 흔쾌히 그런 제안을 받아들이기가 어렵다. 그러나 중요한 핵심이 바로 이것이다. 이런 의도적이지 않은 간섭과 비판이 고의적인 공격이 아니라는 점을 인정하고 불편한 마음으로 받아들이지 말아야 한다는 것이다.

합당하고 타당한 평가가 필요하다: 목회자들에 대한 또 다른 관심 영역은 사역을 감독하고 관리할 책임이 있는 사람들의 타당한 평가와 비판과 관련이 있다. 우리는 모두 누군가를 책임지고 기도하며 삶을 나누어야 한다. 해마다 목회자들과 장로들은 한자리에 모여 사역 전반에 대해 평가하는 작업을 한다. 한 해를 돌아보고 예상치 못한 성공의 영역, 개선이 필요한 사역 분야, 새롭게 집중하고 강조해야 할 영역이 어디인지 찾아본다. 사역을 평가하는 이유는 전체 교회가 계속 성장하며 한마음으로 그리스도를 가장 잘 섬기는 방법이 무엇인지 배우기 위해서다.

그러나 나 역시 나의 사역에 대한 그런 평가가 필요하다. 장로들은 나를 위해 그런 수고를 감당하며 한 해 동안 내가 책임을 맡은 영역에 대해 평가하는 수고를 아끼지 않는다. 장로들이 각기 제안하고 조언한 내용을 모아 평가 문서를 작성한다. 그런 다음 두세 명으로 구성된 팀이 나와 함께 이 문서를 살펴본다. 대체로 나는 내가 잘 감당한 영역들과 개선이 필요한 부분에 대해 엄격히 평가하는 편이지만, 그들의 시각은 항상 도움이 된다. 그들의 평가를 보면 예외 없이 내가 간과했던 문제들을 자각할 수 있는 유익한 통찰이 담겨 있다. 인간 본성이 원래 그런 것처럼 평가 문서에 아무리 칭찬하고 격려하는 긍정적 내용이 많이 담겨 있어도 내 시선은 더 부정적인 비판의 내용에 집중하기 쉽다. 방어적인 태도를 갖지 않으려고 나는 항상 많은 기도로 그런 평가의 시간을 준비하며, 주님께 기꺼이 배울 수 있는 마음을 주시고 변화와 성장에 열린 자세를 주시도록 구한다.

모든 사람은 장점이 있고 또 단점이 있다. 목회자들은 이런 장단점을 확인하고 강점이 두드러진 분야에서는 강점을 더욱 가다듬고, 약점이 보이는 영역에서는 부족한 부분을 보완할 수 있도록 누군가의 도움이 필요하다. 개인적 성장에 너무나 중요한 이 도움의 손길을 놓치지 않도록 경건하고 겸손한 마음으로 경청하는 자세를 가지라. 당신을 사랑하고 동일한 소명과 사역의 비전을 가진 리더들로서 분별력과 지혜가 탁월한 이들이 있다면, 그들이 어떤 조언과 비판을 하더라도 당신을 무너뜨리기 위해서가 아니라 세워주기 위한 충정 어린 행동이라고 믿으라. 그들의 의중을 잘못 해석하면 우리 자신만 고통스러워질 뿐이다. 그들의 의도가 건강하며 진정성이 있다고 진심으로 믿을 때 그들의 비판이 우리가 기대한 만큼 섬세하거나 유익한 내용은 아니더라도 얼마든지 받아들일 수 있다. 시편 141편 5절에서 다윗은 "의인이 나를 칠지라도 은혜로 여기며 책망할지라도 머리의 기름 같이 여겨서 내 머리가 이를 거절하지 아니할지라"고 말했다.

고의성 없는 공격과 도발은 대체로 악의가 전혀 보이지 않는 말과 행동으로 나타난다. 가능한 선의를 받아들이고 진심을 믿는 법을 배움으로 대면할 수밖에 없는 그런 공격과 도발을 처리할 수 있도록 준비하라. 이런 태도는 상황을 폭넓게 볼 수 있도록 도와줄 것이다.

* * *

우리의 인격과 사역에 대한 공격이나 비판을 어떻게 처리하는지를 보면 예수 그리스도의 형상을 닮아가는 일생의 프로젝트에서 우리가 얼마나 성장하고 있는지 확인할 수 있다. 때로 그런 공격들이 무자비할 정도로 가혹하고 부당하다고 생각되면 부정적으로 반응할 것이다. 그러나 균형을 잃고 휘청거리고 심지어 안장에서 굴러떨어진다고 해서 공격을 받을 때마다 그 실수를 반복할 수밖에 없다는 의미는 아니다. 예상치 못한 공격을 받으면 너무나 낙담하고 주눅이 들어서 과연 사역을 계속해야 맞는지 의심할 수도 있다. 어쨌든 누가 이런 힘든 상황을 견디고 싶겠는가? 그러나 그것이 중요한 문제는 아니다. 중요한 것은 그리스도가 영광을 받으시는 것이다. 또한 직격탄을 맞고도(적의 영토에서건 우호적인 공격이건) 여전히 포기하지 않고 그리스도를 증언할 수 있다는 것을 사람들이 보고 용기를 얻게 하는 것이다. 우리가 어떻게 반응하느냐를 보면 그리스도 안에서 성숙에 이르도록 자라갈 수 있는지 가늠할 수 있다.

13장.

인신공격에
대처하는 법

논쟁을 마치고 언쟁을 벌인 상대방과 헤어진 뒤에야 반박할 적당한 말이 떠오른 적이 있는가? 모든 상황에서 적당한 반응을 이끌어낼 수 있다면 아주 유리한 입장에 설 수 있다. 사역을 준비한다는 것은 설교를 준비하는 이상의 의미가 있다. 마음의 준비를 하는 것이 중요하다. 우리의 메시지는 우리 삶으로 진정성을 증명할 수도 있고 무효화시킬 수도 있기 때문이다. 그러므로 이 장에서는 사람들이 공격적이고 적대적으로 당신을 대할 때 어떻게 반응해야 좋을지 생각해보고자 한다.

어떻게 해야 하는가?

다년간 사역에 몸담은 경험이 있는 사람이라면 알겠지만,

서로 의견이 대립하는 사람들과 만나고 그들에게 반응하는 일은 사역자로서 일상에 해당한다. 우리나 우리의 사역을 탐탁지 않게 여기는 사람들과 마주치기란 아주 흔한 일이다. 그렇다면 그리스도를 기쁘시게 해드리는 방향으로 반응하는 것도 중요하지만, 문제는 일관되게 그렇게 반응하려면 어떻게 해야 하는 가다.

어느 정도 근거 있는 비난인가?

이런 공격을 저주받은 우리 원수가 펼치는 작전이라고 성급하게 단정하기 전에 먼저 그런 도전이 실제로 근거가 있는지 꼼꼼하게 따져보아야 한다. 상대방의 그런 비난이 실제로 어떤 근거나 실체가 있는가? 당신과 당신의 사역에 대한 극단적이고 이해하기 어려운 수많은 도발이 실제로 적절하게 사역에 반영해도 될 정도로 어느 정도 실체가 있는 경우도 있다. 상대방이 비판한 내용이 당신과는 무관한 일이라 해도 그들이 제기한 문제의 이면에 무엇이 있는지 혹은 그들이 그런 도발을 하게 된 은밀한 동기는 무엇인지 확인하고 점검하는 시간을 가진다고 해서 개인적으로 해가 될 일은 없다.

몇 년 전에 우리 교회를 방문했던 사람에게서 나의 설교가 나 자신을 지나치게 부각하고 그리스도에 대해서는 거의 언급하지 않는다고 비난하는 편지를 한 통 받았다. 모든 설교를 가능한 그리스도 중심으로 구성하려고 노력했기 때문에 처음에 그런 생각을 하는 사람이 있다는 사실에 적잖이 상처를 받았다. 내가 어떻게 설교했기에 개인적인 관심을 받을 수단으로 설교를 이용하고 있다는 인상을 그녀에게 주었다는 말인가? 그녀의 지적에 나 자신을 돌아볼 수밖에 없었다. 나의 개인적인 이야기를 사례로 인용한 것이 다소 지나치지는 않았는가? 그녀의 그런 지적 때문에 설교 내용이 더 건조해지거나 개인적 경험담을 생략하지는 않았다. 하지만 성경 본문의 주요 핵심에서 지나치게 벗어나지는 않았는지 나를 돌아보는 계기가 된 것은 분명했다.

누군가의 비난이나 공격을 아무 실체도 없는 비방에 불과하다고 배척하지 말고 실제적인 근거가 있는지 살펴보라. 그래서 주님이 기뻐하시는 사역을 제대로 감당하고 있는지 확인하는 시간을 가지라.

기도 요청

누군가가 도발해올 때 자신을 경계하지 않으면 자제력을 잃어버리기 쉽다. 이럴 때 이상적인 반응은 그 문제를 기도로 주님 앞에 가져가는 것이다. 다윗은 우리 대부분의 사람보다 더욱 격렬한 비난과 공격을 받았지만, 하나님의 마음에 합한 사람으로 지금까지 칭송받고 있다. 때로 그는 자기를 비방하고 공격하는 자들에게 하나님이 저주를 내려주시기를 빌었지만, 궁극적으로는 거룩한 곳으로 되돌아갈 길을 찾아 하나님의 최선을 구했다. "여호와여 나와 다투는 자와 다투시고 나와 싸우는 자와 싸우소서…나는 사랑하나 그들은 도리어 나를 대적하니 나는 기도할 뿐이라"(시 35:1, 109:4).

감정의 홍수에 휩쓸릴 때 그리스도께 영광을 돌릴 수 있도록 대처하기 위해 주님의 인도하심을 구하라. 기도하지 않으면 우리의 시각이 왜곡될 수 있고 타협의 길로 나아갈 수 있다. 우리의 불안전함과 상처를 주님의 존전에 가져가 내려놓을 때 주님이 보시는 대로 문제를 바라볼 수 있다.

반응하기 전에 기도하기 위해서는 때로 빨리 행동해야 한다는 강박을 버려야 한다. 주님은 우리를 기다리게 인도하실 수도 있고, 누군가 다른 사람에게 그 문제를 맡기도록 인도하실 수도 있다. 아니면 그 상황에 대해 주님만이 주실 수 있는 특별한 통찰을 주셔서 방향을 극적으로 바꾸게 하실 수도 있다.

최근에 특별히 너무나 거슬리는 내용으로 나를 비난하는 이메일을 받은 적이 있다. 두 번 정도 질문에 답장을 보낸 뒤 메일이 아니라 직접 만나서 토론을 이어 가자고 제안했다. 나는 기도하면서 다른 몇 명의 지인에게도 기도를 부탁했다. 드디어 우리가 만날 시간이 되자 하나님은 나에게 깊은 평온을 주셨고, 심지어 나를 비난한 사람이 겪고 있는 개인적인 문제에 대한 통찰을 주셨다. 하나님은 기도에 응답해주셨고, 우리는 서로 얼굴을 붉히며 설전을 벌이지 않고 평화롭게 합의에 이를 수 있었다. 반응하기 전에 기도하는 시간을 반드시 가지라. 물론 초자연적인 지혜와 절제를 현장에서 구하는 기도가 필요한 경우도 있다.

듣기는 속히 하고 말하기는 더디 하라

성숙하고 신앙적으로 반응하는 데 필요한 또 다른 중요한 부분은 야고보서 1장 19-20절에서 볼 수 있다. "내 사랑하는 형제들아 너희가 알지니 사람마다 듣기는 속히 하고 말하기는 더디 하며 성내기도 더디 하라 사람이 성내는 것이 하나님의 의를 이루지 못함이라." 누군가에게 인신공격을 받는다고 생각하면 가장 먼저 드는 생각이 가장 최선의 생각이 아닐 수 있다. 먼저 상대방이 공격한 내용의 진의를 파악하는 것이 중요하다.

상대방이 말하고자 하는 핵심이 무엇인지 분명히 이해되지 않는다면 진의를 파악하기 위해 추가 질문을 하라. 종종 그들은 완전히 다른 내용을 말하려고 했을지 모르며, 본의 아니게 당신을 불쾌하게 하고 모욕감을 느끼게 했을 수도 있다. 그들이 비판한 내용을 다시 확인하고 그들이 의도했던 원래의 뜻이 맞는지 되묻는 시간을 가진다면 그들에게 무죄 추정의 원칙을 적용하는 데서 나아가 기도하고 마음을 진정시킬 여유를 가질 수 있다. 그래야 나중에 후회할지도 모르는 반응을 하지 않게 된다. 말이 앞서지 않도록 충분히 생각하는 시간을 가져야 한다. 야고보의 교훈은 주의하고 귀담아들을 가치가 충분하다.

조언을 구하라

여건이 허락하면 신앙적으로 성숙한 친구나 사역 동료들의 조언을 구하라. 그런데도 매우 적대적인 공격들이 사전 경고 없이 갑자기 찾아오거나 어떻게 반응할지 생각해볼 틈도 없이 찾아올 때도 있다. 그러나 가능하다면 당신을 잘 아는 사람이나 더 중요하게는 주님 앞에서 겸손하고 지혜롭게 행하는 이들의 도움을 구할 기회를 가질 때까지 대답을 미루라. 누군가의 통찰은 어리석고 악영향을 줄 설전을 벌이지 않도록 큰 도움을 준다. "지략이 없으면 백성이 망하여도 지략이 많으면 평안을 누리느니라"(잠 11:14).

경건한 조언을 구할 때 예상치 못한 조언을 들을 수도 있으니 미리 준비해야 한다. 그들이 당신을 공격하고 비난한 사람과 같은 조언을 할 수도 있다. 어느 저녁, 힘들었던 모임을 마무리한 후 어떤 교인이 나의 리더십에 대해 한 가지 지적을 했고 나는 그 지적이 상당히 불쾌했다. 이해가 되지 않은 점은 그가 화를 내지도 않았고 공격 조로 말하지도 않았다는 점이다. 단순하게 사실을 지적해주는 것 같았다. 그래서 꽤 의미 있는 대화로 마무리되었다. 그에게 그의 판단에 동의하지 않는다고 말했지만, 나는 그가 지적했던 내용이 계속 거슬리고 신경이 쓰였다.

그다음 날 친구 두 명과 점심을 하면서 그가 비판했던 내용을 들려주었다. 내심 나의 입장을 옹호해주고 그를 반박해주기를 기대했다. 하지만 두 친구는 접시를 뚫어지게 바라보며 선뜻 대답하지 않았다. 결국 불편한 침묵을 깨고 "자네들도 그 사람의 말이 틀렸다고 생각하지?"라고 물었다. 들을 준비가 되어 있지 않으면 묻지 않는 게 낫다. 나를 사랑하는 이 친구들은 그 사람과 비슷한 인상을 나에게서 받았다고 말해주었다.

신앙심이 깊고 현명한 친구들의 조언을 구했을 때 나 스스로 몰랐던 약점을 발견하였다. 그렇게 해서 단순한 비난에 불과하다고 생각했지만, 실제로는 교정이 필요한 내 인생의 한 부분을 깨닫게 되었고, 그의 지적이 내게 꼭 필요한 조언이었음을 알게 되었다.

공개적으로 비판을 받았던 때도 있었다. 지역 신문에 우리 교회에 관해 왜곡한 내용이 포함된 기사가 실렸다. 사실을 왜곡했다는 사실에 분개한 나는 항의하는 편지를 써서 바로잡기로 했다. 편지를 발송하기 전에 두 친구에게 더 설득력 있는 반박이 되도록 수정 사항이 없는지 확인해달라고 부탁했다. 두 사람은 서로 전혀 상의하지 않았는데도 편지 내용이 명확하고 진정성이 보인다고 인정해주었다. 그러더니 그 편지를 보내지 말라고 조언했다. 그들의 조언대로 나는 신문사 편집자의 시각에 맞게 편향되었을 것이 분명한 주제에 대해 더는 공개적으로 문제 제기를 하지 않았다. 그들의 지혜로운 조언 덕분에 나는 나의 충동적 본능에 굴복하지 않았고 중대한 판단 착오를 피할 수 있었다.

비난하는 사람들과 만나라

가능하다면 당신을 비난하는 사람들과 직접 대면하는 것을 원칙으로 삼으라. 그렇게 하면 그들이 우려하는 바를 직접 들을 수 있고, 자신들의 생각과 본심을 직접 이야기할 기회를 줄 수 있다. 너무나 많은 사람이 이런 성격의 만남을 회피하려고 하지만, 이렇게 만남만으로 공격적인 태도가 누그러질 수 있다. 그뿐만 아니라 이런 만남을 통해 그들에게 궁금한 부분을 해소하고 개인으로서 그들에 대한 순수한 관심을 보여줄 수 있다. 어떤 이들에게는 이런 만남만으로도 문제가 다 해결될 수 있다. 그들은 당신이 개인적으로 그들에게 관심이 있고 기꺼이 들을 자세가 되어 있는지 알고 싶을 뿐이다.

그러나 많은 경우 서로의 대화가 격앙되지 않고 정중함을 유지할 수 있도록 제삼자를 대동하는 것이 현명하다. 나중에 대화 내용이 다른 사람들에게 전달될 경우, 제삼자의 존재로 당신이 언급한 내용이나 그 내용을 처리하는 태도에 대한 근거 없는 비난에서 자신을 지킬 수 있다. 나의 경우 이렇게 제삼자를 대동하지 않았다가 내가 발설한 적도 없고, 심지어 암시조차 하지 않은 온갖 말을 했다고 부당하게 모함받은 적이 있다. 그러나 나의 말과 나를 비난한 사람의 말이 달랐기 때문에 내가 하지도 않은 말로 억울하게 비난받고 있음을 증명할 수가 없었다.

하지만 개인적인 경험으로 볼 때 제삼자를 대동한다고 혹시 있을 억울함을 다 막을 수는 없다. 사역자들의 갈등을 해결하려 하다가 격앙해서 모욕적인 발언을 했다고 나에게 분개하며 나의 정직성을 공격한 사람들이 있었다. 기억하기로 이런 일이 최소한 두 번 이상 있었던 것 같다. 그 두 번의 만남 모두 제삼자가 있었고, 그들이 대화 내용을 확인해주었지만 억울하다고 우기는 쪽에서 우리가 모두 틀렸고 그들의 기억이 옳다고 끝까지 주장했다. 그런데도 당신을 공격하는 말을 들으면 가급적 빨리 개인적으로 만나 대화하는 것이 가장 최선의 대응인 점은 변함이 없다.

누구도 적이라고 생각하지 말라

목회자는 단순히 마음에 맞는 사람들뿐 아니라 전체 양 떼를 목양해야 한다. 예수 그리스도를 위한 사역을 감당하기 위해서는 누구도 적대시해서는 안 된다. 다른 사람들이 당신을 적대시한다면 어쩔 도리가 없지만, 덩달아 그들을 미워하고 갚아주겠다고 별러서는 안 된다. 사람들이 속으로 원망하는 마음과 쓴 뿌리를 품고 다른 방법으로 전쟁을 선포한다면, 그리스도 안에서 당신은 그런 싸움에 휘말리지 않고 그들과 평화의 길을 모색할 책임이 있다. 히브리서 저자는 "모든 사람과 더불어 화평함과 거룩함을 따르라 이것이 없이는 아무도 주를 보지 못하리라"(12:14)고 명령했다.

그 과정에서 혹시 억울한 일을 당한다고 해도 화해의 손길을 내밀고 끝까지 존중하는 태도로 그들을 대하라. 그들이 당신을 함께 공격할 우군을 찾는다면 그들의 영향력이 최소화될 수 있도록 기도하라. 그리고 그들을 한결같이 온유함으로 대하라. 성숙한 인격과 행실로 당신의 진정 어린 겸손함을 증명할 수 있다. 그들의 공격을 방어하는 최선의 방법은 그리스도처럼 은혜로 대하는 것이다.

강대상에서 사적인 감정을 드러내지 말라

우리는 매주 강대상을 지키고 단단한 영의 양식을 준비해서 우리가 돌보는 양 떼를 먹일 책임이 있다. 그러나 또한 부당한 공격을 받는다고 생각할 때 그 신성한 강대상을 대하는 우리 태도가 분별력을 잃지 않도록 주의해야 한다. 상황을 어렵게 만드는 개인이나 모임을 책망하고 싶다면 당신을 비판하는 사람들에게 대응하는 차원에서 강대상을 이용하는 것이 좋은 방법처럼 보일 수도 있다. 그러나 사람들은 모두 부당한 희생자를 동정한다. 강대상에서 당신을 비난한 사람을 괴롭힌다면 금방 부당한 희생자가 나올 것이다. 당신이 당신 자신의 개인적인 원한으로 강대상을 이용하고 있다는 인상을 교인들이 받는다면 불평하고 비난하는 소수는 순식간에 다수로 불어날 수 있다. 그 추세가 걷잡을 수 없을 정도가 되어 선택의 여지가 없는 상황이 아니라면 강대상에서 누군가를 개인적으로 비난하고 싶은 충동에 굴복해서는 안 된다. 그럴 경우라도 신중해야 하고, 많은 기도와 신앙적 조언을 들은 뒤 감행해야 한다.

사람들이 편 가르기를 하지 않게 하라

분열과 갈등으로 그리스도의 몸의 하나 됨과 평화가 위협받을 때 목회자로서 당신의 역할은 당신을 지지하도록 호소하는 것이 아니라 모두가 화해하도록 중재자로서 실천에 나서는 것이다. 분쟁을 유도하고 화풀이할 대상으로 당신을 공격하기로 작정한 사람들은 교회를 분열시키고 그들에게 동조하는 사람들을 최대한 모으려고 혈안일 것이다. 주님의 교회에 분쟁의 씨앗을 뿌린 사람들은 주님께 반드시 책임질 날이 올 것이다. 하나님은 자신들의 개인적 야욕을 위해 성령의 하나 되게 하심을 무너뜨리려고 하는 자들을 절대 동정하시지 않는다. "여호와께서 미워하시는 것 곧 그의 마음에 싫어하시는 것이 예닐곱 가지이니 곧 교만한 눈과 거짓된 혀와 무죄한 자의 피를 흘리는 손과 악한 계교를 꾀하는 마음과 빨리 악으로 달려가는 발과 거짓을 말하는 망령된 증인과 및 형제 사이를 이간하는 자이니라"(잠 6:16-19).

사람들이 당신을 비난하고 공격하는 것은 어떻게 막을 도리가 없지만, 그들의 행위에 '맞불을 놓는' 사고방식으로 대응함으로 분열을 조장하는 일은 방지할 수 있다. 그러나 하나님은 어떤 환경에서도 그런 일은 절대 용납하시지 않는다. 양 떼를 돌보는 목자로서 그분의 백성을 더욱 분열하게 하는 어떤 계략에도 동조해서는 안 된다. 그러므로 사람들이 서로 편을 갈라 분열하도록 부추기지 말라. 사람들이 당신의 편인지 확인하려고 충성심을 시험하지 말라. 당신을 비난하는 사람들이 그런 행동을 하면 유사하게 반응하지 않도록 당신이 가진 권한으로 할 수 있는 모든 것을 다하라.

비밀을 지키라

일부 목사는 매우 신중하고 사려 깊어서 누군가와 갈등이 생기더라도 밖으로 그 일을 발설하지 않는다. 하지만 많은 사람이 너무나 많은 사람에게 너무 많은 내용을 너무 빈번하게 말하고 다니는 경향이 있다. 앞에서 성숙하고 신앙심이 깊은 이들의 조언을 구하라고 조언하였듯이 이런 조언은 비밀을 지킬 수 있는 믿을 만한 소수의 사람으로 한정되어야 한다. 공격받은 사실을 더 많은 사람에게 알릴수록 문제가 해결되었을 때 수습해야 할 일도 늘어난다.

공격받은 사실이 많은 사람에게 알려진다면 해결이 힘든 최소한 세 가지 문제를 안게 될 것이다. 첫째, 당신이 뿌린 분열의 씨앗이 당신의 상황에 동조한 사람들 속에 의도했던 것보다 더 깊이 뿌리내릴 수 있다. 당신의 처지를 공감하거나 당신을 공격하는 사람 때문에 유사한 문제에 봉착한 사람들과 그런 문제를 나누는 것은 자연스럽다. 그러나 그런 사람들에게 이런 고민을 털어놓다가 불에 기름을 끼얹는 격이 될 수 있다. 그런 사람들에게는 객관적이거나 지혜로운 조언을 받기 어렵다.

둘째, 문제의 그 사람과 이미 갈등을 빚었던 이들에게 고민을 털어놓는다면 그들의 분노를 더 부채질하는 꼴이 될 것이다. 나아가 그 사람에 대한 부정적 태도를 고수할 이유를 더 제공하는 꼴이 될 것이다. 그 사람에 대한 그런 선입견 때문에 그들은 당신에게 객관적이거나 현명한 조언을 해주기가 어려울 것이다.

셋째, 내가 털어놓은 고민의 내용이 누구에게까지 전달되었는지 확인하기가 어려워진다. 어떤 사람은 이것을 호수에 돌맹이를 던진 것에 비유했다. 이렇게 돌맹이를 던지면 사방으로 파문이 번져 나간다. 고민을 들은 사람들로 인해 비밀이 누설

될 위험성이 훨씬 높아지게 된다. 결국 누가 그 사실을 알고 있는지 파악하기가 불가능해질 수도 있다. 그래서 문제가 해결되었을 경우 그 사실을 모두에게 알리는 것도 불가능할 수 있다. 갈등의 현장으로 끌어들이는 사람의 수를 줄여야 당신 자신과 당신을 공격한 사람의 평판을 보호할 수 있다.

조언을 듣기 위해 고민을 털어놓고 공유할 사람을 물색할 때 다른 사람의 고민을 발설하지 않고 비밀로 잘 지키는 사람인지 확인할 뿐 아니라 지혜롭고 신중한 사람인지도 확인해야 한다. 신뢰할 수 있는 사람 중에 성경적인 균형감과 성숙한 시각을 갖도록 도와줄 사람이 있을 것이다. 어떤 문제들은 장로들이나 집사들과 같은 더 많은 사람의 개입이 필요할 때도 있다. 하지만 대부분 특별히 신뢰할 수 있는 두세 사람을 선택하는 것이 더 도움이 된다.

갈등을 균형감 있는 시각으로 바라보라

때로 특별히 괴롭고 힘든 공격을 받을 때 그런 비난이 많은 사람에게 유포되었을 것이라고 과장해서 생각할 수도 있고, 아니면 비판의 타당성을 애써 외면할 수도 있다. 공격은 "당신에게서 이런 문제가 보이는데 내가 몇 사람과 이야기해보니 그분들도 비슷한 말을 하더군요"라는 식의 말로 종종 시작된다. 사람들의 이런 반응은 나를 비난한 사람에게 그의 비난이 근거가 있음을 시사하고, 나를 대하는 그들의 방식을 합리화하고 더욱 공격적으로 나올 빌미를 준다.

사역 초기에 이런 식으로 사람들이 접근했을 때 나는 그 사람과 같은 문제의식을 느낀 사람들이 많으리라고 믿고 내게 심각한 문제가 있음이 분명하다고 생각했다. 하지만 시간이 흐른 뒤 그 문제의 심각성을 따져보기 위해 몇 가지 후속 질문을 하는 법을 배웠다. 몇몇 경우 자칭 그 대변인의 생각에 동조하는 사람들의 이름을 밝히라고 요구했지만, '여러 다른 사람들'이 기껏해야 두 명 이상에 불과하다는 사실을 확인했다. 누군가가 "많은 다른 사람도 비슷하게 생각한다"고 말한다는 이유만으로 당신에게 반기를 든 사람이 아주 많을 것이라고 섣부르게 단정하지는 말라. 그들이 그런 말을 할 경우 실제로 그 사실이 맞는지 확인할 필요가 있다. 하지만 그 말이 과장일 가능성이 매우 높다.

또 다른 극단으로, 당신과 반대되는 시각을 무조건 배척하는 경향이 있을 수 있다. 반대 목소리에 너무 지나친 의미를 부여하는 것은 바람직하지 않다. 그렇다 하더라도 어떤 경우에도 만족하지 않는 불만투성이의 사람들은 항상 있기 마련이다. 이런 비관론자들은 당신이 무슨 일을 해도 긍정적으로 평가하지 않을 것이고, 자신들의 불만을 알리려고 여러 궁리를 할 것이다. 그러나 그들의 주장을 완전히 무시하지 말고 귀담아들을 부분은 없는지 신중히 살펴야 한다. 그들의 지적 중에 도움이 될 수 있는 진실이 포함되어 있을 수 있다.

부정적인 지적을 계속하면 "처음에 그렇게 말한 사람이 누군지 생각해봐"라고 폄하하고 그들의 계속되는 비판을 더는 들으려 하지 않을 수 있다. 처음 지적받았을 때 충분히 그 비판에 대해 고민하고 수용했다면 이런 태도는 설득력이 있다. 물론 지금까지 여러 차례 다룬 문제임에도 다시 공격한다면 선의에서 한 비판이 아닐 수도 있다. 내게는 교회의 특정한 일을 진행하는 방식에 반대하며 흥분해서 비판 조의 쪽지를 보내는 사람들이 있다. 보통 같은 주제에 대해 계속 반대하는 편이지만, 일단 반대 의견을 표명한 뒤 잇따라 지적하는 내용은 별로 새롭지 않은 경우가 태반이다. 그러므로 그들에게서 반대하는 의견을 들으면 이미 이전에 수없이 다루었기 때문에(그리고 한 번도 흡족하게 받아들인 적이 없기에) 무시하고 싶을 수 있다. 그러나 그렇게 해서 그들의 지적을 모두 무시하려 한다면 '처음에 그렇게 말한 사람이 누군지 생각해봐"라는 태도가 내게 없는지 주의해야 한다. 사실 나는 무슨 지적을 해도 무조건 외면하고 무시했더라면 놓쳤을 매우 유익한 조언을 바로 그들에게서 들었다. 그들이 지적하는 내용이나 태도가 거슬리고 나를 대하는 태도가 정중하지 않았다고 해도 나는 그들의 지적을 귀 기울여 듣는 법을 배워야 했다.

또 다른 경우는 믿고 의지하는 친구들과 사역의 동지들에게서 비판을 듣는 경우다. 사역자들은 주변에 오직 듣고 싶은 대로 말해주는 '예스맨'만 있을 경우는 드물다. 나는 우리 사역팀에게 나보다 그리스도를 더 사랑해야 하며, 내게 지적해야 할 문제가 보이면 그리스도를 위해서나 나를 위해서 기꺼이 지적해달라고 말하곤 한다.

그런 시간이 고통스럽기는 하지만 하나님은 그들을 사용하실 수 있다. 나의 약점이나 태도의 문제, 비전과 사역 방향에 관한 문제를 지적할 정도로 나를 사랑하는 이들과 한자리에 둘러앉는 시간이 목회자로서 결코 유쾌하거나 기분 좋은 시간은 아니었다. 하지만 가장 중요한 시간에 속하는 것은 사실이다.

언제라도 잘못을 받아들이고 수정하라

앞에서 나에 대한 누군가의 공격이 근거가 있을 때가 있다고 지적한 적이 있다. 그 근거의 일부에 당신이 저지른 잘못이 포함된다면 신속하게 잘못을 인정하고 누군가 특정 개인에게 잘못을 저지른 경우라면 용서를 구하라. 그 문제가 판단상의 실수나 사실을 오해한 실수라면 최선을 다해 문제를 해결하도록 노력하라.

어떤 문제들은 개인적으로 해결해야 하는 경우가 있다. 제단에 예물을 내려놓고 상처 입은 형제를 찾아가 용서를 구하며 손상된 관계를 회복하도록 해야 한다(마 5:23-24). 그러나 목회자로서 전체 회중 앞에서 실수를 인정해야 할 때도 있다. 여러 차례 이런 경험을 한 적이 있는 당사자로서 이것은 정말 힘들고 괴로운 일이다! 그러나 그것은 우리가 그리스도인으로서 그분과 동행하는 삶을 살 때 진정성을 훈련하는 데 가장 효과적인 일에 속한다. 사람들이 당신의 가르침과 설교 사역의 대부분을 다 망각하더라도 잘못을 저질렀을 때 겸허하게 그 사실을 기꺼이 인정한다면 신실한 사역자로 당신을 기억하게 될 것이다.

작년에 나는 설교하던 중에 이런 상황에 맞닥뜨린 적이 있다. 설교 도중에 방송실에서 비디오 장비로 설교의 개요를 스크린에 띄우는 일을 맡은 청년의 잘못을 비꼬듯이 지적한 것이다. 그가 슬라이드를 제때 교환하지 않아서 설교 내용과 스크린에 띄운 내용이 계속 어긋났다. 그에게 주의를 요구하며 여러 차례 눈치를 주었지만 반응이 없었고, 나는 약간 화가 난 투로 어디에 정신을 파고 있느냐고 나무랐다. 하지만 그 말을 한 즉시 나는 형제를 모욕하였고 더 큰 문제는 성령을 거스른 것이었다.

상황을 수습하기 위해 어떻게 해야 하는지 궁리하기 시작했다. 당연히 사과해야 하지만 예배가 끝나고 개인적으로 몰래 찾아가서 사과하는 것으로 문제를 수습할 수는 없을까? 주님은 그렇게 얼렁뚱땅 일을 처리하기를 원하지 않으실 것이다. 나는 공개적으로 모든 교인 앞에서 그 청년에게 무례를 범했다. 그러므로 잘못을 고백하는 일 역시 공개적으로 해야 했다. 그래서 성만찬을 하기 전에, 설교를 끝낸 직후(주님이 내가 한 일을 기뻐하시지 않는다는 생각이 들어서 크게 낙심한 채 설교를 끝냈다) 나는 만찬 테이블로 다가가기 전에 사과하고 나의 부주의한 말로 난데없이 모욕을 당한 이 젊은 청년에게 용서를 구했다.

그날 오전 그곳에 있던 사람들은 그날 무슨 설교를 들었는지는 거의 망각했겠지만, 하나님은 그 순간을 사용하셔서 나를 진심으로 겸손하게 해주셨다. 또한 목회자들이 실수하기 쉽다는 것과 잘못했을 때 그 사실을 인정해야 한다는 것을 분명히 알게 해주셨다.

주님과 함께하는 시간에 더욱 집중하라

"여우 굴에는 무신론자가 없다." 누군가가 지적한 말이다. 사람들에게서 집중 공격을 받을 때처럼 간절히 기도하고 주님을 구하게 되는 때는 없다. 개인의 인생이나 사역이 형통할 때 기도와 신앙생활은 영적 자양과 회복을 돕는 기분 좋은 원천이 된다. 그러나 열기가 고조되고 혹독한 시련이 사방에서 우리를 짓누를 때 생존을 위한 회복의 시간이 더욱 절박하고 절실해진다.

비난이 최고조에 달할 때 특별히 주님과 함께하는 시간을 집중해서 갖지 않으면 영적으로 위축되어 복음의 증언을 훼손하는 방향으로 반응하기 쉽다. 최고의 증언은 성령의 능력을 힘입어 열매 맺는 삶이다. 우리가 그리스도 안에 거하기 때문에 이런 삶을 살 때 성령의 열매로 가득할 수 있다. 목회자가 삶의 가장 본질적인 요소, 즉 그리스도와 홀로 보내는 시간을 무시하다가 얼마나 많은 사역이 조기에 중단되었는지 아는가?

시편 73편을 보면 다윗은 그를 발의 먼지처럼 무시하는 악인들이 왜 그렇게 형통하게 사는지 이해하기 힘들어한다. 자신이 처한 상황이 불공평하다고 친구들에게 하소연하며 얼마나 오랫동안 하릴없이 원망하였을지 우리는 정확히 알 수 없다. 하지만 그가 비열한 자들에게 짓밟히며 그들의 공격을 받는 동안 불의한 자들이 승승장구하는 모습에서 큰 혼란을 느꼈음은 분명하다. 그러나 그는 주님 앞에 마음의 원망을 토해내며 마음의 근심을 마땅히 아뢰어야 할 분에게 아뢰면서 자신에게 진정으로 필요한 것이 무엇인지 알 수 있었다. 다윗은 현재 겪는 고통에 대해 하나님을 외면하고 원망하기보다 오히려 그를 바라보며 성소로 나아가 예배하고 마음의 좌절을 하나님 앞에 내려놓았다. 그는 주님의 존전에서 주님이 계시해주신 중요한 진리를 발견하고 놀라운 사실을 깨달았다.

내가 어쩌면 이를 알까 하여 생각한즉 그것이 내게 심한 고통이 되었더니 하나님의 성소에 들어갈 때에야 그들의 종말을 내가 깨달았나이다…내 육체와 마음은 쇠약하나 하나님은 내 마음의 반석이시요 영원한 분깃이시라 무릇 주를 멀리하는 자는 망하리니 음녀같이 주를 떠난 자를 주께서 다 멸하셨나이다 하나님께 가까이함이 내게 복이라 내가 주 여호와를 나의 피난처로 삼아 주의 모든 행적을 전파하리이다(시 73:16-17, 26-28).

당신을 공격하기로 작정한 누군가에게 집중 공격을 당하고 있을 때 "하나님께 가까이함이 내게 복이라"고 외친 다윗의 의도가 무엇이었는지 기억하라. 공격을 당할 때는 특별히 더욱 하나님을 가까이해야 한다.

위의 것에 마음을 두라

어렸을 때 우리 가족과 친하게 지냈던 한 지인이 상황을 객관적으로 보고 싶을 때면 어김없이 옛 속담을 인용하시곤 했다. "애야, 지금부터 100년이 지나면 누가 그 차이를 알 수 있겠니?" 이 평범한 지혜 속에는 성경의 중요한 진리가 깃들어 있다. 바울은 "그러므로 너희가 그리스도와 함께 다시 살리심을 받았으면 위의 것을 찾으라 거기는 그리스도께서 하나님 우편에 앉아 계시느니라 위의 것을 생각하고 땅의 것을 생각하지 말라"(골 3:1-2)고 말했다. 시편에서는 심지어 주님이 고난을 통해 더 높은 곳을 바라보게 해주신다고 고백하며 오히려 기꺼이 고난을 받아들이는 다윗의 모습을 볼 수 있다. "고난당하기 전에는 내가 그릇 행하였더니 이제는 주의 말씀을 지키나이다…교만한 자들이 거짓을 지어 나를 치려 하였사오나 나는 전심으로 주의 법도들을 지키리이다…고난 당한 것이 내게 유익이라 이로 말미암아 내가 주의 율례들을 배우게 되었나이다"(시 119:67, 69, 71).

영원에 비추어볼 때 사람들이 당신의 현재 상태나 사역을 마음에 들어 하지 않는 것이 무슨 대수이겠는가? 인신공격을 받으면 고통스럽다. 하지만 그 일을 '위의 것'이라는 틀이나 영원의 관점 혹은 먼 하늘의 새로운 관점으로 바라보는 법을 배우면 아무리 고통스러워도 하나님이 여전히 보좌에 앉아 계시며 우리를 버리지 않으셨음을 확신할 수 있다. 인신공격을 당할 때 우리는 그리스도와 우리에게 주신 소명에 다시 초점을 맞추고, 뒤에 있는 것은 잊어버리고 주님이 가장 중요하게 여기시는 일을 향해 달려가야 한다.

정신적 충격

인신공격을 받을 때 정석대로 반응하고 대응한다 해도 그

여파로 심리적으로 큰 고통을 받을 수 있다. 이런 가능성을 염두에 두고 영적 균형을 회복하기 위한 시간을 가져야 한다. 마음의 저수지를 다시 채우는 시간을 갖지 않으면 에너지가 고갈되고 다음에 스트레스와 압박감의 파도가 밀려올 때 제대로 대응하지 못할 수 있다. 인격적인 비난과 공격을 받고 나면 분노, 좌절감, 두려움, 버림받은 느낌, 외로움, 낙담과 같은 여러 감정으로 뒤범벅이 될 것이다.

우리 중에 특별히 시간을 내서 마음의 상처를 치료할 여유가 있는 사람은 별로 없다. 감당해야 할 사역들로 다른 선택의 여지가 거의 없기에, 그대로 일상을 이어갈 수밖에 없다. 그러나 치유와 회복을 위한 조치를 취하지 않는다면 다음에는 더 심각하게 반응할 위험성이 크며, 더욱 쉽게 좌절하고 분노할 것이다.

그러므로 인신공격을 당하고 비난을 받는 힘든 계절을 보내고 나면 그리스도 안에 거하는 습관이 자리 잡도록 훈련해야 한다. 기도에 더 많은 시간을 투자하여 하나님 말씀의 경륜에 귀 기울여야 한다. 모든 염려를 주께 맡겨야 한다. 그분이 우리를 돌봐주시기 때문이다(벧전 5:7). 히브리서는 우리의 필요를 인정하고 주께 나아와 도움을 구하라고 권면한다. "그러므로 우리는 긍휼하심을 받고 때를 따라 돕는 은혜를 얻기 위하여 은혜의 보좌 앞에 담대히 나아갈 것이니라"(히 4:16). 자신이 감정에 휩쓸리거나 쉽게 흥분하는 사람이 아니라고 생각하더라도 공격받은 상처는 남아 있다. 그러므로 주님이 당신을 치유해주시도록 그 손에 맡겨드리라.

나는 여러 해가 흐른 뒤 까맣게 잊었다고 생각한 사건들이 불쑥불쑥 떠오르는 경험을 했다. 스스로 경계하지 않으니 그때의 감정이 고스란히 되살아나서 분노와 좌절의 감정에 휩싸이고, 나를 힘들게 했던 사람을 미워하는 감정이 생기는 것을 경험했다. 그들을 용서하고 일상을 회복했기에 다 끝난 일이라고 생각했다. 하지만 상처 입은 마음이 치유의 과정을 거쳐 회복되지 않으면 회복되지 않은 상처가 되살아날 수 있다는 것을 알았다.

상처를 온전히 회복하려면 마음의 고통을 그리스도께 가져가 그 앞에 내려놓아야 한다. 주님은 그 고통으로 아파할 때 함께하시고, 치유해주시며, 우리가 견딘 고통스러운 기억의 상처를 하나하나 제거해주실 것이다.* 이런 인신공격이 미치는 정신적 충격을 가볍게 생각해서는 안 된다. 회복하여 더 강해질 수 있도록 하나님이 우리에게 주신 치유의 과정을 소홀히 여기지 말아야 한다.

결론

사역에 몸담기 전에 사역의 이런 어려움에 대해 말해준 사

---

* 데이비드 A. 시맨즈(David A. Seamands)는 자신의 두 저서에서 이 주제에 대해 흥미로운 통찰을 제공한다. *Healing for Damaged Emotions*(Colorado Springs: Cook Communications Ministries, 1981), 『상한 감정의 치유』(두란노 역간)와 *Redeeming the Past: Recovering from the Memories That Cause Our Pain*(Colorado Springs: Cook Communications, 1981, 2002), 『기억의 치유』(죠이북스 역간)를 참고하라. 데이비드 시맨즈는 우리가 정서적으로 손상된 영역을 그리스도께 내어드리고 장기적인 영향에서 벗어나도록 치유의 손길을 경험하는 방법에 대해 논의한다.

람은 아무도 없었을 것이다. 설령 말해준 사람이 있었다고 해도 달라질 것도 별로 없었을 것이다. 하나님이 당신을 부르셨고 당신은 그 부르심에 응답하였기 때문이다. 나아가 이런 식의 공격을 받는 것이 어떤 느낌인지 준비할 수 있게 해준 사람도 없었을 것이다. 이 장을 마무리하면서 주님이 기뻐하시고 그분 안에서 마음의 평화를 잃지 않도록 인신공격을 이해하고 다루도록 도와줄 네 가지 유의사항을 소개하고자 한다.

첫째, 사역을 하는 한 이런 공격과 도발은 계속될 것이다. 종종 주님이 우리 인생에 놀라운 일을 해주시고 나서 이런 일들이 연달아 생길 수 있다. 하나님은 무슨 일이 일어날지 알고 계시며, 그 어려움을 넉넉히 이기도록 해주겠다고 약속해주셨다. 우리 원수는 그런 일들을 이용해 우리가 넘어져 다시는 일어나지 못하기를 바란다. 하지만 우리가 주님을 바라볼 때 주님은 손을 내밀어 우리를 일으켜주시고 단단한 땅에 흔들리지 않고 서 있게 해주신다.

둘째, 받아들이기 어렵겠지만 그런 공격을 받을 때 우리를 위협하는 많은 문제와 관계들이 절대 흡족할 수준으로 해결되지는 않음을 알아야 한다. 관련된 사람들 중에 평화로운 해결을 도모하는 데 아무 역할을 하지 않는 이들도 있을 것이다. 이상적이라면 그들은 그리스도의 부르심을 기억하고 자신들이 큰 잘못을 저질렀음을 깨달아야 한다. 그러나 오랫동안 사역에 몸담은 사람이라면 절대 변하지 않는 사람들이 있다는 것을 안다. 대체로 그들은 당신을 혼자 두지 않는다. 오히려 은혜 안에서 자라도록 당신을 '도와주며' 교회가 당신의 잘못으로 힘들어하지 않도록 지키겠다고 우긴다. 적어도 그들은 그런 식으로 생각한다. 목회자는 주인을 무는 양이라도 포기하지 않고 모든 양을 한 마리까지 돌볼 책임이 있다.

셋째, 당신에게 맡겨진 양 떼를 헌신적으로 돌본다고 해도 가장 중요한 소명은 그리스도를 섬기고 그분이 주시는 은혜를 누리는 것이다. 교인들의 환심을 사려고 섬기는 것이 아니다. 끊임없이 누군가를 힘들게 하려는 사람은 아무도 없다. 핵심은 우리가 사람들의 갈채와 인정을 받으려고 사역하는 것이 아니라는 것이다. 우리는 무엇보다 그리스도께 헌신해야 한다. 우리는 지금 그리스도를 위해 일하고 있으며, 결국 그분과 결산할 날이 올 것이다.

그러므로 그분이 원하시는 대로 순종하고 있으며, 그 결과 주변 사람들의 분노를 사고 있다고 생각한다면 감수할 수밖에 없다. 영원한 진리와 변치 않는 하나님 말씀의 원리에 사역의 닻을 내리려 한다면 사람들의 비판을 감수해야 하며, 대중의 인기를 누리려는 기대 역시 접어야 한다. 우리는 주 예수 그리스도를 섬긴다. 그분이 세상에서 미움을 받으셨다면 우리 역시 반대와 저항에 부딪힌다고 해서 놀랄 일이 어디 있겠는가?

넷째, 그리스도를 따를 때 그분 역시 상처받고 고통당하셨으므로 우리도 그럴 수 있음을 기억해야 한다. 사도 베드로는 이렇게 말한다.

사랑하는 자들아 너희를 연단하려고 오는 불 시험을 이상한 일 당하는 것같이 이상히 여기지 말고 오히려 너희가 그리스도의 고난에 참여하는 것으로 즐거워하라 이는 그의 영광을 나타내실 때에 너희로 즐거워하고 기뻐하게 하려 함이라 너희가 그리스도의 이름으로 치욕을 당하면 복 있는 자로다 영광의 영 곧 하나님의 영이 너희 위에 계심이라 너희 중에 누구든지 살인이나 도둑질이나 악행이나 남의 일을 간섭하는 자로 고난을 받지 말려니와 만일 그리스도인으로 고난을 받으면 부끄러워하지 말고 도리어 그 이름으로 하나님께 영광을 돌리라(벧전 4:12-16).

6부

목회자와 교회가
변화를 맞이할 자세 갖추기

14장.
변화의 적절한 시기 파악하기

"무언가 바뀌어야 한다." 이런 말을 얼마나 많이 들어보았는가? 혹은 우리 자신도 이런 말을 얼마나 입에 담고 살았는가? 당신이나 당신이 아는 목회자들은 하나님의 소명을 받고 목회자가 된 이후로 이런 말을 수없이 했을 것이다. 경험으로 볼 때 개인 생활이든 사역이든 균형이 무너지면 말로 표현할 수 없는 좌절을 경험한다. 개인 생활과 사역이 어느 한쪽으로 과도하게 치우쳐서 균형을 잃을 때 나의 머릿속 깊은 어딘가에 숨어 있는 경고등이 켜지기 시작한다. 삶의 균형이 무너지면 문제를 방치하지 말고 잘못된 부분을 고쳐야 한다. 다시 말해 무엇이든 변화가 있어야 한다는 말이다. 다행히 우리에게는 늘 변화의 가능성이 열려 있다.

그러므로 우리에게 변화가 일어나야 한다면 그리스도 안에서 성장하고 성숙하기 위한 과도기를 정상적이고 불가피한 것으로 인식해야 한다. 모든 성장은 변화의 과정이므로 성장하려면 우리는 반드시 변화되어야 한다. 문제는 변화가 이루어지는 과도적 단계에서 우리의 균형 감각이 위협당하고 삶의 균형을 유지하고자 하는 우리의 섬세한 시도가 위협당할 때 생긴다. 주변 환경에 적응하고 현재의 우리 모습과 상황에 편안함을 느낀 바로 그때 어김없이 중요한 변화와 맞닥뜨리게 되고, 전체 과정을 다시 겪어야 하는 상황이 벌어진다.

어떤 사역자가 성장을 원치 않는다고 말할 수 있겠는가? 어떤 교회가 변화가 전혀 필요하지 않다고 주장할 수 있겠는가? 주목할 만한 예외는 있지만, 거의 모든 목회자와 교회가 성장을 목표로 한다고 말할 것이다. 하지만 동시에 두 집단에 속한 많은 사람은 개인 생활이나 사역에 사소한 변화마저 거부하느라 지나친 시간을 허비하는 것 같다. 성장에는 반드시 변화가 따르지만, 모든 변화는 어느 부분이든 상실을 각오해야 하는 것이기 때문에 사람들은 변화를 좋아하지 않는 경향이 있다.*

변화를 대하는 차이

사람마다 변화를 체감하는 정도가 다르다. 교회마다 사역의 본질에 대해 기본적이지만 서로 모순되는 두 관점을 옹호하는 사람들이 있다. 한 집단은 "변화를 위한 변화는 안 된다고

---

* 변화하기 위해서는 부정적인 것을 버려야만 한다. 그래서 변화는 무엇인가를 상실하는 것처럼 보인다. 혹자는 이렇게 말했다. "저 너머 모퉁이에서 우리가 모르는 누군가와 싸우기보다는 우리가 아는 바로 앞의 적과 싸우는 것이 낫다." 새로운 것이 아무리 좋아도 익숙한 것을 버리고 익숙하지 않은 것이 그 자리에 들어설 때 우리는 상실감을 경험한다.

말하는 사람들이 있습니다…저는 이런 태도를 반대합니다"라고 대놓고 주장한다. 또 다른 집단 역시 이에 못지않게 단호하다. "왜 굳이 바뀌어야 합니까? 역사성 깊은 이런 종교가 좋습니다. 이 상태로 충분히 만족합니다!" 목회자로서 당신 자신을 비롯해 교인마다 변화를 받아들이는 정도가 다르다는 사실을 이해해야 한다. 이 사실을 이해했다면 절대 변해서는 안 되는 부분(영원한 진리와 하나님 말씀의 원리)과 신앙적으로 성숙하기 위해 꼭 변화되어야 하는 부분을 구분할 수 있어야 한다.

우리는 대부분 세 범주 중 하나에 포함된다. 변화를 거부하는 사람들, 변화에 열광하는 사람들, 변화에 열려 있는 사람들. 이런 구분에는 당연히 중첩되는 부분이 있다. 예를 들어, 나는 어떤 변화에 대해서는 설레며 기대감을 품지만, 어떤 변화는 큰 거부감을 갖는다. 그러므로 변화에 대한 사람들의 태도를 진단할 때 우리 자신에게 모순되는 태도가 있음을 인정해야 한다.

변화를 거부하는 사람

이 범주의 사람들이 변화를 거부하는 방식은 두 가지다. 이들은 모든 부분에서 변화를 거부하고 변화의 기미라도 보이면 "절대 안 돼"라고 반응한다. 물론 이런 사람들이 교회에 있으면 재미있다. 교회에서 업무 회의를 하면 보통 이런 사람들이 돌출 발언을 한다. 내가 잘 아는 한 교회는 만장일치로 통과한 안건이 하나도 없다는 점에서 거의 완벽한 기록을 보유하고 있다. 이렇게 변화를 완강히 거부하는 소수의 무리는 안건에 상관없이 제기된 모든 제안에 반대표를 던진다. 그들이 받아들이는 유일한 변화는 모든 투표는 만장일치여야 함을 요구하는 세칙 변경일 것이다. 모든 제안에 '반대' 투표를 해서 어떤 변화도 도모하지 못하게 하려는 것이다.

다음으로 가능한 한 회피하는 방식으로 변화를 거부하는 사람들이다. 이들은 결국 입장을 바꿀 수도 있지만, 변화를 마지막까지 완강히 거부한다. 조금이라도 문제가 생기면 "그것 봐, 내가 말했잖아"라고 가장 먼저 말할 것이다. 이들 중에는 결국 함께 가야 한다는 철학을 가지고 있지만, 최대한 버티다가 승복할 이들도 있다. 결국 승복한다고 하더라도 가능한 목회자인 당신을 힘들게 한 뒤에야 변화를 받아들일 것이다.

우리는 기존의 상황과 달라질 경우 동반되는 불확실성과 불안정에 두려움을 느끼는 이들이 변화에 대해 거부감을 갖는 것을 이해하려고 노력해야 한다. 그렇게 하지 않으면 변화에 대한 거부를 우리 자신을 거부하는 것으로 받아들이기 쉽다. 스스로 이렇게 질문해보라.

- 그들에게 어떤 이해관계가 있는가?
- 그들이 입을 가장 큰 손해는 무엇인가?
- 변화를 거부하는 이유가 변화의 내용과 관련이 있는가? 아니면 변화를 진행하는 방식과 관련이 있는가?

그들의 생각을 조금이라도 더 자세히 들여다본다면 그들이 어떤 변화를 반대하는지 이해할 수 있을 것이다. 그렇다고 그들의 반응이 달라지지 않을 수 있지만, 변화가 진행될 때 그들과 소통하고 배려하는 데 도움이 될 것이다.

변화에 열광하는 사람

어떤 사람들은 변화를 적극적으로 원하며 끊임없이 변화를 추진하려 할 것이다. 올바른 동기로 변화를 원한다면 모두에게 유익할 수 있다. 주님이 원하시는 뜻을 명확히 이해하고 그 비전을 구체적으로 실행하기 위해 적극적인 추진력을 발휘한다면 정말 좋은 일이 아닐 수 없다. 하나님의 뜻대로 순종하고자 하는 간절함은 그분의 백성이 거침없이 진보하고 성장해서 그리스도께 영광을 돌려드리게 하고 싶다는 열정을 낳는다. 그런 사람들에게 변화에 대한 열망은 그리스도의 몸 된 교회가 성숙하고 성장할 수 있는 놀라운 촉매제로 작용할 수 있다.

그러나 올바른 동기로 변화를 열망하는 사람들과 비교할 때 잘못된 이유로 변화를 갈망하는 사람들이 훨씬 더 많다. 성미가 급하고 충동적인 사람들이 변화를 좋아한다. 비용을 따져보지도 않고 성급하게 시작하지만, 끝까지 마무리하는 경우는 좀처럼 보기 힘들다. 새로운 생각, 참신한 접근 방식에 흥분해서 꼼꼼하게 따져보기도 전에 일단 시작부터 하고 본다. 변화가 일어난 뒤 달라질 세상을 생각하면 설레고 흥분이 된다.

그러나 변화를 열망하지만 늘 만족하지 못하는 사람이 있다. 그들의 눈에는 항상 다른 사람의 잔디가 더 푸르게 보인다. 변화를 끌어내도록 헌신하는 일에는 크게 흥미를 느끼지 않는다. 꼬투리를 잡고 불평하는 역할로 변화를 자극하는 것에 만족한다. 사람들이 동조하도록 자극하는 일은 좋아하지만 끊임없는 변화 외에 기여하는 바는 거의 없다.

마지막으로, 모험과 도전을 좋아하지만 그런 변화를 스릴 넘치는 축제 행사처럼 받아들이는 미성숙한 사람이 있다. 그렇게 해서 아슬아슬하게 위험을 즐길 수 있지만, 아무 목적도 없이 창조적이고, 거칠지만 전혀 생산적이지 않은 한바탕 놀이를 즐기고 다시 처음 상태로 되돌아간다. 그들은 거의 무슨 일이든 기꺼이 시도할 마음이 있지만, 그들의 새로운 계획이 그리스도의 나라를 확장하는 데 실제적인 가치가 있는지는 별로 관심이 없다.

열정적으로 당신을 지원할 사람을 원한다면 변화에 열광하는 사람들이 큰 우군이 될 수 있다. 그러나 당신이 의도하는 변화에 대해 현명한 시각으로 도움을 줄 수 있을지는 별로 기대할 것이 없을지도 모른다. 말하기가 주저되지만, 때로 나는 변화를 제안할 때 비정상적일 정도로 흥분하는 사람들은 일단 미심쩍은 눈으로 바라본다. 그런 경우 나는 변화를 좇는 설렘과 짜릿함보다는 지혜롭고 분별력 있게 행동하는 편을 선택한다. 이때 변화란 경솔하게 사람들을 자극하고 흥분하게 하는 데 불과할 수도 있다.

변화에 열려 있는 사람

첫 두 부류의 사람은 극단적인 경우에 해당한다. 마지막 부류의 사람은 기꺼이 변화를 받아들일 준비가 된 사람을 말한다. 결사적으로 변화를 거부하지도 않고 대가에 상관없이 기어코 변화를 추구하지도 않는다. 사역자들이 바라는 사람은 바로 이 부류다.

이 부류의 사람이 가장 우선으로 고려하는 것은 변화 자체가 아니다. 모든 적절한 변화의 시발점이 누구이며 모든 변화로 영광을 돌려드릴 대상이 누구인지를 우선으로 고려한다.

우리의 중요한 관심사는 하나님의 뜻이어야 한다. 일단 그 뜻을 확인하면 변화를 추구하느냐 아니냐는 결정은 하나님의 영원한 계획에서는 사소한 문제가 된다. 주님이 그분의 뜻으로 계시하신 구체적인 내용이 무엇이냐가 중요한 것이다.

모든 신자는 적절한 환경이 조성되고, 건전한 판단을 근거로 확신이 생기며 예상하는 유익이 분명하다는 생각이 들면 또한 하나님의 뜻과 일치한다는 믿음이 생기면, 언제라도 기꺼이 변화를 주도할 수 있어야 한다. 기꺼이 변화하고자 하는 태도는 우리의 마음이 주님을 향하고 있으며, 우리 뜻이 모든 것을 다 아시고 우리에게 최선의 것을 주시기로 작정하신 분의 지배를 받고 있다는 의미다. 변화 자체보다 그리스도를 따르는 데 더 관심이 있는 사람들을 대상으로 하는 사역은 참으로 즐거운 경험일 수 있다.

그러나 목회자로서 우리는 각종 다양한 사람들에게 변화가 어떤 의미인지 이해하고, 그들이 어떻게 느끼고 생각하며, 변화가 그들의 세계관에 적합한지 최대한 이해하려고 애써야 한다. 이런 태도는 새로운 제안을 제시하는 방법과 사역에 변화를 일으키고자 구체적으로 어떤 조치를 취할지에 중요한 영향을 미칠 것이다.

그러나 이런 세 부류의 사람 중 변화를 대하는 당신의 태도를 가장 잘 대변하는 이들이 누구인지 먼저 파악해야 한다. 당신 자신이 변화를 제안할 때와 다른 사람들로 인해 어쩔 수 없이 변화해야 할 때 다른 반응을 보이지는 않는가? 변화가 일어날 때 다른 사람들이 아니라 당신의 위치가 더 위협받는 영역은 없는가? 다양한 각도에서 변화에 대한 당신의 감정을 대면해보라. 하나님이 우리의 변화를 바라신다는 것은 의심의 여지가 없다. 하나님은 우리가 변화되기를 원하시며 그리스도의 형상이 우리 안에 온전히 이루어지기까지 계속 변화되어가기를 원하신다. 스스로 기꺼이 변화될 자세가 되어 있지 않다면 사람들이 성장하는 데 필요한 단계들을 통과하도록 이끌어도 크게 효과가 없을 것이다. 그러므로 불가피한 일을 대비하기 위해서 목회자로서 직면할 가능성이 가장 큰 변화의 영역들이 무엇인지 살펴보면 도움이 될 것이다.

가장 크게 요구되는 변화를 준비하기

사역을 통해 변화를 이끌어갈 주체로서 효과적인 역할을 수행하려면 사역의 지형을 잘 파악하고 변화를 요구받을 가능성이 가장 높은 시기와 장소에 대해 준비하고 있어야 한다. 나는 다년간의 경험과 관찰을 통해 변화가 필요한 영역은 크게 두 가지라는 결론을 내렸다. 개인적 변화(사역 소명의 변화를 포함)와 제도적 변화다.*

개인적 변화

우리의 인격과 됨됨이가 우리의 행동을 결정한다. 그러므로 변화에 대한 모든 대화는 우리의 인격에서 출발해야 한다.

---

* 제도적 변화란 전체 회중에게 영향을 미칠 방향이나 강조점의 중대한 변화를 초래하는 변화를 말한다. 이것은 다음 장에서 다룰 것이다.

우리는 우리 안에 변화가 필요한 부분이 어디인지 알아야 한다. 하지만 꼭 필요한 변화에 대해 생각할 때 이런 개인적인 변화를 떠올리는 경우는 매우 드물다. 자신의 한계를 자각하면 성장할 수 있는 역량이 놀라울 정도로 커지고, 사람들이 의미 있는 성장을 하도록 이끄는 데도 간접적으로 영향을 미칠 수 있다.

바울은 "마땅히 생각할 그 이상의 생각을 품지 말고 오직 하나님께서 각 사람에게 나누어 주신 믿음의 분량대로 지혜롭게 생각하라"(롬 12:3)고 쓰면서 우리가 어떤 존재인지 정확하게 판단할 수 있도록 기준을 제시해준다. 지혜롭게 생각하기 위해, 즉 건전하게 판단하기 위해서는 자신을 지나치게 높이거나 지나치게 낮추고 비하해서는 안 된다. 거짓된 겸손은 이기적인 교만과 마찬가지로 하나님이 용납하지 않으신다. 자신을 제대로 판단하고 있는가? 그렇다면 보완이 필요한 약점을 찾아내거나 심지어 더 보강해야 할 장점을 찾아내는 데 아무 어려움이 없을 것이다. 우선 생각해볼 세 가지 범주를 소개하고자 한다. 영적 성장, 정신적 자극, 대인 관계다.

영적 성장: 믿음을 고백한 지 얼마나 오래되었든, 혹은 사역에 몸담은 기간이 얼마나 되었든, 영적으로 성장하고 그리스도를 닮아가는 내면의 성숙이 이루어지기 위해서는 변화가 일어나야 한다. 신앙생활의 체계나 경건의 시간처럼 실제적인 부분에 변화가 필요할 수도 있고, 아니면 인격의 도야처럼 더 주관적이고 판단하기 어려운 부분의 변화가 필요할 수도 있다. 이 세상에서 살아가는 한 영적으로 성장할 수 있는 기회는 항상 있다. 하루하루가 주님이 보여주시고자 하는 것을 찾고 확인하

는 모험이 된다. 하나님은 그분 자신과 우리 자신과 성숙을 향한 여정에서 우리가 어떤 위치에 있는지 보여주기를 원하신다.

정신적 자극: 뇌는 자극을 주지 않으면 퇴보하기 시작한다. 명확하고 논리적으로 사고하는 능력을 기르려면 두뇌 훈련을 해야 한다. 엉성하고 일관되지 못한 생각은 게으름과 적정 수준의 정신적 자극이 부족한 데서 기인한다. 지금보다 더 현명하고 지혜롭고 예리하게 사고하고 싶다면 무엇인가 변화가 있어야 한다. 동일한 사고 패턴을 반복하고, 새로운 개념들을 탐색하는 노력을 하지 않으며, 새로운 아이디어들을 전혀 고민하지 않고 기존의 편견에 새롭게 도전하는 노력을 하지 않는다면 사고 능력을 개발할 수 없다. 개인적으로 온전하게 성장하기 위해서는 위대한 아이디어, 고귀한 개념, 도발적인 시각들과 치열하게 씨름하는 정신적 자극을 무시해서는 안 된다.

이 일이 쉽다고 생각하는가? 당연히 아니다. 교인들의 발등에 떨어진 불을 끄느라 긴 하루를 보낸 뒤나 다음 주 설교 준비를 위해 까다로운 설교 주제나 성경 본문을 이해하느라 고된 하루를 지내고 나면 단조로운 일상의 즐거움이 기다리는 집으로 향하는 일은 생각만 해도 기분이 좋아진다. 민감한 신학적 주장을 탄탄한 논리로 논증하는 책을 읽는 일은 하루 중 아무리 상태가 좋은 시간이라도 선뜻 마음이 내키지 않는다. 완전히 지쳐 있거나 에너지가 거의 소진된 상태에서 존 오웬John Owen, 1616-1683이나 조나단 에드워즈Jonathan Edwards, 1703-1758와 같은 옛 신학자들의 책을 주제별로 심도 있게 분석하고 이해하는 작업은 불가능에 가까울 수도 있다. 그러나 가치 있는 지적 도전으로 뇌를 자극하며 아가사 크리스티Agatha Christie의 소설에 등장하는 명탐정 에르큘 포와로처럼 "작은 회색 세포를 사용"*하여 패기를 시험해볼 필요성을 느끼지 않는가?

많은 선생님들과 교수님들이 증언해주겠지만 학창 시절의 나는 학구열과는 전혀 상관이 없는 학생이었다. 그러나 지금까지 내가 변화될 수 있었던 것은 더 폭넓게 독서하고 더 성실하게 두뇌를 훈련해야 할 필요성을 인정하고 실천했기 때문이었다. 출판업자들은 소중한 정보의 보고를 제공해주더라도 방대한 책에 주눅 들어 뒷걸음질할 사람이 나만이 아니라는 사실을 잘 알고 있을 것이다. 옛날 책들에 비해 지금 시중에 유통되는 책들의 디자인을 꼼꼼하게 살펴보라. 예를 들어, 몇 년 전에 히브리서에 대한 다양한 주석들을 공부하다가 책의 내용과 인쇄 방식이 너무나 다르다는 사실에 놀랐다. 오늘날 주석은 거의 전부가 굵은 표제로 본문을 자주 나누고 많은 여백을 할애하며 큰 활자를 사용하여 가능한 독자들의 관심과 가독성을 높이기 위해 다양한 출판 기법을 동원한다.

반대로 히브리서에 대한 존 오웬의 주석**은 지루하리만큼 꼼꼼한 논증과 본문의 결론에 대한 세세한 근거와 이유를 적은 일곱 권의 책으로 구성되어 있다. 지면 배치는 실제로 아무 표제도, 문단 표시도 없고, 한 단락이 매우 길며, 오늘날로 하면 모두 6포인트 활자로 인쇄되어 있다. 대부분의 현대 독자는 한번 보고 바로 서재에 꽂아둘 것이다. 그리고 그렇게 해서 기

---

* 영국 작가 아가사 크리스티(Agatha Christie, 1890-1976)는 가상의 인물인 탐정 에르큘 포와로를 주인공으로 40권이 넘는 추리 소설을 썼으며, 주인공은 대중의 큰 사랑을 받았다.

** John Owen(1616-1683), *An Exposition of the Epistle to the Hebrews*, 제7권(재판, Carlisle, PA: Banner of Truth, 1991).

독교 역사상 가장 위대한 지성으로 손꼽히는 한 사람과 교감하는 기회를 놓치고 말 것이다.

그러면 어떤 목사님이 제안했던 일은 감히 엄두도 내지 못할 것이다. 그는 비기독교 서적을 세 권 사면 기독교 서적 한 권을 구입해서 비기독교 세계의 사고 흐름에 뒤처지지 않도록 노력한다고 했다. 하지만 목회자로서 우리는 또한 사역에 쏟아야 할 소중한 시간을 세상의 자기중심적이고 이교적인 저자들의 글과 생각을 읽는 데만 일방적으로 투자할 수는 없다.

정리하자면 그리스도 안에서 성숙하도록 개인적 성장을 위해 늘 노력하고 깨어 있으려면 통합적으로 사고할 필요가 있다는 것이다. 이렇게 사고하는 유일한 길은 사고하는 훈련을 자주 그리고 집중적으로 하는 것이다. 성장하는 데 필요한 개인적 변화를 경험하기 위해서는 영적인 성장과 지적 자극이 필요하다.

대인 관계: 개인의 변화는 대인 관계에 영향을 미쳐야만 내실 있는 변화라고 할 수 있다. 사람들과 관계를 맺는 방식은 생각하는 이상으로 우리가 그동안 경험한 변화의 수준을 가늠하는 데 도움이 된다. 사람들을 향한 사랑은 우리가 예수 그리스도와 동행하고 있음을 확인해준다. 바울은 우리가 하나님의 신비와 하나님을 아는 지식에 정통하며 놀라운 믿음을 실행하는 가운데 자신을 희생하는 이타적인 삶을 살 수 있다고 쓰면서 이 점을 구체적으로 언급한다. 그러나 사랑이 없으면 이 모든 행위가 아무 유익이 없고, 사랑이 없이는 우리가 아무것도 아니라고 말한다(고전 13:1-3). 하나님은 우리 본성에 근본적인 변화가 일어나고 그리스도의 사랑이 우리를 통해 부어졌으므

로 서로 온전한 관계를 누리기를 원하신다.

놀라운 은사를 소유하고 심오한 영성과 놀라운 지혜와 그리스도의 마음에 대한 비범한 통찰을 지녔지만, 가장 기본적인 수준의 관계 외에 사람들과 소통할 수 있는 능력이 전혀 없는 사람이 얼마나 많은지 아는가? 이런 사람을 알고 있다면 혹은 당신이 이런 경우라면 그리스도를 닮아가기 위해 변화가 필요하다는 사실을 인정해야 한다. 모든 사람이 다 외향적이거나 적극적인 사람은 아닐 것이다. 하지만 우리는 서로 관계를 맺으며 함께 성장해갈 수 있다. 우리에게 한 가지 변화가 필요하다면 모든 관계 안에서 그리스도를 본받는 것이다.

타고난 성향상 나는 누군가와 맞서기를 좋아하지 않는다. 그렇게 맞서다가 논쟁을 벌이고 관계가 손상되니 때로 옳은 일이라도 회피하고 꼭 필요한 일인 것을 알면서도 사랑으로 진리를 말하기를 주저한다. 사람들이 신뢰하는 사람이 되려면 이런 약점은 꼭 바뀌어야 한다. 필요하다면 정식으로 대면하는 어려움도 감수할 정도로 그들에게 관심이 있다는 사실을 알려주어야 한다. 나는 이런 성격적 결함 때문에 가능한 대면을 미루고 문제를 스스로 자각하도록 에둘러 지적하는 방법을 사용하여 사랑하는 이들에게 오히려 상처를 주고 혼란에 빠트렸다. 많은 대인 관계 기술 중 내가 취약한 부분으로, 이렇게 대면하기를 싫어하는 태도는 개인적으로 성장하기 위해 꼭 바뀔 필요가 있었다.

대인 관계를 방해하는 당신의 문제는 무엇인가? 그런 취약한 부분을 사람들이 알까 두려운가? 본심이나 감정을 숨기며 대화하지는 않는가? 당신과 의견을 같이하거나 중요한 사람이라는 느낌을 들게 해주는 사람들과만 관계를 유지하지는 않는가? 과거의 원망과 분노의 경험을 지금 관계를 맺고 있는 사람들에게 투사하지는 않는가? 조금만 도발해도 왜 그렇게 화를 내는지 자신도 이해되지 않을 정도로 부성적 감정의 지배를 받지는 않는가? 친구나 가족이 당신을 자기중심적이고 남의 필요에 대해서는 무감각한 사람이라고 생각하지 않는가?

우리의 대인 관계는 친밀함과 한결같은 성실함으로 마음을 다하는 관계여야 한다. 정직함, 온유함, 온순함, 섬기는 태도, 격려 그리고 다른 많은 태도가 소중한 관계에 드러나야 한다. 대인 관계의 친밀함과 성실함은 사람들과 소통하며 서로를 돌아보기 위해 더 노력하겠다는 결단으로 시작되어야 한다.

사역 소명의 변화

대부분의 사역자는 하나님이 부르신 소명에 비추어 현재 상황을 평가할 수밖에 없는 시기와 맞닥뜨린다. 반드시 변화가 필요한 시나리오는 최소한 네 가지가 있다.

새로운 비전, 동일한 사역지: 첫째, 하나님이 현재 사역지로 부르셨음이 분명하지만, 이곳에서 새로운 비전을 주시고자 당신의 마음과 생각에 역사하고 계신다면 사역의 변화가 필요하다는 의미일 수 있다. 이 새로운 비전은 지금의 사역을 근본적으로 재설정하라는 의미일 수도 있고, 아니면 지금까지 수행하도록 부르심을 받았지만 환경상의 이유로 하지 못했던 사역을 더 확장하고 확대하라는 의미일 수도 있다. 어느 경우이든, 변화가 필요하다는 사실은 분명하다. 주제별 설교를 해왔지만 이제 강해 설교 방법을 훈련해야 한다는 사명감을 느낄지도 모른다.

목회자보다 복음 전도자로서 더 많은 역할을 했지만, 이제 주님은 성도들을 준비시키고 훈련하는 데 더 많은 시간을 투자하도록 요구하실 수도 있다. 어떤 경우이건, 새로운 비전을 적극적으로 받아들이고 같은 사역지에서 같은 사람들을 대상으로 다른 사역을 하는 것은 흥분되고 설레는 일일 수 있다.

동일한 비전, 다른 역할, 동일한 사역지: 둘째, 유사한 상황에서 여전히 사역지는 동일하고 사역의 비전 역시 동일하지만, 역할이 달라진 것을 확인하게 된다. 작은 교회에서 단일 목회자로 출발했지만, 이제 교회와 교역자들의 규모가 성장하였고 늘어난 책무 때문에 시간을 안배하는 방식을 바꾸어야만 하는 상황인 것이다. 나는 프로비던스 교회에서 첫 9년 동안 단일 목회자로 시무했다. 지금 우리 팀에만 해도 사역자가 일곱 명이나 되는 데 비해 당시 내 역할은 매우 달랐다. 사역의 비전을 포기할 필요는 없지만 내 역할에는 변화가 생겼다. 변화를 따라잡기 위해 현재의 역할에 적응하려고 노력해야 했다.

그러므로 사역의 비전이 성취됨으로 사역지는 동일하지만, 역할의 변동이 생긴다면 변화를 끌어내기 위해 필요한 단계를 밟아야 한다. 예를 들어, 시간이 필요한 요구들이 계속 증가하는 상황에서 설교하고 성경을 가르치며 여전히 그 소명에 시간을 투자하려면 어떻게 해야 하는가? 간사들과 위원회, 교회 리더들의 수가 늘어나면서 나는 그들에게 책무를 위임하기 전에 먼저 필요한 훈련을 시켜야 했다. 그런 훈련은 시간이 필요하고 그 시간은 어디선가 따로 확보해야 한다. 책임이 늘어날 때마다 기존의 책무를 누군가에게 위임하기 위해서는 적응 기간을 두어야 한다. 과거에 나는 이런 일을 처리하는 것이 매우 어설펐다. 설교와 가르침에 더 많은 시간을 투자할 계획을 세우고 구체적으로 실행하는 가운데 동시에 내가 맡은 의무를 승계받을 사람들을 훈련하는 시간이 필요하기에 이중의 의무를 감당하는 과도기를 염두에 두어야 했다. 이런 비용을 제대로 파악했다면 한시적이지만 업무량이 추가로 늘어나더라도 중압감으로 짓눌리지는 않을 것이다. 계획을 적절하게 세우고 업무량을 점진적으로 늘리면 최소한 목표를 이루기까지 과도기에 소요되는 시간을 단축할 수 있을 것이다. 그렇게 되면 필요한 업무를 적절히 이양하고 앞으로 맡은 일을 마음껏 집중적으로 감당할 수 있다는 자신감을 가지고 새로운 역할에 착수할 수 있다.

그런 경우 우리 비전은 그대로이고 사역지도 그대로이지만, 사역의 필요를 수용하고 우리 인생에 대한 하나님의 부르심이 확장되도록 우리 역할에 변화를 주어야 한다.

동일한 비전, 동일한 역할, 다른 사역지: 셋째, 사역의 비전을 명확하게 이해하고 사역의 역할 역시 적절히 평가하고 있지만, 이 두 요소가 현재 몸담은 사역지나 교회와 어울리지 않을 수 있다. 이럴 때는 더 효과적으로 사역의 소명을 감당하기 위해 새로운 사역지로 이동해야 한다. 솔직히 말해, 어떤 교회의 상황들은 하나님이 부르시고 훈련하도록 하신 소명과 잘 맞물려 돌아가지 않는다. 이런 불일치는 처음에 분명하게 드러나지 않을 수 있다. 하지만 교회가 성장하는 방향과 목회자가 지향하는 성장의 방향이 다르다면 불가피하게 사역지를 옮길 수밖에 없다. 사역지를 옮기지 않는다면 결국 무엇인가 문제가 있다는 사실을 모두 알아차릴 것이다. 그러면 긍정적이고 유익한 방향으로 변화가 일어나지 않을 수 있다.

하나님은 부름받은 비전과 리더십 책무를 감당할 때 해야 할 역할과 일치하는 사역지를 준비해두고 계신다. 다만 성급하게 사역지를 옮기려고 하는 이들에게 당부할 말이 있다. 더 푸르게 보이는 목초지를 찾아 떠나라고 주님이 다른 사역지로 인도하시는 것이 아님을 분명히 기억하라는 것이다.

새로운 비전, 새로운 사역지: 마지막으로, 어떤 사역자들은 하나님이 이전과 근본적으로 다른 곳으로 옮기도록 부르시는 것을 알게 될 것이다. 이런 처지에 있는 사람은 사역에 대한 비전이 근본적으로 달라져서 다른 곳에서 새롭게 시작하는 것 외에 달리 선택의 여지가 없음을 알게 된다. 지금 섬기고 있는 교회에서 하나님이 사역의 비전을 새롭게 일구도록 해주셨지만, 지금 그곳에서 그 비전이 실행되기를 원치 않으신다는 암시를 주신다면 다른 곳으로 이동해야 한다.

어떤 목회자들은 교회가 비전을 실제로 이행하는 데 필요한 변화를 거부함에도 새로운 비전을 억지로 떠안기려고 한다. 목회자가 교회의 고유한 성격과 소명에 부합하지 않는데도 억지로 교인들을 틀에 끼워 맞추려고 하다가 한때 번성하던 교회가 결국 쇠퇴의 길로 접어드는 경우도 적지 않다. 한결같은 성실함이 있다면 현재 섬기고 있는 교회의 비전과 별도로 우리의 비전을 키우고 개발해야 한다. 그래야 하나님이 변화의 대상을 다른 누군가가 아닌 우리로 작정하셨을 때 교인들에게 변화를 강요하는 우를 막을 수 있다. 새로운 사역의 비전을 품을 때 새로운 사역지로 옮겨야 할 수도 있다.

* * *

이 네 가지 시나리오는 수많은 환경과 적응에 필요한 요인들을 고려해야 한다. 그러나 변하지 않는 사실이 있다. 사역에서 변화가 불가피함을 수용하되 하나님이 효과적인 사역의 새로운 분야로 이끄실 때 열린 마음으로 받아들이라는 것이다.

변화가 필요하며 우리가 아직 바라는 수준에 도달하지 않았음을 인정할 때 개인적인 변화가 시작된다. 변화가 필요한 부분이 너무나 많아서 주님께 변화의 불길이 꺼지지 않고 더욱 환하게 타오를 수 있도록 더 많은 연료를 공급해주시기를 간구해야 한다. 주님은 변화가 필요한 모든 영역을 보여주시고, 그분의 이름에 합당한 경건의 모범이 되도록 성장에 필요한 방법을 모두 보여주실 것이다.

15장.
변화를 도모하기 위한 모범 보이기

개인적인 신앙의 성장으로 이어지는 변화를 경험할 때 놀라운 일이 일어난다. 성장할수록 얼마나 더 성장해야 하는지 더 절실히 깨닫게 된다. 이전에 보지 못했던 필요에 눈 뜨게 된다. 그런 일이 일어날 때 우리는 또한 우리가 섬기는 교회나 사역에 변화가 필요함을 자각하게 된다. 개인적으로 변화하는 법을 배우면 제도적인 변화가 일어나도록 이끌 발판이 마련된다.

변화가 필요하다는 징후

순수한 변화의 필요와 현재 상황에서 도피하고 싶다는 건강하지 못한 충동을 어떻게 구분할 수 있는가? 불행하게도 객관적인 공식 따위는 없다. 그러나 주님께서는 당신의 뜻을 전달할 방편이 있으시다. 특별히 그 뜻을 알고 그 뜻대로 순종할 의지가 우리에게 확실히 보인다면 주님은 그 뜻을 알게 해주신다. 시편 25편 14절은 하나님이 그 뜻을 숨기지 않으시고 "여호와의 친밀하심이 그를 경외하는 자들에게 있음이여 그의 언약을 그들에게 보이시리로다"고 말한다. 주님이 우리의 사역 행보에 원하시는 변화를 감행해야 할 때가 오면 주님은 그 길을 보여주실 것이다. 생각을 돕기 위해 고려해볼 세 가지 징후를 소개하고자 한다.

계속 커지는 불만족

대부분의 사람은 불만족으로 씨름할 때가 있다. 그리스도 안에서 자족해야 하는데 불만족의 원인이 그분을 신뢰하지 못하기 때문일 수도 있으니 조심해야 한다. 지금 이야기하는 불만족은 피상적인 불만족이 아니라 더 많은 것을 바라는 깊은 갈망의 각성을 말한다. 배가 고플 경우 굶주린 상태로 있는 것이 불만족스럽지만, 그렇다고 내가 주님의 공급하시는 능력을 확신하지 않는다는 의미는 아니다. 굶주림은 음식을 찾아 먹고 싶은 욕구로 나타난다. 마찬가지로 내 인생을 향한 하나님의 계획을 더 확인하고 싶다는 갈망을 감지할 때 현재 상황에 대한 불만족은 믿음이 부족해서가 아니라 더 깊은 믿음과 더 의미 있는 사역에 대한 갈망이 있기 때문이다.

주님에게서 오지 않은 충동에 굴복하지 않으려면 우리는 개인적 미성숙의 피상적인 상태를 지각하는 분별력과 하나님의 격동하심을 알아차리는 지혜가 필요하다. 그리스도 안에서 성숙하면 지혜와 분별력을 기를 수 있는데, 이 두 덕목은 변화를 모색할 때 마음의 진정한 동기를 확인하기 위해 꼭 필요하다. 불만족스러운 마음으로 힘들어하고 있다면 불만족의 원인을 알게 해달라고 주님께 부탁하라. 만족을 약속하며 가장 먼저 유혹의 손길을 내미는 목소리에 충동적으로 끌려가서는 안 된다. 하나님의 양으로서 그분과 동행하기를 원한다면 목자의 음성을 들을 수 있어야 한다.* 주님의 음성을 식별할 수 있는 영적인 안목과 분별력을 가꾸었다면 불만족의 원인이 자기도취인지 아니면 성령의 부추기심인지 알 수 있다.

또 다른 불만족의 원인은 현재 상황이 당신의 소명과 은사와 강점을 살리기에 부적합하다는 생각 때문일 수 있다. 사역이 불필요하게 힘든 상황으로 내몰린 이유가 사람 때문이든 환경 때문이든 우리는 조류를 거슬러 계속 올라가야 한다. 물론 이렇게 된 이유가 그들의 잘못이나 당신의 잘못이 아니라 주님이 사역지를 변경해야 한다는 마음을 자꾸 주시기 때문일 수도 있다.

때로 주님은 그분이 들려주시고자 하는 말에 귀 기울이도록 우리를 안일한 상태에서 몰아내는 작업을 하시기도 한다. 계속 편안하게 안주하고 있다면 익숙한 사역지의 편안함을 버리고 가족을 데리고 낯선 곳으로 가고 싶지 않을 것이다. 따라서 하나님은 우리 마음을 격동하셔서 만족감을 잃고 다른 곳으로 이동하게 하시려는 당신의 계획에 대비하도록 하실지도 모른다. 어떤 경우이든, 현재의 사역에 대한 불만족이 계속 심각해진다면 주의 깊게 살펴야 하며 하찮은 문제라고 외면해서

---

* "자기 양을 다 내놓은 후에 앞서 가면 양들이 그의 음성을 아는 고로 따라오되"(요 10:4).

는 안 된다.

지금 느끼고 있는 불만족이 그리스도가 당신이 있는 곳에서 사역을 완수하기 위해 인내하라고 부르신 것에 대한 불만 때문이라면 그 문제를 해결해야 한다. 주님과 협상을 벌여야 한다. 그러나 불만족의 원인이 사역을 완성하고 싶은 갈망이자 굶주림이라면 주님이 계시하실 뜻을 찾아 계속 귀를 기울이라.

새로운 통찰

하나님이 우리 삶이나 사역의 변화를 유도하시고자 사용하시는 또 다른 수단은 새로운 통찰을 주시는 것이다. 하나님은 다양한 경로로 사역이나 삶에 대해 새로운 차원의 기대와 열망을 주실 수 있다. 누군가의 가르침이나 글을 사용해서 지금까지 전혀 몰랐던 사역 영역에 대해 새로운 열정을 일깨워주실 수도 있다. 아니면 여러 강사가 다른 주제로 이야기했지만, 공통된 주제를 강조한 일련의 서로 무관한 사건들을 사용하셔서 현재 상황을 재고하도록 하실 수도 있다. 일정 기간 독서와 연구로 이런 마음을 다시 확인하게 해주시기도 한다. 당신은 이런 주님의 새로운 통찰이 단순히 새로운 정보를 주시기 위해서가 아니라 당신 안에 새로운 열망을 심어주시려는 것이라는 결론에 다다를 것이다. 우리의 기도 생활 역시 주님이 사용하시는 플랫폼일 수도 있다. 어떤 형태로 어떤 방향에서 깨달음을 주실지 누가 알겠는가? 그러나 진로를 변경하기 전에 지금 시도하려는 변화가 당신이 아니라 주님이 주신 생각이라는 분명한 확신이 필요하다.

섭리를 통한 기회

우리에게 변화가 일어나기를 원하실 때 주님은 당장 그와 관련된 일을 할 기회를 주심으로 그것을 확인해주시기도 한다. 우리가 전혀 주도하지 않는 상황에서 변화의 가능성이 보일 수 있다. 그렇다고 그 변화를 반드시 실현해야 한다는 의미는 아니다. 하지만 그것을 계기로 자신의 소명과 사역의 비전과 현재 상황을 되돌아볼 수 있다. 새로운 기회와 많은 요인이 복합적으로 작용하여 주님이 일종의 변화를 향해 인도하고 계신다는 결론에 도달하도록 이끌어줄 수 있다.

그렇다고 절대 주도적으로 변화를 추구해서는 안 된다는 의미인가? 당연히 아니다. 주님이 보여주고 계시는 변화의 후속 조치들에 떠밀려 주도적으로 나서야 할 때가 올 것이다.

불만족이 점점 커지게 하시거나 선명한 새로운 통찰을 주시거나 섭리를 통한 기회를 주심으로 하나님은 변화의 징후를 식별하도록 하시고, 우리가 인생의 변화를 맞을 준비가 되었거나 제도적 차원의 변화를 끌어내고자 원하실 때 그 사실을 민감하게 포착하기를 원하신다.

우리는 14장에서 개인적 변화와 관련해 여러 가지 요소를 살펴보았다. 이런 요인들은 제도적 변화와 어떤 관련이 있는가? 주님이 현재 있는 자리에 그대로 머무르며 변화를 주도하도록 인도하신다면 건강하고 효과적인 변화가 일어날 수 있도록 그 과정에 영향을 미치는 요인들은 무엇인가?

제도적 변화

개인적 변화와 사역의 변화 외에도 모든 목회자는 제도적 변화의 불가피성에 대비해야 한다. 개인적 변화가 위협적일 수 있지만, 최종적으로 실제 일어난 일이 무엇인지는 본인과 주님만이 알고 있다. 불행하게도 제도적 변화는 매우 공개적이다. 변화를 원치 않는 사람들은 거침없이 거부 의사를 밝히기 때문에 당신은 매우 난처한 입장에 처할 수 있다. 전체 교회에 관한 변화의 방식은 모두가 알도록 공개되기 때문에 교회 역시 어려워지는 것은 매한가지다.

때로 다른 시대에 생존했던 목회자들의 일생에 관한 이야기들을 읽으면 부러운 생각이 든다. 오랫동안 지역 교회를 목회하는 일은 당시 10년 전후와 비교해 거의 다를 바가 없었다. 20세기 후반까지도 목회자에게 기대하는 요구는 1720년, 1820년, 1920년의 목회자들과 그다지 다를 바 없이 매우 유사했다. 제도로서 교회는 교회를 운영하는 내용과 방식에 별로 차이가 없었다.

더 편리한 운송 수단과 소통 방식이 도입되면서 사람들은 이동성이 더욱 편리해졌고, 다양한 사역의 기회에 노출되는 경우도 극적일 정도로 증가했다. 작은 소읍의 감리교 교회는 더는 지역의 장로교 교회들이나 침례교 교회들과 비교되지 않았지만, 다양한 프로그램과 폭넓은 사역 기회를 제공하는 대도시 교회들과 경쟁해야 했다. 그런 다음 라디오가 발명되고 텔레비전이 등장하면서 대중이 혹할 정도로 세련된 설교자들과 예배 방식이 나타났다. 곧 지역 교회의 제집 같은 편안한 분위기는 구시대적인 것으로 간주되었다. '자신들의 욕구를 충족해 줄' 교회 가정을 쇼핑하러 다니는 이들의 소비자적 사고방식을 더는 만족시킬 수 없었다. 목회자들과 교회들은 시대에 뒤처지지 말아야 한다는 거센 압박을 받았다. 오늘날 제도적 변화를 추구하는 운동으로 대부분의 교회는 여전히 심각한 영향을 받고 있고, 우리는 불과 몇 세대 전 선배 사역자들이 목회할 때의 문화와는 매우 이질적인 문화를 다루어야 한다.

상황이 이렇지만, 비관적인 측면만 있는 것은 아니다. 그리스도의 몸은 우리가 몸담은 시대와 보조를 맞추는 가운데 영원한 진리 안에서 행하며 성령과 동행하는 섬세한 균형을 계속 유지해야 한다. 역대상 12장에 나오는 다윗의 군대 명단을 보면 중간 즈음에 잇사갈 자손들에 대한 흥미로운 언급이 있다. 본문은 그들이 "시세를 알고 이스라엘이 마땅히 행할 것을 아는"(대상 12:32) 자들이라고 말한다. 우리는 우리 시대를 이해하고 예수 그리스도의 비할 바 없는 영광을 선포하라는 소명을 이루기 위해 꼭 해야 할 일이 무엇인지 아는 사람들의 리더십이 절실한 시기에 살고 있다.

우리 시대를 제대로 이해하면 교회가 현재의 사역 방식을 개혁해야만 한다는 사실을 인정할 수밖에 없다. 21세기의 마지막 20년 동안 복음주의 그리스도인들은 사역의 성경적인 토대를 다시 회복하고자 열심히 노력했다. 거의 1세기에 걸쳐 신학적으로 표류한 끝에 일부 교회와 기관은 사역에 대한 성경적 시각을 성공적으로 회복했다. 1세기 신학을 회복하고자 하는 노력이 일부 성공을 거두었지만, 이 신학적 승리를 거둔 기관 중에도 18세기 방법론에 대한 미련을 버리지 못하고 계속 집착했던 이들이 적지 않았다.

제도적 개혁에 성공하기 위해서는 무엇이 필요한가? 이 질문에 대해 내가 분명한 답을 가지고 있다고 자신할 수는 없다. 하지만 변화를 극렬히 거부하는 이들을 진정시키는 동시에 변화의 트라우마를 최소화하기 위해 취할 수 있는 몇 가지 조치가 있다. 그리스도의 몸에 변화를 시도할 때 리더십을 행사하는 것은 목회자들의 특권이기도 하지만 또한 위험을 자초하는 일이기도 하다. 변화라는 불가피한 과정에서 우리나 우리가 섬기는 사람들이 받을 스트레스를 줄이려면 무엇을 해야 하는가?

1. 성경의 원리를 가르치라

가만히 생각해보면 우리가 필요하다고 말한다는 이유만으로 왜 사람들이 변해야 하는지 의아하지 않은가? 교회가 익숙한 전통과 편안한 의례를 포기하는 불편함을 감수해야 하는 이유는 무엇인가? 장담하지만 당신의 인격적 영향력 때문에 그렇게 거센 저항에 부딪히지는 않을 것이다. 사람들은 지금 진행되는 변화가 합리적일 뿐 아니라 하나님의 영원한 말씀의 진리에 근거하고 있음을 알아야 한다. 온종일 논쟁을 거쳐 의견의 일치를 볼 수도 있다. 하지만 성경의 권위를 진지하게 받아들이는 사람들은 변화가 필요하다고 생각하는 영역에 대해 성경의 원리를 강조하고 가르치면 귀 기울여 듣고 이해하려고 노력할 것이다.

원리에 기반한 사역은 항상 현안과 관련해 주님이 하신 말씀을 찾아 성경을 확인하는 데서 시작한다. 솔직히 말해 어떤 제안을 하더라도 "이 문제에 대해 성경은 무엇이라고 말하는가?"라는 질문에 먼저 대답하는 것이 옳다. 그렇지 않으면 제안할 생각을 하지 말아야 한다. 교회는 우리가 아니라 하나님이 만드셨기 때문에 사역의 소명을 이루는 방식은 당연히 주님이 결정하셔야 한다. 하나님이 직접 말씀하신 뜻은 무조건 순종해야 한다. 직접적으로 말씀하시지 않았을 때는 주님이 하신 말씀을 확인하고, 그 말씀의 의미를 파악하며, 그 진리를 어떻게 적용할지 고민하는 과정이 필요하다. 다시 말해, 하나님은 교회 사역을 실행할 수 있는 원리들을 계시해주셨다. 우리가 할 일은 그 원리들을 확인하고 가르치는 것이다.

먼저 근거가 될 성경의 원리를 가르치지 않고 변화를 주도할 경우 진행 과정에서 큰 장애물을 만날 것이다. '이유'를 충분히 납득하지 않았을 경우 사람들이 잠시는 수용하고 따라올지 모르지만, 결국 더 많은 해명과 설득 과정이 필요할지 모른다. 관련 요인들의 근거가 되는 성경의 원리를 확실하게 제시하지 않는다면 방식과 체계와 핵심 주제, 비전 등의 문제를 두고 오랜 시간 고통스러운 언쟁과 다툼이 벌어질 수 있다. 당신이 가르치는 성경 원리들에 대해 교인들이 의문을 가진다고 해도 개인적 야욕을 위해 임의로 변화를 시도하는 것이 아님을 최소한 확인해주어야 한다. 당신은 교회를 향한 하나님의 뜻과 일치한다고 생각하는 사실을 적용하고자 애쓰는 것이다.

그러므로 근거로 삼고 있는 성경의 원리들을 요약해서 교인들에게 설명하는 시간을 가지라. 변화의 규모와 의미에 따라 이 과정은 몇 개월 동안 사역의 중요한 동력이 될 수도 있고, 새로운 교인들을 위한 필수적인 훈련 과정의 일부가 될 수도 있다. 그렇게 해야 사역의 특별한 소명에 대한 내용과 이유를 모두가 이해할 수 있다.

2. 신뢰를 축적하라

새로운 리더십의 위치로 이동할 때 가장 중요한 우선순위의 하나는 신뢰 형성이다. 신뢰를 받기 위해서는 자신이 신뢰할 만한 사람이라는 것을 증명해야 한다. 이런 신뢰성 형성은 새로운 사역지에 도착한 직후 종종 '허니문' 기간이라고 불리는 수습 기간에 주로 집중된다. 사람들은 처음에는 가능한 배려하는 마음으로 당신을 대하고, 일을 처리하는 방식과 의사 결정 방식이 얼마나 믿음을 주는지 확인할 것이며, 어떻게 처신하는지 관찰할 것이다. 분별력과 판단 능력이 있는지 확인하려 할 것이다.

이런 사실 때문에 새로운 상황에 처한 리더들 사이에 유행하는 오래된 조언이 있다. 신뢰를 조금씩 쌓아가며 신뢰할 수 있는 사람임을 입증할 수 있는 일을 하라는 것이다. 물론 이 일을 할 수 있는 좋은 방법은 그 조직이 하던 일을 그대로 수용하고 더 잘하는 것이다. 새로운 위치로 이동한 사역자들이 공통으로 저지르는 실수는 허니문 기간에 대대적 변화에 착수하는 것이다. 지나치게 많은 새로운 영역에서 급속한 변화를 시도하면 불가피하게 빈번한 실패로 이어질 수밖에 없다. 또한 소중하게 여기던 전통들이 '새로 온 설교자의 아끼는 사업'을 위해 청산되므로 누군가는 모욕감을 느낄 수밖에 없다.

새로운 환경이 만들어내는 문화를 이해하는 시간적 여유를 가지면 변화보다는 '개선'이란 표현이 사람들에게 훨씬 거부감 없이 다가간다는 것을 알 수 있다. 물론 실제로 둘 다 동일한 의미이지만 덜 과격하게 들린다. 실제로 개선은 기존의 것을 인정하고 몇 가지 사항만 수정하면 결과가 훨씬 좋을 것이라는 암시를 주기 때문에 덜 위협적으로 들린다. 그러므로 기존의 것을 수용하고 더 발전시켜나간다면 제도적 차원의 더 극적인 변화를 시도하기 전에 꼭 필요한 신뢰를 쌓는 데 도움이 될 것이다. 이런 원리를 이해하는 현명한 지도자들은 인내하며 장기적 변화에 꼭 필요한 신뢰를 축적해나갈 것이다.

3. 리더를 준비시키라

팀 사역은 목회자가 균형 잡힌 생활을 유지하는 데 매우 중요한 역할을 한다. 따라서 팀 리더들의 견고한 지지가 뒷받침되지 않는 상태에서 변화를 시도하는 것은 어리석다. 리더들이 변화를 받아들이도록 하려면 교회 사역의 토대가 되는 기본적인 성경의 원리를 그들에게 가르쳐야 한다. 그렇지 않으면 기회를 살릴 수가 없다.

변화를 위한 계획을 본격적으로 알리기 전에 리더들과 먼저 논의한다면 여러모로 이점이 생긴다. 먼저, 신뢰를 잃지 않고 배울 기회를 얻을 수 있는 환경에서 당신의 제안을 검증할 수 있다. 진지하게 피드백을 원하고 있다는 사실을 리더들이 알게 되면 당신의 열린 태도와 배우고자 하는 자세를 높이 평가해 줄 것이다. 당신이 모든 해답을 다 알고 있는 것이 아님을 그들에게 알려주어야 한다. 또한 그들의 생각과 제안과 사역 원리에 대한 시각을 기꺼이 배울 자세가 되어 있다는 것도 알려주어야 한다. 함께 섬기도록 부름받은 이들의 말을 경청하지 않는 사역자들은 다른 성숙한 리더들에게서 귀중한 통찰을 얻을 기회를 놓칠 뿐 아니라 그들의 제안을 받아들이는 데도 인색할 것이다.

많은 사역자가 새로운 사실을 발견한 기쁨에 들떠 리더들을 거치지 않고 교인들에게 바로 그 새로운 사역 원리를 알리고 가르치려 한다. 나중에 가서야 이 단계를 건너뜀으로 모호하고 구체성이 부족하거나 논쟁의 여지가 있는 부분들을 명확히 정리할 기회를 놓쳤음을 알게 된다. 또한 초기에 포함했으면 핵심적인 지지자들이 되었을 이들을 소외하고 무시하는 위험을 자초했음을 깨닫게 된다. 리더들이 아이디어들을 다듬는 과정에 이들을 참여하게 함으로 함께 변화를 이루어가는 기쁨을 맛보도록 하라. 그렇게 해서 변화를 주도한다면 리더 팀이 후방에서 당신을 굳건하게 뒷받침해줄 것이다. 변화에 동의하지 않은 이들이라도 당신이 그들의 우려를 받아들이고 의문에 대답해주었다는 점을 인정해줄 것이다.

리더들이 준비하도록 할 때 또 다른 유익은 교인들에게 그 원리들을 가르치고 설득하는 책임을 함께 나누어 질 수 있다는 것이다. 훌륭한 아이디어들과 원리들이 있어도 흥분한 목회자가 다른 리더들이 그 원리들을 수용하도록 기다려주지 못해서 빛을 보지 못하고 사장되어버린 경우가 적지 않다. 사역 원리를 알리고 설득하는 부담을 여러 사람과 나누지 못하고 혼자 감당한 것이다. 이런 일이 생기면 사역 원리들을 가르치는 일이 '아이디어를 파는' 일처럼 의미가 퇴색한다. 서로 합의한 원리들을 일관되게 알리는 많은 우군을 얻는 대신 고군분투하며 자신의 이름을 드러내려는 야심에 골몰한다는 비난을 사게 된다. 이런 비난이 얼마나 부당한지 나는 안다. 그런데도 하나님의 말씀으로 리더들을 준비시키고 가르치며 훈련하기 전에 독자적으로 이 일을 감행한다면 부당한 공격에 노출되고 말 것이다.

그렇다면 어떻게 해야 하는가? 때로 매우 심각한 오판을 저지르는 장본인으로서 나는 리더들과 보조를 맞추지 않고 독단적으로 감행할 때 어떤 문제가 생기는지 확실히 증언할 수 있다. 또 다른 한편으로 나는 사역 원리에 충실하기 위해서 변화가 필요하다는 사실을 깨닫는 즉시 소수의 리더와 이 문제를 솔직하게 공유하는 것이 중요함을 경험으로 알고 있다. 어떤 경우에는 그 소수가 리더의 전부일 경우도 있다. 하지만 변화에 대한 열정을 나눌 정도로 의지하며 허물없이 지내면서 허무맹랑한 제안이라고 생각하면 진실을 알려줄 극소수의 리더와 문제를 공유할 수도 있다. 이렇게 소수의 사람과 변화의 원리와 필요성을 먼저 공유하면 그들이 다음 단계의 리더들에게 그 사실을 알리고 가르치는 짐을 져주도록 도움을 요청할 수 있다. 그러면 본격적인 가르침과 합의를 이끌어내는 단계에서 그들이 함께 짐을 져줄 것이다. 그 과정에서 당신의 제안을 수용하지 않거나 적극적으로 반발하고, 심지어 당신이 제안하는 변화에 대해 분노하는 이들도 있을 것이다. 하지만 그런 문제는 전체 회중 앞에서 무작정 제시할 때보다 핵심 리더들의 관계망 내에서 더 잘 관리할 수 있다. 일단 리더들이 당신에게 배운 원리들과 그것이 지향하는 제도적 개혁을 받아들이고 실행할 준비가 되면 상대적으로 스트레스를 받지 않고 변화를 주도해갈 수 있다.

리더들을 준비시키는 문제에 관해 한 가지 더 지적할 내용이 있다. 리더들이 모두 교회의 공식 직책이나 직위를 맡은 것은 아닐 것이다. 투표를 통해서가 아니라 사람들에게 미치는 영향 때문에 리더의 자격이 있다고 생각되는 사람들을 여기에 포함하라. 교회의 공식 리더십 체제와 '막후'의 리더십은 그 구성원이 완전히 다른 경우가 종종 있다. 변화를 위해 리더들을 준비시키는 일을 할 때 이 점을 정확히 반영하지 못한다면 필요 이상으로 더 힘든 상황에 봉착할 수 있다. 변화가 꼭 필요하다는 확신이 들 때 누구에게 이 사실을 알리고 가르치며 공유할지 충분히 고민한 다음, 그들이 이 과정에 함께할 수 있도록 하라.

4. 비전을 구체적으로 규정하라

비전은 참 애매한 개념이다. 이 단어의 개념을 규정하기란 쉬운 일이 아니다. 리더십과 경영에 관한 서적이나 세미나에서 오랫동안 비전이 무엇인가를 두고 서로 다른 주장들이 난무했다. 자신의 비전을 정의한다는 것은 모든 상황이 당신이 바라는 방향으로 진행될 경우 그 상황에 관해 설명할 수 있다는 것을 말한다.*

교회에 필요한 변화의 함의를 도출하는 작업은 사람들이 그렇게 해서 생길 변화를 이해하고 기대하게 될 때 그 가치가 뚜렷하게 드러난다. 나는 이 교훈을 어렵게 배웠다. 성경의 원리들을 가르치고 리더들뿐 아니라 회중을 준비시키는 작업을 여

---

* '비전'이라는 단어에 담긴 광의의 의미는 제2부를 참조하라.

러 해 동안 했지만, 교회 곳곳에서 꾸준히 불만과 원망의 소리가 들려왔다. "교회가 어디로 가는지 모르겠어요. 이 모든 것이 어떤 결과를 낳을지 목사님은 이해하실지 모르지만, 우리는 도무지 감도 잡을 수 없어요." 우리는 그렇게 변화를 위한 노력을 계속하는 이유가 무엇인지, 그 변화가 우리의 사역 원리들을 근거로 설정한 방향과 일치하는 이유가 무엇인지 서로 소통하며 여러 해를 함께했다. 그런데 바로 그 리더 중 몇 명에게서 이 말을 들었을 때 대체 이런 실패의 원인이 무엇인지 나는 짐작조차 할 수 없었다. 제직회 위원들마다 비전에 대한 이해가 달랐고, 이렇게 해서 만족스러운 답을 제시하기가 심각할 정도로 어려워지면서 문제는 더욱 복잡해졌다. 한 사람을 만족시키면 또 다른 사람이 이견을 제시했다. 우리는 사명 선언문과 목표와 목적, 핵심 가치 선언문, 사역 원리를 폭넓게 설명한 책자를 만들어 배포했지만, 비전에 대한 공통된 이해에 도달하기는 어려웠다.

마침내, 우리가 진정 규정하고자 하는 것은 우리의 사역 원리가 성령의 능력으로 제대로 작동할 때 우리가 도달하고 싶은 교회의 이상적인 모습이라는 사실을 깨닫게 되었다. 그것을 계기로 우리는 1년 반 동안 주님이 인도하신다고 믿는 방향으로 순종하며 나아갈 경우 어떤 일이 일어날지 서술하고 문서화하는 작업을 진행하였다. 우리는 어떤 종류의 사역을 이루어갈 것인가? 얼마나 많은 사람이 참여하기를 기대하는가? 그렇게 많은 사람을 효과적으로 섬기려면 어떤 시설이 필요하고 인력은 어느 정도 필요한가? 복음 전도와 교육과 예배를 통해 우리가 다가가려고 하는 사람들은 누구인가? 이런 질문들과 그 밖의 다른 질문들에 대답하기 시작하면서 미래의 비전이 어느 때보다 선명하게 드러나기 시작했다. 우리는 원리에 충실했고 그 원리들을 기반으로 올바른 결정들을 내렸다. 하지만 그때야 비로소 그렇게 수년 동안 진행해온 과정을 그대로 충실히 유지한다면 어떤 변화가 일어날지 사람들이 이해하도록 도울 수 있게 되었다.

우리는 미래를 알 수 없기 때문에 비전에 대한 모든 질문에 완벽하게 대답할 수 없다. 그러나 현재 알고 있는 내용을 수용하고 미래에 그 내용이 가질 함의들을 생각한다면 우리가 미래를 이해하는 깊이에 거대한 변화가 일어날 수 있다. 그러면 제도적 변화가 일어날 때 그 제안들이 아무 맥락도 없는 고립되고, 무작위적인 것으로 보이지 않을 것이다. 그 대신 현재 상태에서 주님이 원하시는 단계로 변화해가는 과정에 논리적으로 꼭 필요한 다음 단계로 바라보게 될 것이다. 비전의 정의를 서술하는 작업을 하면 변화에 꼭 필요한 환경이 마련된다.

5. 구체적 계획을 마련하라

그렇다면 어떻게 비전을 이룰 수 있는가? 어떤 방향으로 가고 싶은지 안다고 해서 목적지에 도달할 방법이 저절로 마련되지 않는다. 명확하게 비전을 기술하는 작업은 구체적인 실행 방법으로 뒷받침해야 한다. 세세한 계획이 필요하다는 것이다.

비전을 관리 가능한 중간 단계로 세분화하는 작업은 다양한 방식으로 진행할 수 있다. 한 가지 방법은 명확한 하위 목적이 있는 측정 가능한 목표를 설정하고 지금 추구하는 비전이나 목적과 확실하게 연결하는 것이다. 또 다른 방법은 해결자의 관점에서 구체적으로 계획을 세우는 것이다. 먼저 그 비전을 이루기까지 어떤 장애물이 있을지를 판단해서 상황을 평가한다. 그런 다음 그 장애물을 어떻게 해결할지 고민한다. 목표를 설정하는 자의 입장에서 접근하는지 아니면 문제를 해결하는 자의 관점에서 접근하는지는 접근 방식의 선택에 영향을 미치지만, 그 차이를 이해하면 많은 실패와 좌절을 방지할 수 있다.*

리더십 팀과 협력해서 장단기적 요소가 포함된 계획을 세움으로 구체적으로 변화를 이루어갈 준비를 하라. 함께 협력하면 다양한 팀원들의 은사와 장점을 이용할 수 있고, 자칫 간과하고 넘어갔을 영역들을 소홀히 하지 않고 계획에 반영할 수 있다. 그 계획에 대한 리더들의 합의가 이루어지면 교인들에게 공개할 수 있다.

전 교인에게 본격적으로 계획을 공개하기 전에 소그룹을 대상으로 설명하는 모임을 여러 차례 가지라. 그러면 최대한 실수를 수정하고, 지적받은 문제점들의 공통된 주제가 무엇인지 확인하며, 모두에게 공개하기 전에 그 계획을 이해하고 지원해 줄 사람들을 최대한 확보할 수 있다. 물론 정반대의 상황이 일어날 수 있다. 현재 당신이 제안하는 계획에 맞서 우군을 확보할 기회를 반대자들에게 주게 되는 것이다. 하지만 공개 토론과 소통의 이점이 부정적 효과를 충분히 상쇄할 수 있다. 지금 제안하는 계획이 연간 사역 계획이든, 아니면 중요한 방향 전

---

* 이 주제와 관련한 자세한 논의를 살펴보려면 밥 비엘(Bobb Biell)의 *Stop Setting Goals: If You Would Rather Solve Problems*(Nashville: Random House, 1995)를 강력히 추천한다.

환과 관련이 있든, 사람들이 교회라는 가정의 방향과 관련된 의사 결정에 소외되지 않고 동참하며 충분한 정보를 받고 있다고 느끼도록 돕는다면 이 과정이 여러모로 유익할 수 있음을 개인적으로 확인했다.

6. 거부감을 인정하라

변화를 추구하는 거의 모든 단계에서 상당한 저항을 예상해야 한다. 어떤 이들은 제시하는 원리 자체를 인정하지 않으려 할 것이다. 리더십 팀이 변화의 방향을 결정하는 초기 단계에 개입한다는 사실 자체에 거부감을 느끼고 자신들이 소외되었다고 불평하는 사람들도 있을 것이다. 변화의 합리적 근거를 설명해주면 자신들이 주장의 근거를 제기해도 별 효과가 없음을 인정하고 목회자와 다른 리더들의 신뢰성을 공격하는 이들도 있을 것이다. 다양한 이유로 비전의 성격에 의문을 제기하고 비전 이면의 전제를 문제 삼기도 할 것이다. 목표를 이루는 방법은 여러 가지이므로 어떤 계획이든 단순한 설명은 거부감을 불러일으킨다. 당신의 제안을 반대하는 이들은 더 나은 방법으로 그 목표를 이룰 수 있다고 생각하는 다른 수단들을 언제든지 찾아낼 수 있다.

변화를 일으키려는 노력은 언제나 저항에 직면하기 마련이다. 그러므로 저항에 부딪히더라도 놀랄 필요가 없다. 이때 경계해야 할 세 가지 위험이 있다. 한 가지 위험은 경청하지 않는 것이다. 당신이 사람들에게 그들의 생각이나 말에 별로 관심이 없다는 인상을 줄 때 분노를 유발할 수 있다. 소모임을 상대로 계획을 설명하고 그들의 말을 경청하는 기회를 마련하라. 계획을 획기적으로 개선할 수도 있는 통찰을 그들에게서 받고 기분 좋은 의외의 소득을 올릴 수도 있을 것이다.

두 번째 위험은 반발을 개인적인 문제로 받아들이는 것이다. 변화의 제안을 공개적으로 반대하고 저항하는 사람들에게는 사적인 감정이 개입되었다 하더라도 당신도 그런 식으로 반응할 수는 없다. 자타가 공인하듯이 당신은 그 변화의 가장 공적인 대표이므로 변화에 대한 그런 공격이 당신 자신에 대한 공격으로 느껴질 수도 있다. 그러나 혼자만 공격의 대상이 되지 않도록 하라. 성경의 원리에서 변화의 정당한 근거를 찾고, 리더들을 준비시키며, 공개적이고 분명하게 교인들과 소통하면서 할 수 있는 최선을 다했다면 당신과 마음을 같이하는 많은 이들과 어깨를 맞대고 설 수 있을 것이다. 변화에 저항하는 이들과 결코 혼자 싸우도록 두지 않을 것이다.

마지막 위험은 당신의 계획을 받아들이지 않는 이들에게 고압적으로 구는 것이다. 그들에게 마치 전문가들의 영역에 해당하는 문제에 개입할 권리나 이유가 전혀 없는 것처럼 행동하는 것이다. 저항이 뒤따를 수 있음을 인정하고 다른 관점을 가진 이들의 존엄성과 고결함을 인정함으로 실제적인 은혜의 모델을 보여주라. 의견의 불일치는 절대 중요한 문제가 아니다. 오히려 반대가 허용되지 않는다면 문제가 된다.

목회자로서 변화에 거부감을 보이는 이들을 사랑으로 대하고 인정함으로 더욱 배려해줄 수 있다. 아니면 '무슨 대가를 치르더라도 이기고 말겠다'는 사고방식에 빠져 신뢰할 수 있는 영적 리더십에 대한 기대에 찬물을 끼얹을 수도 있다. 그러므로 저항에 신중하게 대처하고 우선순위와 관련해 당신과 다른 길을 선택하는 사람들을 존중하라.

7. 한마음으로 지지하는 풍토를 조성하라

제도적 변화는 그 제도에 몸담은 사람들이(이 경우에는 교인들) 한마음으로 변화를 응원하며 열정을 쏟아부을 때 가장 효과가 확실하다. 리더들과 교인들에게 비전을 계속 주지시키고 당신이 주 그리스도를 섬기고 있다는 사실을 모두에게 성실하게 확인시켜주라. 지금 시도하는 변화가 하나님의 뜻이라는 확고한 확신이 없다면 그 일을 포기하라. 그러나 하나님의 손길이 걸음을 인도해주신다는 것을 느낀다면 교인들에게 이 사실을 알려주라. 하나님의 백성이 수고하고 애쓰며 희생하고 그리스도를 위해 사랑하는 사람들과 함께 섬길 때 찾아오는 짜릿한 기쁨을 일깨워주라.

일단 결정이 나면 결과를 보고 소외감을 느낄 수 있는 사람들과 한마음이 되도록 서로를 연결하기 위해 최선을 다하라. 그들의 참여를 유도하고 변화를 이루어가는 과정에서 승리의 열매를 함께 누리고 기뻐하도록 배려하라. 시도하는 변화와 관련해 세부적인 부분까지 완벽한 일치가 이루어지지 않을 때도 마음과 뜻이 하나가 되도록 노력하라. 주님이 모든 과정을 이끌어주실 때 모두가 마음을 하나로 모을 수 있다.

8. 구체적으로 실행하라

마지막으로, 구체적으로 행동하라. 변화를 위한 준비 자체가 대단히 중대한 일이라서 마침내 구체적으로 실행할 때가 되면 출발선에서 머뭇거리기 쉽다. 잠언을 보면 아주 단순한 권면의 말씀을 들을 수 있다. "모든 수고에는 이익이 있어도 입술의 말은 궁핍을 이룰 뿐이니라"(잠 14:23). 때로 우리는 변화와 그 결과에 관해 토론하는 데 지나치게 시간을 투자하다가 하나님이 하실 일을 기대하는 즐거운 마음으로 행동에 착수하기보다 사소한 문제에 사로잡혀 머뭇거리게 된다.

이 여덟 단계를 이행한다고 해서 제도적 변화라는 거친 바다를 항해하는 당신의 노력이 성공하리라는 보장은 없다. 하지만 그 시도로 당신과 교인들의 변화를 이끌어내고 그들에게 영향을 미칠 수 있다. 분명히 제도적 변화를 일으킬 방법은 많다. 그리고 변화가 나만의 전유물도 아니고 내가 최종 결정권자도 아니다.* 다만 내가 주장하는 것은 계속 성장하기를 원하고 교회 사역이 발전하기를 원한다면 합리적이고 적절한 방법으로 제도적 변화를 시도하는 것이 옳다는 것이다.

변화를 추구하는 것에 대한 몇 가지 당부

변화는 신앙생활에 꼭 필요하다. 불행하게도 실제로 변화가 시작되면 많은 사람이 균형을 잃고 휘청거린다. 성장 가능성에 기뻐하는 대신 그 변화로 감수해야 하는 손해에 분노한다. 모든 성장은 변화가 필요하지만, 변화에는 희생이 따르기 마련이

---

* John P. Kotter, *Leading Change*(Boston: Harvard Business School Press, 1996), 21. 변화의 과정을 이끄는 효과적인 리더십에 관한 책이 많이 출판되었지만, 나는 존 P. 코터의 "Eight-Stage Process of Creating Major Change"가 이 복잡한 미로를 통과하기 위한 단계별 접근에 가장 유익함을 확인했다.

다. 경멸했지만 익숙했던 무엇인가를 잃게 된다. 우리는 그것에 익숙해졌고 다루는 법을 배운 것이다. 변화가 시작되면 어떻게 다룰지 몰라서 불안함을 주는 완전히 낯선 영역의 문제들이 함께 등장한다. 그래서 우리는 믿음으로 행하며 새로운 환경에서 주님을 의지하는 법을 배워야만 한다. 그래야 성장할 수 있다.

변화에 집착하게 되면 변덕스럽고 무모해지는 경향을 보일 수 있다. 신념이 수시로 달라지지 않으려면 항상 건전한 교리와 성경적 원리를 철저하게 연구하고 적용하는 과정을 거치며 집중적인 기도 시간을 가진 뒤 인생과 사역의 변화를 모색해야 한다. 반대로 변화에 대한 거부감이 지나치면 사고가 굳어져서 하나님이 우리 인생과 사역을 위해 품고 계신 뜻을 이루는 데 전혀 사용할 수 없을 정도로 경직될 수 있다. 모든 변화에 흥분하고 설레거나, 아니면 어떤 새로운 변화에도 완강하게 거부하며 외면하는 양극단 사이에서 균형을 찾아야 한다.

변화는 내일 아침 일어나서 더 실제적이고 사려 깊게 아내를 사랑하겠다고 결심하는 것처럼 단순할 문제일 수도 있고, 혹은 하나님이 원하시는 뜻이 더는 보이지 않아서 사역자로서 긴 세월을 포기하고 사직하는 것처럼 복잡할 수도 있다. 그러나 어떤 경우이든 열쇠는 "이것이 정녕 주님이 내게 원하시는 뜻인가?"라는 질문에 대한 대답을 아는 데 있다. 이 질문에 긍정적으로 대답할 수 있다면 하나님은 당신의 뜻을 기꺼이 따르고자 하는 마음에 그 답을 써주심으로 빈칸을 채워주실 것이다.

주님께 "뭔가 변화가 필요하다"고 마음으로 절규할 때 그 생각을 하기 이미 오래전에 주님이 그 마음의 상태를 알고 계셨음을 믿으라. 균형을 잃고 절벽으로 떨어지기 직전의 지극히 위험스러운 상황에 있을 때 주님은 흔들리지 않을 반석 위에 견고히 설 수 있도록 길을 준비해두셨다. 그러나 당신이 그 벼랑 끝에서 내려와 지금의 행동을 바꾸고 주님을 따라 이미 준비해두신 곳으로 직접 가야 한다.

요즈음 당신에게는 어떤 변화가 필요한가? 주님이 인생과 사역의 균형을 다시 회복하기 위해 무엇을 바꾸며 어떻게 바꾸어야 할지 보여주실 때 주저하지 않고 기꺼이 따를 준비가 되어 있는가? 그 일이 쉬울 수도 있고 평탄한 길로 들어서기까지 한참 거친 길을 가야 할 수도 있다. 그러나 성령의 능력으로 그리스도와 동행하겠다는 결단에서 변화가 시작된다면 위험해 보이는 길이 오히려 더 확실하고 안전할 것이다.

7부

영혼의 메마름과 싸우기

16장.
영혼이 메마르고 있는 징후 인지하기

다락은 후덥지근하고 매캐한 먼지 냄새가 났고 오래된 카드 테이블은 낡아서 삐걱거렸지만, 나는 마침내 엉덩이 붙일 곳을 찾았다. 아이들이 집 안에 있고 다른 방들은 모두 누군가가 차지하고 있는 탓에 갈 곳이 없었다. 우리 교회의 한 청년이 벼르다가 마침내 작지만 멋진 건물로 이사했고, 나를 위해 별도의 사무실 공간을 마련해주었다. 하지만 공부하며 혼자만의 시간을 가질 정도로 조용하거나 사생활을 보호할 수 있는 곳은 아니었다. 지난 몇 개월 동안 나는 주님과 홀로 지낼 수 있는 특별한 공간을 찾아내려고 무척 애써온 터였다. 이제 나만의 '다락방'이 생겼고 너무나 길고 지루하게 이어져온 영혼의 메마름에서 벗어날 길을 본격적으로 찾을 준비가 되었다. 잠깐이었지만 영적 사막이 나의 집이었고 목회자로서 나는 그 사실을 알고 있었다. 목회자라면 영혼의 메마름을 경험해서는 안 되었다. 최소한 당시에는 그것이 옳다고 믿었다. 내 머리로는 여전히 뭔가를 골똘히 생각하고 있었고 앎에 대한 갈망은 그 어느 때보다 뜨거웠지만, 내 마음은 그 다락방만큼이나 메마르고 공허했다.

아침 시간에 얼마나 많이 약속 장소로 갔었는지는 기억나지 않는다. 그러나 구름이 흩어지고 하나님이 하늘에서 내 마음에 축복의 비를 쏟아부어 주셨던 것은 어제 일처럼 생생하게 기억이 난다. 무슨 이유에선지 기독교 서점에서 우연히 보게 된 작은 책자를 산 적이 있다. 아마 그동안 본 책 중에서 가장 손이 가지 않는 제목의 책이었을 것이다. 해리 아이언사이드Harry Ironside의 『레위기 제사에 대한 강해』Lectures on Levitical Offerings였다.* 그 특별한 아침 나는 그날에 읽어야 할 성경을 읽은 뒤 아이언사이드의 책을 집어 들고 읽기 시작했다. 몇 분이 채 지나지 않아 눈물이 그렁그렁하게 맺히고 곧 뺨을 타고 흘러내렸다. 마음은 나의 구주에 대한 새로운 비전으로 터질 것 같았다. 영혼의 메마름을 극복할 방법은 하나님이 아들을 통한 구속의 은총으로 보여주신 나를 향한 사랑을 생생하게 확인하는 것이었다. 레위기의 각 제사 규례가 보여주듯이 주님이 그리스도 안에서 베푸신 사랑은 모든 면에서 완벽했다.

그날 아침 고요한 기쁨과 따스한 평안이 다시 회복되었다. 아버지가 나의 시야를 돌려 그의 아들만 오롯이 바라보게 해 주셨기 때문이다. 레위기는 영적 가뭄에 시달리는 사람을 치유하기 위해 성경에서 가장 먼저 선택할 수 있는 책이 아니었

---

* Henry Allan Ironside, *Lectures on the Levitical Offerings*(Neptune, NJ: Loizeaux Brothers, 1929).

다.* 그러나 그런 제사로 드러난 그리스도의 희생으로 성령의 생수가 내 안에 다시 흐르게 되었다.

그때 이후로 나는 더는 사막에서 목마름으로 고통당하지 않았을까? 그렇지 않다. 정도는 다르지만, 이후로도 여러 차례 영혼의 메마름을 경험했고, 육체의 탈수증과 유사한 증상을 보이는 영적 탈수증도 여러 차례 경험했다. 완전히 방향을 상실하고 균형감도 잃은 적이 많았다. 사역자로서 살아가다 보면 물이 없는 황무지를 불가피하게 통과할 것이다. 그러나 사막에서 그런 나날을 만나더라도 영혼의 메마름과 탈수로 항상 고통당할 필요는 없다.

그리스도는 생수의 강이 나의 깊은 곳에서 흐를 것이라고 약속해주셨다(요 7:37-38). 주님은 그 약속을 지키시고 푸른 풀밭에 눕게 하시며 잔잔한 물가로 인도하신다. 아무리 목말라서 마셔도 절대 마르지 않는 우물에서 목을 축이고 힘을 얻게 하심으로 영혼을 회복시키기를 원하신다. 영혼이 메마른 증상이 처음 나타날 때 신속히 그것을 깨닫고 속히 일어나 그리스도가 갈증을 해갈해주실 물가로 달려가야 한다.

---

* 몇 년 후 "레위기 제사에 나타난 그리스도의 모습"이라는 제목으로 시리즈 설교를 했고, 사람들에게 외면받는 이 구약 성경에서 하나님이 주신 통찰들을 다시 한번 맛보았다. 물론 모든 사람이 나처럼 이 책을 공부하면서 기쁨을 맛보지는 않는다. 레위기를 공부하고 몇 년 후 고등부 여학생 한 명이 내가 이 설교를 하고 있을 때 우리 교회에 처음 출석했다고 이야기해주었다. 그 학생은 "제가 처음 왔을 때 레위기에 대해 설교하신 것을 기억하세요?"라고 물었다. 이 질문을 한 다음 그 학생이 다시 던진 질문을 생각하면 지금도 웃음이 나온다. 나는 그 설교가 너무나 의미 깊었다는 말을 할 것이라고 예상했다가 생각지도 못한 말을 듣고 놀라 넘어질 뻔했다. "그런데 한 가지 여쭤봐도 될까요? 대체 무슨 생각이셨어요? 사람들이 그런 설교에 정말 관심이 있으리라 생각하신 건가요?" 그렇다. 하나님은 우리가 항상 겸손하도록 인도하신다!

영혼이 메마르고 있음을 경고하는 증상

사막에 가까이 다가가고 있다는 사실을 자각하기 위해 주의 깊게 살펴야 할 증상은 무엇인가? 모든 수분을 빼앗아가는 무서운 건기를 피하고 영적 균형을 지킬 방법이 있는가? 영혼이 메마르지 않도록 적절한 조치를 취하려면 때를 놓치지 않고 식별해야 하는 몇 가지 증상이 있다.

1. 일상에서 주님의 임재에 대한 생생한 감각이 사라진다

믿음을 타협하지도 않았고 진리를 버리고 거짓 교리를 믿지도 않았지만, 하나님의 임재에 대한 의식이 희미하고 흐릿해질 수 있다. 꾸준하게 기도 생활을 유지하고 있지만, 주님에 대한 사랑과 개인적인 교제가 왕성하게 이루어지지 않는다. 말씀도 꾸준히 보고 있지만, 주님의 음성에 귀 기울이고 주님과 교감하려고 해도 의미 있는 묵상과 성찰의 신선함과 활력을 느끼기가 어렵다. 이런 상황을 어떻게 해석해야 하는가? 주님의 마음을 새롭게 알아가며 놀라운 통찰을 얻는다는 흥분과 설렘이 예전에는 있었다. 그러나 어느새 자신도 모르게 주님과의 관계가 무덤덤해졌다. 여전히 그분은 그대로 계시지만 당신에게 그분의 목소리는 들리지 않고, 많은 물소리는 어쩌다가 찔끔 경험할 뿐이다. 그분의 현존하심에 대한 생생한 감각을 잃어버린다는 것은 영적으로 메말라가고 있다는 혹은 이미 영적 건기에 접어들었다는 분명한 증거다.

2. 매우 나약하고 무기력한 상태이며, 일상을 유지하고 그리스도와 동행하기 위한 과제(회중을 인도하는 것은 차치하고라도)를 감당하는 것도 벅차게 느껴진다

신자라면 변함없이 담대하게 그리스도를 위해 산다는 막중한 책무 앞에서 무기력함을 느끼는 것이 어떤 것인지 알고 있다. 그렇지 않다면 주님을 의지하고 신뢰하기보다 우리의 힘을 의지하고 능력을 과신하고 싶은 유혹을 받을 것이다. 그러나 지금 말하는 무능력함은 우리 마음을 병들게 하고 의심과 불안으로 생각을 어지럽히는 무능력함을 말한다. 우리는 지금 가고 있는 방향이 옳은지, 지금 사용하는 수단은 적절한지, 모으고 있는 자원은 충분한지 의심한다. 하나님이 자기 백성을 원하시는 곳으로 인도할 지도자로 우리를 사용하기를 원하시는지 솔직히 확신이 서지 않는다. 해결해야 할 새로운 과제가 생기거나 도전하고픈 사역이 갑자기 나타날 수 있지만, 왜 동시에 두 가지 일을 하지 못하는지, 동시에 다른 기대를 충족할 수 없는지 궁금하다.

이런 무기력함을 부추기는 것은 종종 들려오는 다른 지도자들의 성공담이다. 우리는 힘없이 앉아 주님이 왜 그들에게 그런 놀라운 성공을 허락하셨는지 골똘히 생각한다. 그들의 놀라운 성공담이 우리 귀에 계속 맴돈다. 남들은 모두 승승장구하는 데 왜 우리는 그토록 자주 뒤처지고 압박감에 짓눌리는가? 하지만 나와 당신은 그들이 그런 성공을 거두기까지 어떤 여정을 밟았는지, 어디서 도중에 메마른 사막으로 접어들어 영혼이 메마르고 영적인 에너지가 방전되어 기력을 잃고 망연자실했는지 모른다. 무기력하고 영혼의 힘이 다 소실된 것처럼 느껴질 때 건기가 다가오고 있으며 주님과 다시 재충전의 시간을 가져야 할 때인 것을 알아야 한다.

3. 인생을 바라보는 시각이 하나님의 시각과 일치하지 않고 그분의 주권적 계획을 망각한다

하나님이 주권자이심을 인정하지 않는 사고방식에 물들어 갈 때 소망과 확신보다는 냉소와 회의가 우리를 지배한다. 인생을 낙관적인 틀로 바라보지 않고 매사에 부정적으로 생각한다. 하나님이 말씀에서 가르치신 대로 항상 기뻐하며 감사하기보다 우리가 놓치고 있는 모든 일에 분노하고 요구받는 일에 화를 낸다. 우리 태도 때문에 "주님을 믿는다고 하면서 어떻게 그런 엉터리 모습을 보일 수 있어?"라는 의심을 살 때 나 자신과 다른 사람들이 이런 상태임을 확인했다. 하나님이 통치하고 계신다면 그렇게 형편없는 인생관으로 뒷걸음치면서 그렇게 중요한 요소를 어떻게 무시할 수 있다는 말인가? 그리스도를 신뢰하고 따르는 이들이 순진한 낙관론자가 되어서도 안 되지만, 운명론적인 비관론자가 되어서도 안 된다. 사막에 가까이 접근했다는 징후는 인생에 대한 우리 시각에서 주권자 되신 하나님의 모든 중요한 역할을 실질적으로 배제할 때 나타난다.

4. 냉소적이고 비관적이며 비판적인 상태가 되고, 강압적이고 남들에게 오만하게 굴며, 심지어 심술궂은 마음이 생긴다

하나님이 우리 시야에서 멀어지면 성령의 통치를 받는 삶에서 멀어지고, 스스로 절제하는 노력이 전혀 없는 방탕한 삶으로 영적 황무지에 더욱 가까워지게 된다. 우리 마음 상태를 점검하고 태도를 훈련하기보다 비신앙적인 사고 과정을 보여주기 시작한다. 결국 그리스도로 변화된 사람들에게 전혀 맞지 않는 말과 행동으로 이런 태도가 구체화할 수 있다. 스스로 귀 기울여보라. 자신의 태도를 관찰하고 마음 상태를 점검해보라. 옛 본성이 드러나고 그리스도 안의 새로운 본성이 위축되고 있다면 영혼의 가뭄으로 접어들고 있는 것이 확실하다.

5. 하나님이 주시는 평화와 자족함을 잃고 쉽게 불안해하고 염려한다

하나님의 평강이 우리 마음을 더는 지배하지 않는다면 생명의 강가에 있던 당신의 자리가 뿌리째 뽑혔기 때문일지도 모른다(사 43:2). 기도와 감사함으로 간구하는 대신 늘 염려하고 불안해하며 자족할 줄 모른다. 정체를 알 수 없는 불안감에 휩싸여 초조함에 시달린다. 꼭 집어 설명하기는 어렵지만, 모든 것이 엉망이라는 생각이 들고, 한때 경험했던 하나님의 평강을 다시 누릴 수 있을지 의심이 든다.

바울은 이런 질병에 대해 다음과 같은 해결책을 제시했다. "아무것도 염려하지 말고 다만 모든 일에 기도와 간구로, 너희 구할 것을 감사함으로 하나님께 아뢰라 그리하면 모든 지각에 뛰어난 하나님의 평강이 그리스도 예수 안에서 너희 마음과 생각을 지키시리라"(빌 4:6-7). 그러나 영혼의 메마름이라는 사막으로 들어서면 하나님의 응답을 기다리지도 않고, 피할 길이 있어도 외면하며, 불만스럽고 침울한 상태로 힘없이 걸어가려고 한다. 대답을 알아도 문제와 어려움에 골몰하면서 불안과 염려의 구덩이에서 나뒹굴고, 그 대답을 활용하기를 거부한다. 하나님의 말씀으로 당신을 격려하고 확신을 심어주며 위로하려는 사람들은 도움이 되기보다 오히려 귀찮고 성가실 뿐이다. 그들이 들려주는 성경 말씀은 다 알고 있고, 하나님의 선하심과 성실하심을 알려주는 진리도 다 알고 있다. 그냥 혼자 내버려 두었으면 좋겠다. 이 상태에 머물면 기도 대신 염려하고 믿는 대신 불안해할 때 스며드는 어그러진 만족감이 당신을 엄습할 것이다. 이런 증상이 보일 때 기뻐하라. 사막이 바로 눈앞에 있다.

6. 하나님과 함께하는 시간을 소홀히 여기거나 줄인다

영적으로 고갈될 때 우리는 마땅히 해야 하는 일이 아니라 정반대의 일을 종종 한다. 주님과 시간을 보내도 마음에 아무 변화가 없고, 원하는 대로 이루어지지 않으며, 갈증이 사라지기는커녕 오히려 더 심해지는 것 같아 주님의 우물에서 물을 길으러 더 깊은 곳으로 두레박을 내리지 않는다. 오히려 그 두레박을 끌어 올리고 물 긷기를 포기한다. 잠시 두레박을 다시 내리려는 시늉은 할 수 있다. 그래서 다른 사람들의 눈에 별 문제 없이 잘살고 있는 것처럼 보일 수 있다. 그러나 사실은 아무 기대도 없이 잘살고 그런 흉내만 내고 있는 것이다. 따라서 긴 가뭄을 지나고 나면 아무 일 없다는 듯이 흉내를 내는 일에 더는 흥미를 느끼지 못하고, 결국 우물가에서 지내는 시간을 줄이거나 중단하기에 이른다.

이런 경험을 해본 적이 있는가? 신앙생활은 활력을 잃었고 하나님과 교감하지도 못한다. 그래서 앞으로 나아가기보다 오히려 뒷걸음질 친다. 오아시스가 있어도 목이 말라 죽어가는 것 같고, 흔들림 없이 주님을 추구하겠다는 결단을 내리거나 의지를 끌어모을 수도 없다. 주님과 깊은 교제의 시간을 보내 겠다는 결심은 점점 희미해지고 이제 메마른 공기로 입안이 타들어 간다. 가장 깊은 갈증을 해소해줄 유일한 물을 길어 마실 힘을 낼 수 있을지 자신이 없다.

7. 머릿속이 뒤죽박죽 혼란스럽고, 우선순위는 엉망이 되며, 가치에 역전이 일어난다

영적 탈수로 방향 감각을 상실하는 것은 신체적 탈수로 방향 감각을 상실하는 것과 유사하다. 우리 영혼의 메마름은 정보를 처리하고 건전한 결론을 도출하며 과감한 조치를 취하는 사고 능력에 영향을 미친다. 우리 안에 생수가 흐르지 않을 때 무엇을 할지 애써 궁리하지만, 사고하는 능력의 마비로 아무것도 하지 못할 때가 많다. 사소하고 일상적인 문제들이 꼭 필요하고 복잡한 일처럼 어렵게 느껴진다. 어떤 결정도 쉽게 내리지 못하고, 중요한 일과 우리 사역의 미래를 결정할 일을 구분할 수가 없다. 마음이 메말라서 균형 있고 통합적인 사고를 할 수 없기 때문에 어느 경우에도 우유부단하다. 이런 현상들이 익숙하고 당신의 상황을 대변하는 것 같다는 생각이 든다면 사막에 가까이 다가가고 있는 것이 아니라 이미 사막 안에 있는 것이다.

이런 상태에 있으면 자신이 직접 결정하지 않고 대신 결정을 내려줄 누군가를 원한다는 면에서 위험하다. 점심을 먹으러 어디로 갈지를 결정하는 문제라면 별로 문제 될 것이 없다. 그러나 비전과 방향과 교리 등의 문제에 대해 리더십을 포기할 때 하나님이 책임지고 감당하라고 맡기신 양 떼를 돌보는 목자로서 자신의 위치를 포기하는 것이다. 마음이 메말라 있으면 명확한 사고를 하지 못하게 영향을 미친다. 생각이 뒤죽박죽일 때는 그리스도의 뜻을 따를 수 없다. 이것은 심각한 영혼의 메마름으로 고통당하고 있다는 신호다.

8. 시간의 여유가 조금도 없고, 자원이 고갈된 상태여서 돌발 상황에 대처할 수 없다

조금도 쉴 틈이 없는 인생은 매우 효율적인 삶으로 보인다. 하지만 실수나 계산 착오에 대비한 여유를 전혀 두지 않는 삶은 지극히 소수만이 장기적으로 견딜 수 있는 심각한 스트레스를 유발한다. 연료를 재충전하기 위해 멈추기 직전까지 자동차 연료 게이지를 무시하고 최대한 주행하는 것과 비슷하다. 잠시 멋진 속도감에 취할 수 있지만 언제라도 연료가 바닥날 수 있는 위험을 자초하는 것이다.

최근에 이런 문제가 비교적 공론화되었다는 증거는 그랜트 하워드Grant Howard의 『크리스찬의 우선순위』Balancing Life's Demands*, 헨리 클라우드Henry Cloud와 존 타운센드John Townsend의 『No라고 말할 줄 아는 그리스도인』Boundaries**, 리처드 스웬슨Richard Swenson의 『여백』Margin***과 같은 책들이 호평을 받는 데서 확인할

---

* J. Grant Howard, *Balancing Life's Demands: A New Perspective on Priorities*(Portland: Multnomah, 1983), 『크리스찬의 우선순위』(순출판사 역간)

** Henry Cloud and John Townsend, *Boundaries: When to Say Yes, How to Say No to Take Control of Your Life*(Grand Rapids: Zondervan, 1992), 『No라고 말할 줄 아는 그리스도인』(좋은씨앗 역간)

*** Richard A. Swenson, *Margin: Restoring Emotional, Physical, Financial, and Time Reserves to Overloaded Lives*(Colorado Springs: NavPress, 1992), 『여유』

수 있다. 각 저자는 일정한 경계를 정하지 않고 살면서 불가피하게 생기는 돌발 상황에 전혀 대비하지 않을 때의 위험을 추적한다. 우리는 과부하 상태의 일정에 전혀 융통성을 두지 않으며 시간과 환경이 요구하면 이런 삶에 적응할 수 있다고 잘못 생각한다. 그러나 어떻게 적응하고 어디를 재정비한다는 말인가? 여유 공간이 없으면 우리 스스로 승산이 없는 삶의 방식을 스스로 강제하여 한때 풍부했을 활력과 힘의 저장고가 완전히 고갈될 수밖에 없다.

하나님은 피조물들이 회복할 시간을 주시려고 의도적으로 여백이 있도록 세상을 창조하셨다. 낮과 밤으로 하루를 나누시고 밤에는 숙면하고 주말에는 안식하며 연중 쉬는 계절을 주심으로 육신이 안식을 취하고 영이 회복되도록 배려하셨다. 모두 우리 존재의 직물에 유연성의 여백을 짜 넣으신 하나님의 디자인을 엿볼 수 있다. 주님은 부르신 모든 일을 우리가 감당할 수 있도록 완벽하게 준비해주셨다. 그리스도 안에서 그는 "그의 신기한 능력으로 생명과 경건에 속한 모든 것을 우리에게 주셨으니 이는 자기의 영광과 덕으로써 우리를 부르신 이를 앎으로 말미암음이라"(벧후 1:3). "내가 온 것은 양으로 생명을 얻게 하고 더 풍성히 얻게 하려는 것이라"(요 10:10)는 그리스도의 말씀대로 그분은 완벽하고 충분하게 준비해두셨다. 하나님은 우리 삶에 여백의 공간을 만들어주심으로 그 풍성함을 누리고 무분별하고 정신을 차리기 어려울 정도의 걸음*으로 인생의 모

(부글북스 역간)

* Noah Webster's *American Dictionary of the English Language*, 1828년도 판에서는 내가 말하고자 하는 '광적인'(frenetic)의 의미를 잘 포착하여 설명하고 있다. "phrenetic:

든 순간이 포화 상태가 되어 고갈되지 않게 배려해주셨다.

능률의 극대화에 대한 집착으로 '여백 없이' 인생을 필사적으로 살아가느라 허비한다면 결국 심각하게 비효율적인 삶을 살 수밖에 없다. 긴급 사태가 발생하면 대처할 여유가 남아 있지 않기 때문에 전화벨이 울리면 두려움이 몰려온다. 우리 시간이나 에너지를 누구도 더는 요구하지 않기를 바라며 의무적으로 메시지와 메일함을 살펴본다. 인생이라 부르는 낙타의 등에 지푸라기 하나 더 올릴 여유가 없음을 알기 때문이다. 이렇게 불균형하고 황폐한 삶이 그리스도께 절대적으로 헌신한 삶이라고 믿도록 기만한 신화를 우리는 어떻게 받아들이게 되었는가? 하나님이 허락하신 인생을 이렇게 남용히도록 그리스도가 권면하시거나 권장하신 적은 한 번도 없다. 아무리 열심히 뒤져보아도 "한 치의 여유도 부리지 않는 자들이 복이 있도다. 인생의 풍성함을 누릴 아무런 여유도 없는 필사적인 삶이 그들의 것이다"라는 내용의 복은 없다.

인생의 모든 영역이 경건한 우선순위*와 성경의 원리를 중

---

1. 강렬하게 무엇인가를 상상하거나 흥분하는 것. 이런 상태는 어느 면에서 판단력을 왜곡해 합리적인 일반인들과 다른 반응을 보이게 할 수 있다. 2. 거칠고 변덕스러운. 3. 어느 면에서는 정신적으로 문제가 있는."

* J. 그랜트 하워드(J. Grant Howard)는 *Balancing Life's Demand*에서 성경적인 우선순위의 문제에 대해 매우 유익한 통찰을 제공한다. 리처드 스웬슨(Richard Swenson)은 자신이 그랜트 하워드의 통찰에서 많은 도움을 받았다고 고백하며 이렇게 적었다. "흔히 생각하는 것과 달리 우리의 우선순위에 차례대로 순위를 매기는 식으로 균형을 잡아서는 안 된다. 하워드 박사가 조언하듯이 모든 것의 중심을 하나님으로 삼고 그 밖의 모든 것을 외곽에 배치해야 한다. 우리는 하나님을 사랑한 다음 배우자를 사랑하고 이어서 자녀, 그리고 자신과 교회를 사랑해야 하는 게 아니다. 하나님과 배우자와 자녀와 자신과 교회를 동시에 모두 사랑해야 한다. 마찬가지로 하나님을 100퍼센트 사랑하고 배우자는 95퍼센트, 자녀는 90퍼센트, 교회는 80퍼센트를 사랑하는 것이 아니다. 하나님의 기준은 이 모

심으로 영위되도록 적극적으로 노력하지 않으면 우리 삶의 에너지는 고갈되고 우물도 다 말라버릴 것이다. 하나님이 계획하신 풍성함은커녕 영혼의 메마름만 남을 것이다. 인생의 여백이 사라지면 영혼의 메마름이 매우 심각한 상태에 있다는 전형적인 징후임을 알아야 한다.

9. 평소보다 죄와 유혹에 더 쉽게 굴복하고, 이전에는 전혀 흥미를 느끼지 못했을 유혹에 더 취약해져 있다

실제로 사역을 끝내게 했던 파괴적인 선택을 한 동료 사역자들의 소문을 계속해서 듣노라면 그들이 왜 그런 심각한 결정을 내렸는지 의문이 생긴다. 그러나 우리의 생각이 뒤죽박죽되고 영적 사막의 바짝 마른 모래에 파묻혀 선명한 사고가 불가능하다면 우리는 가장 어리석고 터무니없는 죄와 유혹에 취약해질 수 있다. 쉽게 죄를 짓는 우리 마음이 판단력마저 흐려지면 누구나 위험한 상황에 부딪힌다. 영적으로 메마른 마음은 영원한 생명의 샘에서 매일 자양분을 공급받는 마음보다 더 쉽게 갈증을 해갈해준다는 대체물에 마음을 빼앗긴다. 물을 이미 흠뻑 머금은 스펀지는 다른 수분을 흡수할 여지가 없다. 마찬가지로 하나님으로 충만한 마음도 그러하다. 그러나 마음이 영적으로 메말라 있을 때 우리는 갈증을 해결해준다고 약속하는 다른 제안에 특별히 취약해진다.

악한 선택에 이미 굴복한 사람들의 인터뷰와 대화를 보면 잘못된 판단으로 영적 사막을 걷다가 엉뚱한 곳을 피난처로

든 사람을 항상 사랑할 것을 요구한다." Swenson, *Margin*, 220.

삼았다는 사실을 인정한다. 다윗은 주님의 도우심을 구했을 때 구원받을 수 있었다. "하나님이여 주는 나의 하나님이시라 내가 간절히 주를 찾되 물이 없어 마르고 황폐한 땅에서 내 영혼이 주를 갈망하며 내 육체가 주를 앙모하나이다"(시 63:1). 물이 없는 땅 한가운데 서서 우리 마음의 풍경으로 먼지바람이 불어오고 있다면 주의해야 한다. 특별히 죄에 취약한 때인 것이다.

* * *

이런 아홉 가지 영적 가뭄의 징조가 반드시 한꺼번에 나타나지는 않는다. 그러나 이런 징조들이 나타나면 가뭄이 머지않았고, 신앙을 회복하고 재충전해야 할 구체적인 노력이 있어야 한다는 경고다. 일상적인 그리스도인의 생활은 "시냇가에 심은 나무가 철을 따라 열매를 맺으며 그 잎사귀가 마르지 아니함 같으니 그가 하는 모든 일이 다 형통하리로다"(시 1:3)와 같은 모습을 지닌다. 예수님은 이렇게 말씀하셨다. "누구든지 목마르거든 내게로 와서 마시라 나를 믿는 자는 성경에 이름과 같이 그 배에서 생수의 강이 흘러나오리라 하시니"(요 7:37-38).

대부분의 사역자라면 인생의 어느 시점에서 목말라 허덕이는 사슴처럼 영혼으로 하나님을 갈망할 때가 있을 것이다(시 42:1-2). 그런 징조가 보이기 시작할 때 그분에게 나아가 마실 준비를 하라!

17장.
영혼이 메마르는 원인

피부암으로 여러 차례 고생한 뒤 나는 또 다른 합병증과 관련된 증상들은 무엇인지 열심히 공부했다. 더 심각한 문제가 생기고 있지는 않은지 마냥 수동적으로 기다릴 수가 없었다. 18개월 만에 세 번의 수술을 한 나는 마침내 조기에 병을 찾아내는 것이 중요하지만, 예방이 훨씬 더 중요하다는 사실을 이해했다.

마찬가지로, 목회자들은 영혼의 메마름을 단순히 식별하는 데서 그쳐서는 안 된다. 영혼의 메마름을 야기하는 요인들을 확인하고 예방적 조치를 취하는 법을 배워야 한다.

1. 누군가가 혹은 무엇인가로 '열이 올라간다'

속담에 따르면 왁스를 녹인 바로 그 불이 진흙을 굳게 한다.

무서운 시련이 덮칠 때 그 시련 역시 양면성을 지닌다. 우리 마음을 녹여서 하나님이 만지시기에 더욱 부드러워질 수도 있고, 마음이 완고해져서 하나님을 외면할 수도 있다. 사역에 몸담은 사람이라면 교인들의 공격이나 비난의 대상이 되기가 얼마나 쉬운지 알 것이다(14장에서 살펴본 대로).

목회자로 섬기면서 나의 단점을 거침없이 지적하는 교인의 이글거리는 눈빛과 이죽거리는 입술을 바로 눈앞에서 견뎌야 했던 적이 한두 번이 아니었다. 지금도 당시의 일들을 떠올리면 서로 설전을 벌이다가 점점 열이 오르던 느낌이 그대로 느껴진다. 솔직히 말해 나는 그 모든 상황을 여유를 가지고 너그럽게 대처하지 못했다. 주로 공격을 받는 입장에서 가능한 한 정중하게 반응하려고 했지만, 그다지 효과가 있지는 않았다. 어떤 경우에는 감정이 내면화되어 혼자 있을 때면 그들의 말이 얼마나 불공평하고 비열하며 엉터리인지 생각하다가 더욱 화가 치밀었다. 그렇게 분노의 불로 내 영혼이 완전히 메말라가는데도 나는 그대로 두었다.

분노와 좌절감은 영적 생명력의 저수지를 빠르게 고갈시켜 원한과 용서하지 않는 마음의 타는 듯한 열기로 표면이 마르고, 한때 시내가 흐르던 곳에는 메마른 웅덩이가 드러난다. 스스로 제대로 반응하지 못했다는 사실을 알기 때문에 죄책감을 느끼고, 그나마 남아 있던 수분마저 증발하고 말라서 갈라진 표면은 먼지만 날리게 된다. 어떤 상황인지 이해가 될 것이다. 사람들이 당신을 대하는 태도를 보면 화가 나고 열이 오를 수 있다. 하지만 자제력을 잃으면 사람들의 독설에 위축될 수 있다.

또한 힘들고 괴로운 상황 때문에 울화가 치밀어오를 수 있다. 교회는 항상 어려움에 직면하고 목회자는 그 어려움을 해결해야 한다는 많은 압박감을 받을 수밖에 없다. 인사 문제나 재정적 어려움, 교인들의 출석률 하락, 교리상의 의견 차이, 권력 게임, 위기 상담, 일정상의 갈등, 건축 사업으로 어려움이 생길 수 있다. 이런 문제들과 다른 문제들이 계속 쌓이면서 불이 붙고 영혼을 통째로 태워버리는 대화재로 발달할 적절한 환경이 조성되어간다. 어느 시점에 "열을 견딜 수 없으면 부엌에서 나가라"는 경고도 들었을 것이다. 하나님은 이 '부엌'으로 당신을 부르셨지만, 때로 뜨거운 열기로 숨쉬기조차 어렵다.

중·고등학교 시절, 아버지는 세탁소와 드라이클리닝 공장을 운영하셨고, 나는 주말이나 여름철이 되면 이곳에서 아르바이트를 했다. 덥고 습도가 높은 사우스캐롤라이나의 여름철에 에어컨도 없이 지붕이 평평한 건물에서 스팀 배관과 끓는 물이 뿜어내는 열기를 경험해본 사람은 별로 없을 것이다. 경련과 탈수로 인한 여러 후유증을 막기 위해 우리는 수많은 음료를 마셔야 했고, 땀을 흘리면서 잃어버린 미네랄을 보충하기 위해 비타민과 소금을 수시로 먹었다. 친구들이 왜 다른 곳에서 일하지 않느냐고 질문하면 나는 이 일이 우리 가업이고, 아버지가 가족의 도움으로 이 세탁소를 운영하고 계신다고 설명해 주어야 했다. 아무리 덥고 지치고 힘들어도 우리 가족의 일이었다.

목회자로서 우리는 하늘의 아버지와 함께 가업을 이끌어가고 있다. 사람으로 인한 열이든 환경으로 인한 열이든, 생각 이상으로 열이 뜨겁게 달아오르면 두 가지 결과 중 하나를 예측할 수 있다. 마음이 겸손해져서 주님께 나아가 회복을 경험하든지 아니면 마음이 완악해져서 주님을 등지고, 심지어 그 열기에서 지켜주지 않았다고 주님을 원망하는 것이다.

뜨거운 열기가 다가오고 있음을 안다면 대비하라. 그 열기가 영혼을 그을리고 영적으로 메마른 사막으로 끌고 가지 않도록 준비하라. 베드로는 이런 시련은 일상적인 차원이 아님을 분명히 일깨워주었다.

> 사랑하는 자들아 너희를 연단하려고 오는 불 시험을 이상한 일 당하는 것같이 이상히 여기지 말고 오히려 너희가 그리스도의 고난에 참여하는 것으로 즐거워하라 이는 그의 영광을 나타내실 때에 너희로 즐거워하고 기뻐하게 하려 함이라 너희가 그리스도의 이름으로 치욕을 당하면 복 있는 자로다 영광의 영 곧 하나님의 영이 너희 위에 계심이라…그러므로 하나님의 뜻대로 고난을 받는 자들은 또한 선을 행하는 가운데에 그 영혼을 미쁘신 창조주께 의탁할지어다(벧전 4:12-14, 19).

불이 날 수 있다. 하지만 열기를 예상하고 물가에 더 단단하게 뿌리를 내린다면 영적으로 메마를 일이 없다.

2. 그리스도와 동행할 수 있는 성결함과 순결함이 죄로 오염되어 있다

고백하지 않은 죄가 있으면 영적 메마름에 특별히 취약해진다. 당신과 주님 사이에 장벽이 생기면 죄책감을 일깨우는 양

심의 뜨겁고 무서운 바람이 불어와도 보호받을 길이 없다. 죄를 고백하지 않고 머뭇거리고 죄에서 돌이킬 마음도 없으면 주님의 용서를 저버리고 주님의 자비를 외면하게 된다. 기도해도 더는 위안을 받을 수 없다. 기도를 멀리하면 문제는 더욱 심각해진다. 죄로 주님과의 교제가 깨어졌고 은혜가 우리의 삶으로 흘러들어 오는 통로가 막혀버렸다.

성경의 두 구절은 그리스도 안에 있는 생명의 샘으로 접근하지 못하는 이유가 죄와 망가진 관계 때문이라고 설명한다. 첫 번째 구절은 시편이다. "내가 나의 마음에 죄악을 품었더라면 주께서 듣지 아니하시리라"(66:18). 죄를 품고 죄에서 돌아서지 않거나 죄를 버리지 않으면 주님과 우리 사이에 벽이 생긴다. 그렇게 해서 문제가 해결되지 않으면 하나님은 우리 말을 들어주시지도, 귀 기울여주시지도 않을 것이다. 다시 말해, 죄를 용서받고 다시 한번 불의에서 정결함을 입고 깨끗해져야 하는 것이다.

이 모든 것을 당신은 알고 있다. 하지만 이런 기본적인 진리를 알면서도 하나님과 거리가 생기도록 방치하고 은혜의 통로에서 단절되어 사랑의 샘을 막아버린 적이 얼마나 자주 있는가? 생명을 살리는 유일한 생명의 수원을 스스로 차단할 때 우리 영혼의 메마름은 피할 수 없다.

두 번째 구절은 기도로 그리스도께 나아가는 길을 막는 또 다른 장애물을 구체적으로 거론한다. 베드로는 아내를 존중하지 않을 때 기도 생활이 방해받을 수 있다고 경고한다.

남편들아 이와 같이 지식을 따라 너희 아내와 동거하고 그를 더 연약한 그릇이요 또 생명의 은혜를 함께 이어받을 자로 알아 귀히 여기라 이는 너희 기도가 막히지 아니하게 하려 함이라(벧전 3:7).

주님 앞에서 우리 마음이 완전히 메말라 있지만, 도대체 그 이유가 무엇인지 알 수 없을 때 베드로는 아내를 어떻게 대하고 있는지 살펴보라고 지적한다. 이유를 찾을 수 있을 것이다. 이와 관련된 직접적인 경험이 없고 성경도 구체적으로 거론하지는 않지만, 남편을 존중하지 않는 여러 다양한 직책의 여성 사역자들에게도 이것이 동일하게 적용될 것이다. 인정하기가 쉽지 않지만, 그 나라의 영광을 위해 동역하도록 주신 사람을 존중하지 않는다면 우리 기도는 응답받지 못할 것이다. 이것은 주님이 직접 주신 경고다. 이 문제를 해결하지 않으면 우리는 영적 메마름을 막아줄 생명수에 접근할 수 없다(계 21:6).

죄는 우리를 영적으로 완전히 고갈시킨다. 죄를 짓는 즉시 주님께 고백하고 회개하라. 그러면 그리스도와 우리 관계에 미칠 무서운 영향에서 피할 길이 보일 것이다.

3. 기꺼이 섬기고자 하는 마음이 시들해지고 그리스도와의 관계가 더는 성장하지 못하고 답보 상태를 보인다

지금의 신앙생활에 만족하고 있는가? 현재 수준에서 주님을 좇는 데 스스로 만족하는가? 주님과 동행하는 생활을 이 정도 선에서 만족하고 더는 모험을 감행하지 않기로 선택한다면 당신의 신앙생활은 '현상 유지' 상태에서 정체될 것이다. 하지만 실제로 '현상을 유지한다'는 것은 불가능하다. 역동적이고 영적인 성숙을 향해 나아가든지 아니면 뒤로 물러나서 먼지로 푸석거리는 영적인 사막으로 들어서게 될 것이다. 그리스도를 섬기거나 추구하는 영역과 방식을 확대하지 않고 제한하기로 하는 결정은 대개 의식적인 결정이 아니다. 단순히 중요하지 않게 보이는 일련의 결정들로 그렇게 된다. 그분의 뜻을 계속해서 거부하면 결국 성숙으로 가는 문을 닫고 후퇴하기 시작할 것이다.

때로 사람들의 이목에 연연하다가 영적 성장의 정체기에 들어갈 수 있다. 목회자가 어떻게 처신해야 하는지 이상적인 상像이 있을 것이고, 그 이상을 넘어서는 일은 광신적인 행동처럼 보여 거부감을 가질 수 있다.

예를 들어, 당신이 어릴 때부터 익숙한 전통적 예배 방식이 '훌륭한 목회자'로서 행실을 판단하는 기준으로 무의식중에 작동할 수 있다. 나는 근본주의적 부흥 운동의 전통이 있는 교회에서 성장했다. 어렸을 때 드렸던 예배는 '아멘'과 '하나님께 영광을'이라고 교인들이 큰 소리로 화답하거나 열광적으로 반응하는 식으로 마무리되었다. 설교는 항상 열정적인 목사님이 큰 목소리로 외치듯이 진행되었다(목사님을 항상 '설교자'로 불렀다). 이런 분위기의 교회에서 성장하지 않은 사람들에게 그런 '열광적인' 예배 경험은 상당히 거부감으로 다가올 것이다. 나는 그런 예배 방식에 익숙하기에 크게 거부감을 느끼지는 않았다. 하지만 내가 목사가 되자 설교와 예배에 대한 접근 방식이 매우 달라졌다. 더 나아졌다가 아니라 그냥 달라진 것이다.

다른 예배 전통들 역시 그 자체의 뚜렷한 특징을 지니고 있다. 우리가 보통 부딪히는 문제는 신학적인 문제라기보다 우리와 다른 사람들이 보여주는 스타일과 관련된 문제다. 형식에 얽매이지 않는 열정적인 목회자는 형식적이고 과묵한 목회자를 영적으로 죽은 사람이라고 무시할 수 있고, 반대로 후자는 전자를 광적일 정도로 도발적인 사람이라고 생각할 수 있다. 신학보다는 스타일이 문제가 되는 경우라면 우리와 다르다는 이유만으로 혹은 우리와 기호가 다르다는 이유만으로 상대방의 전통을 무시하지 않도록 조심해야 한다.

예배 방식의 차이 외에 교파의 문제와 교회 정치 문제가 기준을 설정하는 문제와 관련해 임의적인 장벽이 될 수 있다. 본인이 생각하는 올바른 기준으로 운영되지 않는 교회나 자신이 원하는 어린이, 선교, 여성 프로그램이 없는 교회에 다닐 마음이 없다고 큰 소리로 이야기하는 사람들이 있다. 또 돈을 빌려서 건물을 짓는 교회나 특정 형식과 구조에 충실한 설교를 하지 않는 교회에 참석할 마음이 없다고 말하는 사람들도 있다. 사람들이 스스로 한계를 규정하는 곳은 예수 그리스도를 위해 온전히 삶을 바치고 헌신하고 싶다는 간절함보다는 그들의 기질과 편견이 더 강하게 작동하고 있는 곳이다.

그러나 자신에 대해 지나치게 엄격한 경계를 설정했다면 어떻게 하겠는가? 당신의 말을 들어주리라 생각하는 누군가나 주님께 앞으로 할 일이나 절대 하지 않을 일을 일방적으로 선언했다면 어떻게 하겠는가? 그러나 그런 당신의 선언이 성경에서 근거를 찾을 수 없다면 어떻게 하겠는가? 손을 들고 찬양하는 것처럼 감상적이고 열광적인 예배 방식을 절대 용납하지 않겠다고 결정했지만, 주님이 공동체 예배 중에 그런 마음을 주셨고, 그런 부추김을 도무지 외면할 수 없을 때는 어떻게 해야 하는가? 설교를 절별 강해 방식으로 하겠다고 결정했다면 주님이 주제별 메시지를 전하고자 하는 마음을 주실 때는 어떻게 해야 하는가? 어떤 주제에 대해 담대하게 선언했지만, 성경적으로 근거를 찾기 어렵고 주님이 다른 방향으로 나를 인도하신다면 어떻게 해야 하는가? 내가 정한 기준을 고수하기로 했다면, 나의 이런 완고함으로 생명수의 유입이 차단당하고 영적 건기가 시작될 수 있다. 주님이 어떤 일을 맡기려고 하셔도 내가 자원하는 마음으로 순종하지 않을 때 굳이 또 다른 일을 믿고 맡기실 이유가 있겠는가?

우리는 종종 그리스도 안에서 성숙에 이르도록 자라기를 진심으로 원한다고 쉽게 말하지만, 성장을 평가하는 우리의 판단 여부에 따라 우리의 실제 행동이 제약을 받는다. 그러므로 그리스도가 우리의 안전지대를 벗어나 새로운 신뢰의 영역으로 당신을 따라오라고 부르시더라도 우리는 그 부르심에 흔쾌히 응하지 않고 망설인다. 그러다가 영적 건기가 우리를 덮치면 주님의 뜻을 더 알고 깨닫게 해달라고 부르짖지만, 그분의 음성을 들을 수가 없다. 결국 하나님이 이미 말씀해주셨지만 우리가 귀를 막고 듣지 않았음을 알게 된다. 이미 그분은 뜻을 보여주셨지만 우리가 순종하지 않기로 작정했던 것이다. 그런데도 우리는 우리 입장을 완강히 고수하면서 하늘의 문을 여시고 우리에게 축복을 비처럼 내려주시기를 구한다. 우리를 덮친 건기를 원망하면서, 우리가 성실하고 끈질기게 주를 구했는데도 하나님이 침묵하고 외면하신다고 항의한다.

주님은 이런 우리를 얼마나 어리석게 보시겠는가! 주님의 기쁨의 강이 바로 우리 뒤에, 우리 스스로 가지 않겠다고 거부했던 바로 그곳에 지금 그대로 있지 않은가(시 36:8).

이와 관련해 나의 경험담을 들려주고 싶다. 신학교 마지막 학기가 끝나갈 무렵 졸업을 준비하는 대다수 사람처럼 나 역시 주님이 원하시는 사역지를 달라고 기도하고 있었다. 문제는 내가 흥미가 없는 사역에 대해 이미 말씀을 드렸고, 따라서 그와 관련된 사역 기회가 주어져도 전혀 귀를 기울이지 않았다는 것이다. 나는 지난 6년 동안 학생 사역에 종사했고, 이제 교회를 목회할 준비가 되어 있다고 자부했다.

그러나 내가 무엇을 준비했건, 얼마나 간절히 기도하고 얼마나 많은 이력서를 보냈건 문의를 받는 분야는 모두 청소년 사역이었다.

나는 주님이 나를 이끌어가시려는 방향에 대해서는 외면하고 관심을 차단한 상태에서 하나님의 뜻을 구하다가 도리어 영적 건기를 경험하였다. 내 인생에서 그 어느 때보다 주님의 음성이 필요한데도 왜 그런 어려움을 겪게 하시는지 이유를 알 수 없었다. 마침내 특정 청소년 사역자 자리에 대해 다섯 번의 제안을 받은 뒤에야 주님이 이미 말씀하고 계셨지만, 내가 들으려 하지 않았을 뿐이라는 생각이 들었다. 하나님은 내게 무엇이 필요한지 알고 계셨지만, 내가 나를 더 잘 안다고 자신했던 것이다. 내 앞에 있는 사막 때문에 바로 뒤에 있는 강을 보지 못했다. 뒤를 돌아보고서야 그 자리에 계속 강이 있었음을 깨달았다. 나는 나를 향한 하나님의 계획을 놓칠 뻔했다.

주님은 완전히 다른 곳에서 일하기를 원하시는데 우리가 영적 성장에 대한 특정 방향을 미리 결정해두고 기도하면 유사한 일을 경험할 수 있다. 우리는 하나님이 하시는 일을 제약할 수 없다. 또한 우리를 성장하게 하시려고 하나님이 어디까지 우리를 데려가실지 한정 지을 수도 없다. 만약 그런 짓을 하려 한다면 메마르고 먼지 날리는 건기가 기다리고 있을 것이다.

4. 공적 사역을 준비하느라 개인적인 신앙 성장을 게을리한다

사역 리더들이 겪는 위험의 하나는 영적 영역에 익숙해서 마치 그 영역이 평범한 영역인 것처럼 인식할 수 있다는 것이다. 매주 성도들을 성경 말씀으로 가르쳐야 할 책임이 있기에, 성경을 연구하고 기도하는 데 시간을 투자하고 준비해야 한다. 무엇보다 주일 아침 설교와 다른 설교 시간이 닥쳤는데 목사가 잘 준비되지 않았다면 당혹스러울 것이고, 교인들은 목사의 준비 부족과 태만을 그리 오래 용납하지 않을 것이다. 그러면 목사는 외부의 평가나 사람들의 시선이 두려워 매주 설교하고 가르치기 위한 준비 시간을 가장 우선하게 된다. 사역 초기에 나는 하나님의 말씀으로 성실하게 가르쳐 성도들을 훈련하고 구비하도록 한다는 소명을 감당하기 위해 밤을 새워서라도 준비하는 데 정성을 들이지 않으면 강대상에 절대 서지 않겠다고 결심했었다.

목회자로서 사역하면서 '정성을 들이다'의 의미를 두고 고민하고 고심하기는 했지만, 지금까지 완벽하게 설교 노트가 준비되지 않으면 강대상에 서지 않았다. 그러나 사역한 지 2년 정도 지났을 무렵 괴로운 경험을 한 적이 있다. 주일 아침에 샤

위하면서 일주일 동안 준비한 설교지만 하나님이 그날 말씀하시려는 내용이 아닌 것 같다는 느낌을 받았다. 그런 생각이 더욱 확고해지자 나는 부리나케 설교 내용을 바꾸고 주님을 의지하는 마음으로 기도하며 강대상에 올랐다. 흥분되는 아침이었다. 매주 최선을 다해 그 시간을 준비하고 일정을 조정하며 설교를 준비하느라 얼마나 애를 썼는지 모른다. 생각하는 것 이상으로 항상 더 많은 시간이 소요된다.

그러나 목회자로서 책무를 넘어 나는 하나님의 자녀이자 아버지의 구속함을 입은 입양아다. 그러므로 매일 인생의 가장 중요한 우선순위로 그 관계를 가꾸는 일에 시간을 투자하도록 부르심을 받았다. 어떤 이유로 더는 목회직을 수행하지 않게 되더라도 여전히 나는 그리스도의 소유다. 개인적이고 친밀하게 주님과 더 깊은 교제와 관계를 누리도록 최선을 다해야 한다. 목회자가 되기 전에 이미 나는 주님의 양 떼를 목양한다는 직업적 소명 때문에 목자이신 분을 알아가고 사랑해야 하는 나의 영원한 소명을 소홀히 해서는 안 된다는 사실을 알았다. 바울은 "내 주 그리스도를 아는 지식이 가장 고상하[다]"(빌 3:8)고 말했고, "무엇이든지 내게 유익하던 것을 내가 그리스도를 위하여 다 해로 여기는"(빌 3:7) 무한한 지혜에 관해 이야기했다. 이 구절은 내가 중요한 결단을 내리는 데 도움이 되었다. 아무리 목양의 특권이 소중해도 그리스도 예수를 알아가는 중요한 일을 소홀히 할 수 없었던 것이다.

이런 결단 덕분에 주님과 개인적으로 교제하는 시간을 설교와 가르침을 준비하는 시간과 분리할 수 있었다. 물론 이것이 절대적인 기준은 아니다. 나는 서로 보완할 때 더 풍성한 은혜를 경험하는 수많은 영역이 있음을 배웠다. 하지만 나는 훈련을 통해 설교를 준비한다고 개인 묵상 시간을 게을리하지 않도록 노력해왔다. 매일 주님이 주시는 말씀을 듣지 않으면 영혼은 심각한 고갈 상태에 이른다. 이 결심대로 실행하지 않는다면 내 마음과 영혼에 먼저 적용되어야 할 교훈의 말씀과 죄를 깨닫게 해주는 말씀을 설교 대상인 교인들의 상황에만 적용하는 잘못을 너무나 쉽게 저지를 수 있다. 물론 설교자는 교인들에게 설교를 해도 먼저 스스로 그 설교를 경청해야 할 것이다. 하지만 오직 하나님의 임재를 경험한다는 목적으로 매일 시간을 정하고 고요한 가운데 주님의 음성을 들으려고 귀 기울이는 것은 다른 차원의 문제다. 나 자신의 영적 자양을 위해 하나님의 말씀을 읽고 연구한다면 나중에 설교하러 단상에 설 때 하나님이 사람들에게 전하기 원하시는 말씀을 내 영혼이 더 잘 들을 준비가 되어 있을 것이다.

기도 역시 마찬가지다. 사역자는 다른 사람들이나 교인들 앞에서 기도하는 경우가 적지 않기 때문에 개인 기도 시간을 줄여도 얼마든지 스스로 합리화할 수 있다. 한 동료 목사는 개인적인 기도 시간을 거의 갖지 않는다고 말한 적이 있다. 개인 기도 시간을 줄이는 대신 다른 사람들과 함께 정기적으로 기도할 수 있도록 일정을 짠다고 한다. 그는 그런 훈련으로 개인 기도의 필요성을 충족할 수 있다고 생각했다. 매우 효율적이지만 주님과 친밀하게 교제하고 싶은 마음의 갈망을 충족하기에 충분한가? 그렇지 않다. 기도로 주님과 독대하는 것은 확실한 가치가 있는 행위이며, 성경에서도 여러 사례와 교훈을 통해 이렇게 훈련하라고 권면한다(막 1:35, 마 6:5-6).

개인적으로만 다룰 수 있는 또 다른 영역은 하나님의 진리를 우리 마음에 새기고 그리스도의 성품을 닮아가도록 그 진리의 닻을 내리는 수단이 되는 묵상과 성찰이다. 청교도 사역자이자 저자인 너대니얼 라뉴^{Nathanael Ranew}는 『거룩한 묵상으로 더욱 완성되어가는 고독』^{Solitude Improved by Divine Meditation}이라는 책의 서문에서 놀라운 통찰력으로 이렇게 썼다.

> 경건한 마음으로 오롯이 혼자서 오락을 즐길 수 있는 세 가지 방법이 있다. 가장 고독할 때 가장 고독하지 않을 수 있는 희귀한 세 가지 방법이다.
>
> 스스로 오락을 즐기는 첫 번째 방법은 순결하고 완벽하며 무오한 말씀이자 우리에 관한 그리스도의 뜻인 성경을 궁구하는 것이다.
>
> 두 번째 방법은 거룩한 묵상이다. 지식을 축적할 목적으로 영적인 일들과 흥미로운 수행법을 연구하거나 영적인 용도에 맞게 활용하도록 모든 일을 두루 음미하고 살피는 것이다.
>
> 스스로 오락을 즐기는 세 번째 방법은 홀로 기도드리는 것이다. 이것은 그리스도의 말씀 안에서 오직 그 뜻에 바탕을 두고 그 뜻대로 드리는 기도이며, 진지한 묵상으로 준비되고 보강하며 더욱 현명해지는 기도다.
>
> 묵상은 말씀을 읽고 기도하는 두 행위를 이어주는 역할을 하고, 성경 읽기를 보완해주며, 기도에 더욱 열중하도록 돕는 역할을 한다. 기도를 위해 특별히 선택한 묵상집으로 지성을 고양하고 거룩한 열정으로 마음을 충만하게 채울 수 있다.*

---

* Nathanael Ranew, *Solitude Improved by Divine Meditation*(1839, 재판, Morgan

주님과 독대하는 시간을 투자하지 않고서 어떻게 거룩한 열정으로 우리 마음이 충만해질 수 있겠는가? 성경 공부를 위해 시간을 투자하는 것이 설교 준비에 꼭 필요하듯이, 주님과 홀로 교제하는 시간은 우리 마음을 준비하는 데 꼭 필요하다. 이 두 일은 동일하지 않으며 그렇게 되어서도 안 된다.

목회자는 공적 사역을 개인적인 묵상이나 기도로 영적 자양분을 공급받는 시간과 명확하게 구분해야 한다. 그렇게 하지 않으면 생명수로 회복되기는커녕 사막으로 떠밀려가서 모래에 질식할 위험에 처할 수 있다.

5. 올바른 교리와 정통 신학으로 정신의 지식욕은 충족했지만, 하나님을 알고 사랑하며 섬기고 싶은 마음의 갈망은 한 번도 채워진 적이 없다

교리를 올바로 정립하면 우리 믿음이 영원한 진리에 닻을 내릴 수 있다. 진리의 토대와 올바른 사고의 기초가 정립되지 않으면 헛된 생각과 궤변으로 된 모래 위에 믿음의 집을 짓게 된다. 기독교 신앙은 계시된 진리의 반석 위에 터를 잡아야 한다. 그러나 그 진리는 우리의 생각에 뿌리내리는 이상이 되어야 한다. 우리 마음을 침투하고 장악해야 하는 것이다.

신학교에 재학 중일 때 '죽은 정통성'이라는 표현을 처음으로 들었고, 그 말이 무슨 의미인지 이론상으로는 이해했다. 어

PA: Soli Deo Gloria Publications, 1995), vii-viii.

느 주일 엄격하고 세세한 신학으로 이름이 난 교회에서 그 실체를 정면으로 마주하게 되었다. 예배 시간에 목사님은 정확히 조합된 온갖 올바른 용어를 막힘없이 인용하고 정확한 성경적 근거를 제시하면서 마치 신학교 교과서처럼 건전한 교리를 자세히 소개해주었다. 그러나 그 교리의 향연에 생명과 영적 활력은 느껴지지 않았다. 실제로 근본적으로 인생이 변화되는 진리를 고백하고 있다는 느낌이 전혀 들지 않았다. 객관적인 기준으로 보면 아무것도 빠진 것은 없었다. 하지만 주관적인 시각으로 보면 그 경험은 생명이 아닌 죽음의 냄새만이 가득했다.

올바른 신학을 정립한다고 해서 "경건의 모양은 있으나 경건의 능력은 부인하는"(딤후 3:5) 건조하고 지루한 형식적 종교에서 자유로울 수 있는 것은 아니다. 참된 신앙은 사실을 받아들일 뿐 아니라 예수 그리스도의 부활의 능력으로 말미암아 새 생명으로 변화시키는 능력을 보여준다. 여러 정통 신앙에 집착하는 사람들은 교리의 모든 세세한 부분까지 방어하는 일에 엄청난 시간을 투자하지만, 진리를 있는 그대로 조금도 희석하지 않고 주의 백성에게 전하라는 하나님의 확고한 뜻을 소홀히 여긴다. 그렇다. 우리는 "성도에게 단번에 주신 믿음의 도를 위하여 힘써 싸워야"(유 1:3) 하며, "너희 속에 있는 소망에 관한 이유를 묻는 자에게는 대답할 것을 항상 준비하여야"(벧전 3:15) 한다. 그러나 매일 변화되어 그리스도의 형상*을 닮아

---

* 롬 8:29.

가는 자로서 순결한 삶을 살아가며 새롭게 변화된 마음*이라는 역동적 실체의 넘치는 힘으로 이 일을 해야 한다. 의로운 삶이 동반되지 않은 '올바른 믿음'은 우리 영혼이 메말라가는 사막 환경을 조성한다.

성경적인 정통성을 강조하고 신학적으로 건전한 믿음을 고백하는 이들 중에 일부러 영적으로 죽은 신앙을 선택하는 사람은 없을 것이다. 그러나 "네 자신과 가르침을 살펴 이 일을 계속하도록"(딤전 4:16) 주의하지 않으면 타고난 천성은 결국 더 쉬운 선택으로 기울기 마련이다. 옳은 것을 가르치는 일은 올바로 살면서 실제 생활 속에서 그 가르침을 실천하는 일보다 쉽다.

6. 깨진 관계는 회복되지 않았고, 원망과 용서하지 않는 마음의 잡초가 영적인 생명력을 옥죈다

우리 영혼을 고갈시키고 죽이는 죄의 영향력에 대해 이미 살펴보았으므로 이제 이 문제를 간단히 언급만 할 것이다. 모든 목회자는 교인들이 서로 상처를 주거나 의견의 불일치로 갈등하는 문제를 숙명처럼 다루어야 한다.

나의 행동이 사람들에게 어떤 영향을 줄지 자신을 완전히 통제하기란 어렵다. 사역 팀에 속한 사람 중에 당신을 이해하거나 인정하려 하지 않는 사람도 있을 것이다. 실제로 목회자로서 그들의 기대 수준에 당신이 전혀 부응하지 못한다고 쉽게

---

* 롬 12:2.

화를 내고 끊임없이 실망하는 사람도 있을 것이다. 우리 교회가 시작되고 1년도 지나지 않았던 어느 시점에, 창립 멤버인 열두 가정 중 일부가 그들이 애초에 바라던 것처럼 교회 사역이 진행되지 않는다는 이유로 교회를 떠나겠다고 통보했다. 특히 목회자로서 나의 사역이 그들의 기대에 못 미친다고 했다. 그들의 일방적인 통보로 마음이 무너져 내릴 듯 고통스럽던 기억이 지금도 생생하다. 쉽지 않은 일이었지만 나는 교회를 떠나기로 한 몇몇 부부를 만났다. 비록 마음이 편치 않은 이별이지만, 웃으면서 헤어져야 서로 마음의 앙금을 털어버릴 수 있다고 설득했다. 그리스도 안에서 성장하려면 고통스러워도 꼭 해야 하는 일이었다. 서로 미움을 갖지 않고 부정적인 감정이 남아 그 후유증에 시달리지 않도록 하기 위해서였다. 내 마음에 악의를 남기지 않고, 가능하다면 그들에게도 악감정이 남지 않도록 털어버리고 싶었다.

성경의 가르침이나 기본적인 인간의 도의를 생각해서라도 나는 다른 사람들과 화해하는 것을 나의 의무라고 생각한다. 그들이 내가 내미는 화해의 손길을 외면하더라도 상관없다. 바울은 "할 수 있거든 너희로서는 모든 사람과 더불어 화목하라 …그러므로 우리가 화평의 일과 서로 덕을 세우는 일을 힘쓰나니"(롬 12:18, 14:19)라고 썼다. 나의 잘못으로 누군가가 마음의 평화를 위협받으면 용서를 구해야 한다. 의도치 않게 사소한 상처를 주었다고 하더라도, 나도 모르게 사려 깊지 못한 행동을 했더라도, 상실의 아픔을 주었지만 원칙적으로 정당화될 수 있다고 해도, 형제나 자매와의 관계가 손상을 입었으면 가서 보상해주어야 한다.

사역하다 보면 손상된 관계의 짙은 먹구름이 수시로 몰려온다. 설교하러 강단에 섰을 때 예배에 참석한 다른 누군가와 도무지 타협 불가능한 차이로 갈등하는 사람이 시무룩한 얼굴로 앉아 있는 것을 보면 그들 위에 드리운 어둠으로 내 마음도 어두워지는 때가 적지 않다. 때로 그 대상이 나인 경우도 있다. 다가오는 폭풍의 징조를 무시하고 아무 일도 없다는 듯 태연한 척한다면 나도, 나와 관계가 불편한 사람들도 영혼의 건기를 스스로 불러들이게 될 것이다. 한때 사역의 동지였지만, 이제 이글거리는 증오의 눈으로 나를 바라보는 시선 앞에서 나의 영혼은 순식간에 위축되고 고갈되어버린다. 다윗은 자신의 인생에 이런 사태가 벌어지자 애통해하며 이렇게 적었다. "내가 신뢰하여 내 떡을 나눠 먹던 나의 가까운 친구도 나를 대적하여 그의 발꿈치를 들었나이다…나는 그들이 병들었을 때에 굵은 베 옷을 입으며 금식하여 내 영혼을 괴롭게 하였더니…그러나 내가 넘어지매 그들이 기뻐하여 서로 모임이여 불량배가 내가 알지 못하는 중에 모여서 나를 치며 찢기를 마지아니하도다"(시 41:9, 35:13, 15).

그런 일이 생길 때 생명수의 근원에 계속 머물러 있기를 원한다면 오직 한 가지 방법밖에 없다. 주님은 매우 명확하고 단호하게 서로 미워하고 증오하는 자들과 화해하는 우선순위로 삼으라고 명령하셨다. "그러므로 예물을 제단에 드리려다가 거기서 네 형제에게 원망 들을 만한 일이 있는 것이 생각나거든 예물을 제단 앞에 두고 먼저 가서 형제와 화목하고 그 후에 와서 예물을 드리라"(마 5:23-24).

누군가와 화해하기 위해서는 한 번 찾아가는 것으로는 충분하지 않을지 모른다. 나의 경험으로 볼 때 한 사람에게 여러 차례 찾아가야 할 것이다. 그들이 어떻게 반응할지는 그들의 삶에 계시는 성령의 역사에 얼마나 예민하게 깨어 있는지에 달려 있다. 당신이 성령 대신 일할 수는 없지만, 그분이 요청하시는 일은 할 수 있다. 그래야 당신을 통해 흐르기를 원하시는 자비가 어떤 것에도 방해받지 않고 흘러갈 수 있다. 상처 입은 사람을 찾아가지 않고 외면하거나 용서하지 않는다면 영혼에 물을 대어주는 수로가 막힐 것이다. 당신에게 상처를 준 사람에게 원한을 품거나 악감정을 품으면 그런 감정을 초래한 당사자는 정작 아무 대가를 치르지 않고 무사한데 오히려 당신의 영적 건강이 치명적인 손상을 입을 것이다.

우리는 몇 번이나 용서해주어야 하는가? 베드로 역시 같은 질문을 했다. 이에 대한 예수님의 대답은 신속한 해결을 원하는 사람에게는 매우 실망스럽다. 예수님은 일흔 번씩 일곱 번 용서하라고 말씀하셨고, 이렇게 해서 누군가를 용서하는 데 대한 한계를 철폐하셨다. 여전히 누군가에 대한 원망을 버리지 못하고 악감정을 품고 다니거나 누군가의 이름만 들어도 발끈한다면 이전처럼 다시 용서하라고 부추기시는 성령의 손길을 의지해야 한다. 모든 악감정과 관계의 상한 부분이 마음에서 다 사라질 때까지 용서해야 한다. 그러면 주님이 주시는 기쁨의 물결이 영혼에 밀려드는 것을 경험할 것이다(시 36:8). 용서하지 않을 권리에 집착한다면 영혼이 메마르는 것은 시간문제다. 용서하지 않을 때 우리 마음은 영적 생명력과 활기를 빼앗기고 포도나무에서 잘린 나뭇가지처럼 시들고 말 것이다.

* * *

사막의 경험은 몸서리칠 정도로 혹독할 수 있다. 완전히 균형을 잃어버릴 수 있다. 가뭄의 증상과 원인을 확인한다고 해서 그 문제를 해결하고 다시 물이 풍부한 곳으로 되돌아왔다는 의미는 아니다. 영적 탈수 증상으로 휘청거리고 비틀거릴 때 우리는 가능한 한 신속하게 해결책을 찾아야 한다. 사막에서 신속히 나가야 한다.

18장.
영혼을 회복시키시는 하나님을 의지하기

　　영적인 가뭄이 시작되면 타는 듯한 갈증으로 아무 곳에서나 목을 축일 정도로 우리는 필사적일 수 있다. 하지만 이런 행동은 어리석을 뿐 아니라 갈증보다 더 심각한 문제를 일으킬지도 모른다. 수원이 오염되었거나 더 심할 경우 독극물이 퍼져 있어서 도움이 되기는커녕 해를 입을 수 있다.

　　일행과 함께 하와이로 선교 여행을 간 적이 있다. 그중 일부가 평지 주변에 있는 산을 오르기로 했다. 우리는 바다가 보이는, 바다에서 불어오는 미풍과 경관을 즐길 수 있는 곳에 숙박하고 있었다. 가이드가 그렇게 멀지 않은 곳이라고 자신 있게 말해주었기 때문에 우리는 등산에 필요한 물품을 별로 챙기지 않고 가벼운 마음으로 출발했다. 네 명이 나누어 마실 물만 한 병 준비했다.

　　해가 따갑게 내리쬐고 발밑의 모래는 달아올라 뜨거웠지만, 정상에 이를 때까지 물을 마시지 않고 아꼈다. 마침내 산 위에 도달했을 때 그 산이 우리와 바다 사이의 첫 산에 불과하다는 사실을 알고 얼마나 황망했는지 모른다.

가이드는 또다시 바다가 그렇게 멀지 않다고 자신 있게 말했고 우리는 목을 축이고 산을 내려가기 시작했다. 그리고 마지막 산이라고 생각한 곳을 오르기 시작했다. 두 시간 뒤 우리는 이 등산의 허망함을 깨달았다. 아무리 애써 가더라도 계속 또 다른 산이 기다리고 있었다. 이때쯤 누구라도 쓰러지지 않고 무사히 되돌아가기 위해서는 물을 아껴 마셔야 한다는 것을 알았다.

다행히 큰 사고 없이 무사히 숙소로 돌아왔지만, 우리는 완전히 지쳐버렸고 모험을 완수했을 즈음 심한 갈증을 느꼈다. 우리는 목을 축일 만한 음료나 물을 찾아 가장 가까운 곳으로 달려갔다. 다행히 콜라와 환타를 파는 작은 가판대가 있었다. 만약 그들이 원하는 대로 가격을 부르더라도 우리는 기꺼이 돈을 치렀을 것이다. 지금까지 경험해보지 못한 타는 듯한 갈증이었다. 당장 해결해야 했다. 나는 콜라 두 병을 사서 첫 번째 병을 단숨에 들이켰다. 두 번째 병은 홀짝거리며 음미하듯이 마셨다. 액체에다 차가웠기 때문이었다. 그러다가 예상치 못한 일이 일어났다. 당장 시원한 맛은 있었지만 콜라의 높은 당분 함량 때문에 더욱 심한 갈증을 느낀 것이다. 그 갈증은 생수를 마셔야만 해결될 수 있었다. 결국 나는 생수를 찾아 마셨고 마침내 타는 듯한 갈증을 해결할 수 있었다.

이런 이야기를 하는 이유는 한 가지다. 영적인 가뭄으로 해갈이 필요할 때 진정으로 해갈하게 해줄 방법을 찾아야 한다는 것이다. 많은 사역자가 가뭄을 만나면 문제를 오히려 악화시키는 방향으로 해결책을 찾아 달려가는 경우를 보게 된다. 어떤 사람들은 그 상태로 몰아넣은 바로 그 상황에 더욱 깊이 발을 담글 것이다. 어떤 사람들은 도움이 되는 것 같지만 부적절하고 심지어 해롭다고 드러난 해결책을 시도할 것이다. 하지만 만족스러운 유일한 해결책은 주님의 임재를 다시 회복할 수 있는 과정을 따르는 것이다.

1. 영혼의 메마름이 감지될 때 치료를 미루지 말고 즉각 실행 계획을 마련하라

하와이의 산행 경험을 통해 우리는 우리에게 주어질 도전을 제대로 대비해야 한다는 생각이 들었다. 우리는 산 정상까지 갔다가 돌아오는 짧은 산행이라서 함께 나누어 마시기에 넉넉한 양의 생수를 챙겨 갔다고 생각했다. 하지만 우리가 생각한 것보다 산행이 길어지고 더 힘든 과정이라는 사실을 몰랐고, 생각보다 더 날씨가 덥다는 것도 예상하지 못했다. 사전 정보가 충분하지 않았던 탓에("그렇게 멀지 않다"는 말은 전혀 사실이 아니었다) 여러 필요에 대한 준비가 턱없이 부족했다.

돌이켜 생각해보면 첫 번째 산을 올라간 뒤 바로 돌아와야 했다. 갈증을 느꼈을 때 문제를 해결하기 위해 더는 미루지 않고 신속히 결정을 내렸어야 했다. 하지만 우리는 오히려 계속 산행을 이어가기로 하고, 당시에도 이미 부족했던 물자를 그대로 사용하기로 했다.

사역 중에 영혼의 메마름으로 갈증을 느꼈지만, 현명하게 즉각 해갈할 방법을 찾지 않고 앞에 있는 산이 오르기에 어렵지 않아 보여서 계속 산행을 이어가기로 한 적이 몇 번이나 있었는가? 선견지명보다 때늦은 지혜가 더 낫다지만, 사역자로서 그런 경험을 몇 번이나 했다면 영적 메마름이 시작되었음을 보여주는 징후와 원인을 식별하는 법을 배워야 하지 않겠는가? 그 증상들을 보고 그 영향을 생생하게 느꼈다면 행동에 나서야 할 때다. 즉 말라버린 물통을 다시 채울 방법을 찾아야 한다. 처리를 미루면 문제가 더 복잡해지고 채워 넣어야 할 물의 양이 더 많아질 뿐이다.

영적 생명력의 결핍으로 영혼이 시들어가고 있을 때 하던 일을 감행하려는 결정은 성령의 충만하게 하심이 없어도 살아갈 수 있다고 생각한다는 뜻이다. 다시 말해, 사역의 열매를 맺게 해줄 유일한 힘의 도움을 받지 않고 사역을 시도하려는 것이다. 기름이 떨어진 차를 억지로 미는 것은 절대 근본적인 해결 방법이 아니다. 영적 가뭄이 찾아올 때 우리는 그리스도의 생명수로 다시 채워지도록 당장 실행 계획을 마련해야 한다.

2. 위험한 환경에서는 극적인 조치가 필요하고 평소와 다른 비상한 방법을 행동 계획에 넣어야 한다

상실을 회복하기 위해서는 더 많은 시간을 사용하고 관심을 기울여야 한다. 위기를 겪고 있든지 아니든지 인생은 계속 이어진다. 언젠가 교회 지체의 특별히 고통스러운 죽음을 경험한 후 많은 사람이 그 가족이나 친구들과 슬픔을 나누며 고통스럽고 비극적인 죽음으로 생긴 깊은 상처를 달래주고 있었다. 그 가족의 집에 앉아 무심코 창밖을 보던 나는 세상 사람들이 평상시와 전혀 다름없이 일상을 이어가며 우리가 겪고 있는 고통은 전혀 알 바 아니라는 듯이 바쁘게 오가는 모습을 보았다. 어느 날 우리와 함께 웃고 울던 사람이 사라지더라도 다음 주가 되면 무슨 일이 있었냐는 듯이 우리는 새로운 일상을 채워가며 삶을 지속해갈 것이다. 죽은 사람 대신 다른 누군가의 삶으로 기억을 채워갈 것이다.

이런 말이 너무나 냉담하고 몰인정하게 들리겠지만, 인생이나 고통스러운 기억은 원래 이런 식으로 흘러간다. 당신이 위기를 겪고 있더라도 다른 사람들은 별다른 일상의 변화 없이 살아간다. 그러므로 영혼의 메마름이라는 위기와 정면으로 부딪히는 일은 오직 본인에게 달려 있다. 이 위기를 제대로 다루기 위해 시간을 투자하라. 영혼이 말라가고 있다는 징후는 재충전하고 회복하기 위해 꼭 필요한 조치를 밟아야 한다고 경고하는 역할을 한다.

지금 겪는 영적 건기가 곧 없어질 일시적인 증상이라고 안일하게 생각한다면 영적 건기에서 탈출하기 위한 비상조치를 취할 가능성은 거의 없다. 그러나 심각한 영적 건기로 일상생활을 유지하기가 힘들 정도로 불균형에 시달리고 있다면 익숙한 일상을 바꾸고 목마른 사슴처럼 그분을 갈망하는 이들에게 주님이 약속하신 물의 근원과 다시 이어지도록 필사적인 노력을 할 것이다.

나의 경우에는 혼자만의 시간을 마련하여 그 시간을 특별히 반성과 연구와 기도로 보내며 옥석을 가리는 데 집중할 것이다. 그동안의 보폭을 바꾸고 일정을 조정해 운동하는 데 더 많은 시간을 투자할 수도 있다. 구체적으로 어떤 선택을 하든지, 힘든 목회자의 직무를 잠시라도 내려놓고 하나님의 약속과 섭리에 비추어 우선순위를 재고하는 시간을 가져야 한다. 영혼이 말라가고 있을 때 정해진 일과를 그대로 이어가며 계속 표류할 수는 없다. 사람들이 아무 일도 없었다는 듯이 살아간다고 해도 자기 자신은 잘 알고 있을 것이다. 그러니 문제를 해결하기 위해 꼭 필요한 재조정의 시간을 가져야 한다.

3. 하나님의 말씀을 읽고 연구하는 일에 다시 집중하라

이런 때는 주님의 권면과 조언을 듣기 위한 시간을 투자하는 데 인색해서는 안 된다. 하나님의 음성을 꼭 들어야 할 시기가 있다면 이렇게 길어진 영적 가뭄으로 목말라할 때다. 그러므로 묵상하고 성찰하는 시간을 더 확보하고 더 집중적으로 기도하는 시간으로 자연스럽게 이어지도록 하라. 시편 119편 18절에서 다윗은 "내 눈을 열어서 주의 율법에서 놀라운 것을 보게 하소서"라고 고백했다. 성경을 읽을 때 어디를 읽어야 하고, 집중적으로 묵상하는 방법은 무엇이며, 주님이 꼭 알려주시기를 원하는 진리를 깨닫게 해달라고 구하라.

자신에게 효과적인 방법을 찾아보라. 어떤 이들은 성경에 몰입하여 많은 분량의 내용을 집중해서 읽으며 성경이라는 풍경의 광대한 지형에 심취하는 방법으로 큰 위로와 자양분을 얻는다. 이렇게 해서 다시 시야를 회복하면 하나님이 작정하신 뜻과 목적을 이루고자 일하고 계심을 깨닫게 된다. 이렇게 전체 그림을 보는 방법은 우리 영혼이 주님의 광대하심과 우리 인생의 모든 영역에 적극적으로 개입하심을 더 깊이 자각하며 온전히 묵상하는 데 도움이 된다.

반면에 어떤 이들은 에너지가 고갈되어 많은 양의 정보를 소화하기가 너무나 부담스럽다. 이럴 때는 적은 분량의 말씀을 집중적으로 공부하고 묵상하는 방식으로 몇 가지 진리와 개념을 깊이 살피는 것이 더 효과적이다. 나에게는 한 번에 두세 절이나 두 개의 단락을 묵상하고 성찰하는 방법이 가장 효과적이었다. 어느 방법이 더 좋을지는 본인이 결정해야 한다. 더 많은 분량의 말씀을 읽는 데 치중하고 집중적인 묵상과 성찰을 상대적으로 줄이거나, 분량은 줄이고 더 심층적으로 말씀을 배우는 데 집중하는 것이다. 하나님의 말씀에 온전히 거함으로 하나님이 우리 마음에 직접 말씀하시고 우리 영혼을 새롭게 회복해주시도록 기회를 드리라.

4. 영적 가뭄을 초래한 요인은 각각 치료가 필요하다. 따라서 그것이 우리 인생에 어떻게 영향을 미치는지 파악하고 적절하게 대처해야 한다

문제가 무엇인지 주님이 보여주실 때 끈질기게 다루어야 한다. 죄를 범하고 주님과 교제가 단절되었다면 당신은 이미 해결 방법을 알고 있다. 주님은 말씀으로 그 방법을 수없이 반복해서 알려주셨다. 죄를 고백하고 돌이키는 것이다. 이 단순한 해결 방법을 받아들이려 하지 않는 나를 보면 이상하다는 생각이 든다. 내가 경험한 영혼의 메마름은 대부분 이미 알고 있는 해법대로 실천하지 않은 데서 기인했다. 내가 죄를 기꺼이 고백하고 회개할 때 주님은 나를 용서하고 회복하게 해주실 준비가 되어 있으시다.

문제의 원인이 관계라 해도 예수님은 역시 어떻게 해야 할지 처방해주신다. 나의 형제나 자매와 화해하는 것이다. 관계가 망가졌을 때 우리는 화해할 수 없는 이유를 수백 가지 넘게 이야기할 수 있다. 그래서 직접적인 대면이 필요한 어떤 일도 하지 않으려고 한다. 그러나 시로 간의 힘든 관계로 정서적으로나 정신적으로 고갈되면 우리가 받는 타격이 적지 않다. 이런 고갈된 상태를 회복할 유일한 방법은 관계 회복을 위한 단계를 밟는 것이다. 이런 구체적 단계를 신속히 밟지 않으면 그리스도의 풍성한 생명을 누리는 데 필요한 영적 활력의 저수지는 누수를 막는 속도보다 더 빠른 속도로 고갈될 것이다. 하나님은 성경에서 화해의 책임이 우리에게 있다고 분명히 경고하셨다. 화해하고자 하는 우리의 노력에 상대방이 어떻게 반응할 것인지는 우리 책임이 아니다. 하지만 우리가 할 일은 명확하다. "할 수 있거든 너희로서는 모든 사람과 더불어 화목하라"(롬 12:18).

주님과 홀로 만나는 시간을 소홀히 해서 영혼의 메마름이 찾아왔다면 주님과 함께하는 시간을 회복하겠다고 결단하고 구체적으로 실행하라. 계획을 세우고 회복의 유일한 원천이신 분을 소홀히 하지 않도록 하루 일정을 짜라.

힘든 사역 업무, 가정사, 재정적 문제, 건강상의 문제, 혹은 마음을 짓누르는 숱한 걱정거리 등등이 메마름의 원인일 수도 있다. 그렇다면 무엇을 해야 할지 알 것이다. 염려하지 않는 것이다. 걱정하게 하고 불안하게 하며 지치게 하는 모든 것을 하나하나 적어보라. 나는 이렇게 목록을 만드는 과정에서 원기를 회복할 수 있었다. 빌립보서 4장 6-7절을 암송하거나 묵상하는 것으로 시작하라. "아무것도 염려하지 말고 다만 모든 일에 기도와 간구로, 너희 구할 것을 감사함으로 하나님께 아뢰라* 그리하면 모든 지각에 뛰어난 하나님의 평강이 그리스도 예수 안에서 너희 마음과 생각을 지키시리라." 에너지를 고갈시키는 걱정거리와 중요한 관심사를 확인하고 나면 "너희 염려를 다 주께 맡기라 이는 그가 너희를 돌보심이니라"(벧전 5:7)는 베드로의 권면을 따르라. 우리 저수지를 고갈하게 하는 모든 염려와 근심을 버리라고 하나님이 우리를 초청하시고 심지어 명령하시는데, 왜 가만히 앉아 시간을 허비하는가? 주님의 권면은 단순하지만 매우 효과적이다. 주님께 그 문제를 다 맡겨드리면 되는 것이다.

영혼의 메마름을 겪는 또 다른 이유는 하나님이 우리에게 그 뜻을 보여주셨음에도 우리가 순종하지 않았기 때문이다. 우리는 줄기차게 주님의 뜻을 보여달라고 요청하지만, 사실 그분은 이미 그 뜻을 보여주셨다. 우리는 그분이 원하시는 대로 하고 싶지 않았고 그래서 다른 길을 선택했다. 주님의 뜻에 순

---

* "어떤 일도 염려하지 말라. 그 대신 모든 일에 대해 기도하라. 당신에게 필요한 것을 하나님께 말씀드리고 그분이 하신 모든 일에 감사드리라"(빌 4:6-7, NLT).

종하지 않고 오히려 역효과가 나는 일에 모든 에너지를 쏟아부으며 잘못된 방향으로 가기를 강행하면서 주님이 우리를 회복해주시리라 기대하는 것이 가당키나 하겠는가? 영적 메마름의 원인이 선택의 갈림길에서 주님의 길 대신 자신의 길을 선택했기 때문일 수도 있다. 그 길에서 돌이켜 그분의 계획을 받아들이고 넘치는 풍성함으로 회복해주시기를 구하라.

5. 과거에 마음을 뒤흔들고 그리스도를 더욱 사모하게 했던 좋아하는 작가의 글을 읽으라

나는 같은 책을 한 번 이상 읽는 경우가 거의 없다. 그러나 꼭 필요하다면 그 필요에 부응하는 것이 현명하다. 사역자로 살아오면서 큰 도움을 받았던 책이 몇 권 있다. 그 책들은 마치 오랜 친구처럼 나에게 힘을 주고 필요하면 잘못을 지적해주는 너무나 고마운 책들이다. 그 책들은 옛날에 배웠지만 최근에 망각해버린 진리를 다시 기억나게 해주거나, 성공적인 사역으로 행복했던 시절의 익숙하면서도 따뜻한 목소리를 되살려주는 힘이 있다. 이런 보고寶庫를 되찾을 방법을 알아보라. 열정을 되살려 마음에 가득 채우고, 내면의 사막이 새 생명으로 다시 깨어날 수 있도록 하라.*

---

*   내가 좋아하는 '오랜 벗' 중에 지금까지 특별히 도움이 되었던 책들이 있다. A. W. Tozer, *The Knowledge of the Holy*(San Francisco: HarperOne, 1978), 『하나님을 바로 알자』(생명의말씀사 역간); E. M. Bounds, *The Complete Works of E. M. Bounds on Prayer*(Grand Rapids:Baker, 1990), 『기도의 심장』(규장 역간); Henry Scougal, *The*

6. 주님과 홀로 만나는 방법을 수정하거나 다시 옛날처럼 회복하라

지금까지 가장 효과적이었던 방법은 무엇인가? 지금이 그 방법을 다시 사용할 적기라고 생각하는가? 조심하지 않으면 애정이나 마음을 담지 않고 그냥 흉내만 내고 있다는 사실을 자신도 모른 채 타성에 젖은 상태로 오랜 기간을 보낼 수 있다. 따라서 다양성과 변화가 필요한 존재인 우리는 때로 주님과 교제의 끈을 놓지 않기 위해 다양한 방법을 시도해볼 필요가 있다.

인생에 가뭄이 들면 때로 순서와 의식에 맞추어 꼼꼼하게 영성 훈련에 돌입하지만, 정작 그 행위로 내가 누리는 유익이 전혀 없다는 사실을 확인한다. 그런 상황에서는 영성 훈련을 마무리할 즈음이면 금방 무슨 말씀을 읽었는지 전혀 기억에 남지 않거나 기도로 주님께 구한 것이 무엇이며 주님이 가르쳐주신 것이 무엇인지 잘 생각나지 않는다. 마음과 정성을 기울이지 않고 건성으로 모든 주어진 의무를 수행한다면 지금은 아니더라도 곧 영적 건기가 들이닥칠 것이다. 그럴 때는 주변 환경을 바꾸고 분위기를 새롭게 바꾸어보라. 그러면 안일하고 나

Life of God in the Soul of Man(Fearns, Rosshire, Scotland: Christian Focus Publications, 1996), 『인간의 영혼 안에 있는 하나님의 생명』(생명의말씀사 역간); John Piper, *The Pleasures of God*(Scotland: Christian Focus, 2002), 『하나님의 기쁨』(두란노 역간); J. C. Ryle, *Holiness*(1877; 재판, Peaboy, MA: Hendrickson, 2007), 『거룩』(복있는사람 역간); J. I. Packer, *Knowing God*(Downers Grove, IL: InterVarsity, 1993), 『하나님을 아는 지식』(IVP 역간); Arthur Bennett 편집, *The Valley of Vision*(Carlisle, PA: Banner of Truth Trust, 2003), 『기도의 골짜기』(복있는사람 역간).

태한 마음을 극복하는 데 도움이 될 것이다.

나는 주기적으로 주님과 함께하는 경건의 시간에 변화를 주고 분위기를 쇄신하는 것이 도움이 된다고 믿는다. 성경 읽기 방식을 바꾸거나 기도를 먼저 하고 성경을 읽든지 아니면 성경을 먼저 읽고 기도를 드릴 수도 있고, 심지어 이따금 묵상 장소를 바꾸기도 한다. 이렇게 하면 타성에 젖지 않도록 막고 반복되는 영성 훈련의 익숙함으로 영적 무미건조함에 빠지지 않을 수 있다. 때로 나는 영적 성숙의 범주를 다룬 성경 구절을 읽은 뒤 나 자신을 평가하고 가장 많은 노력이 필요한 부분을 확인하는 방법으로 자기 평가를 할 수 있음을 경험했다. 예를 들어, 갈라디아서 5장 22-23절에 나오는 아홉 가지 성령의 열매의 특징을 읽고 나의 장단점에 맞추어 이 열매의 순위를 매겨 볼 수 있다. 그러면 그리스도의 형상을 닮아가기 위해 주님이 나의 마음에 역사하셔야 하는 부분이 어디인지 분명하게 보인다. 영성 훈련을 하더라도 필요할 때 기꺼이 변화를 시도해야 무미건조하고 무의미한 신앙생활을 예방할 수 있다.

7. 영혼의 메마름으로 힘들어할 때 당신을 위해 기도해주고 다시 생명의 수원으로 나아가도록 책임지고 손잡아줄 이에게 문제를 털어놓으라

절대 고립되지 말라. 가능하다면 영적 건기를 무사히 통과하게 동행해줄 사람들과 삶을 나눌 방안을 찾아보라. 누군가의 도움이 필요하다는 사실을 스스로 인정하는 것만으로도 중요한 걸음을 내디딘 것이다. 여기서 한 걸음 나아가 다른 사람들에게 이 사실을 고백한다면 장족의 발전을 한 셈이다. 지금까지 나는 영적으로 침체했을 때 여러 사람이 내 말에 기꺼이 귀 기울여주고 격려와 지지를 보내주는 축복을 누렸다. 이들은 지금도 전화를 걸어 도움을 요청하면 언제라도 손을 내밀어줄 준비가 되어 있다. 그중 누구보다 큰 도움이 된 이는 바로 나의 아내다. 그녀는 누구보다 나를 잘 알고 있으며 내가 하나님과의 관계에 아무 문제가 없는지 늘 확인해줄 수 있는 위치에 있다. 영적인 진리에 대해 뛰어난 통찰을 지닌 그녀는 개인적으로 지지를 보내줄 뿐 아니라 큰 도움이 되는 유익한 자료나 방법을 소개해주기도 한다. 많은 그리스도인 리더들이 주변에 지지와 격려를 보내줄 사람이 없다고 푸념하고 한탄하지만, 하나님이 그들을 지지하고 응원하도록 주신 가장 중요한 사람에 대해서는 거의 생각하지 않는다.

배우자 외에 변함없이 성실하게 그리스도와 동행하며 삶의 귀감이 되어주는 경건하고 성숙한 사람들의 조언을 구하라. 삶을 공유할 수 있는 책임 파트너들의 존재는 매우 소중하다. 통찰력과 성숙한 지각을 갖춘 사람들이라면 당신이 자각하기 전에 먼저 당신에게 부정적 영향을 미치는 징후들을 지적해줄 것이다. 당신이 영혼의 메마름에서 탈출하도록 도와줄 소수의 사람을 하나님이 준비해두셨을 가능성을 적극적으로 받아들이라. 그리스도를 사랑할 뿐 아니라 영적 생명력을 회복하도록 언제라도 함께 손잡아줄 친구, 신뢰할 수 있는 신중한 친구들을 보여주시도록 기도하라.

8. 우리가 그리스도를 찾을 때 그분이 우리를 찾으실 것을 약속하고 확인해주셨음을 기억하라

몇 년 전 주님은 흥미로운 통찰을 얻도록 눈을 열어 보게 해주셨고, 그 일로 나는 큰 용기를 얻었다. 주님을 찾는 데 어려움이 있고 의미 있는 관계로 주님과 계속 소통하려고 노력하지만 마음대로 되지 않을 때 주님은 그런 노력이 일방적이지 않음을 확인해주신다. 그분도 나를 쫓아오고 계시는 것이다.

이 사실을 처음 깨달았을 때는 시편 119편을 읽던 순간이었다. 다윗은 이 시편 서두에서 주님을 구해야 함을 강조한다. "여호와의 증거들을 지키고 전심으로 여호와를 구하는 자는 복이 있도다"(2절). 목마른 사람들이 갈증을 해결해줄 물을 간절히 찾듯이 영적 가뭄에 시달리는 사람들은 주님을 간절히 찾을 것이다. 그러나 다윗이 이 시편을 "잃은 양같이 내가 방황하오니 주의 종을 찾으소서 내가 주의 계명들을 잊지 아니함이니이다"(176절)라는 호소로 마무리하고 있다는 사실을 유의해보라. 이 시편은 우리가 주님을 구하는 내용으로 시작하고 주님이 우리를 구하시는 내용으로 끝난다.

나의 노력으로는 주님을 만날 수도 없고 이해할 수도 없지만, 주님은 그 전능하신 능력으로 바로 나를 찾아내시고 내게 알려주고자 원하시는 모든 내용을 깨닫게 해주신다. 때로 나는 이 사실을 망각하고 모든 것이 내 노력에 달린 것처럼 행동한다. 하지만 하나님은 한 번도 멈추지 않고 나를 쫓아오셨으며, 앞으로도 절대 포기하지 않으실 것이라고 말씀해주신다. 영혼의 메마름을 몰고온 절박함 속에서 누구보다 열심히 우리를 쫓아오시는 분을 기억해야 한다. 그리스도께 나아가야 한다. 살아 있는 생명수이시며 영원한 생명의 근원이신 분께 나아가 "물이 없어 마르고 황폐한 땅"(시 63:1)에서 그동안 누리지 못했던 완전한 회복을 얻어야 한다.

그러므로 필요는 절박하고 해결책은 확실하다. 주님께 더 가까이 나아가라. 더는 목마르지 아니할 물을 주시는 분께로 나아가라.

내가 주는 물을 마시는 자는 영원히 목마르지 아니하리니 내가 주는 물은 그 속에서 영생하도록 솟아나는 샘물이 되리라(요 4:14).

하나님이여 사슴이 시냇물을 찾기에 갈급함같이 내 영혼이 주를 찾기에 갈급하니이다 내 영혼이 하나님 곧 살아 계시는 하나님을 갈망하나니 내가 어느 때에 나아가서 하나님의 얼굴을 뵈올까(시 42:1-2).

하나님이 직접 생명수 강의 물줄기를 우리에게 돌려주시는데 영적 사막에서 신세 한탄이나 하면서 홀로 앉아 있다면 어이없는 일이 아닐 수 없다. 실제로 누구도 의도하지 않고 원하지도 않았지만, 때로 우리는 완전히 방향을 잃고 극도의 혼란에 빠지기도 한다. 생각의 균형을 잃어버리고 어떻게 해야 현명한지 오리무중 상태가 된다. 감사하게도 하나님은 우리 각자에게 그리스도를 통해 사막에서 빠져나갈 길을 보여주셨다. 성령으로 충만하도록 부르심을 받은 사람들은 공허하고 메마른 사막 생활에 매여 있을 필요가 없다. 하나님은 우리가 그런 상태에서 고통당하기를 원치 않으신다. 메마른 황무지를 헤매며 마실 물을 찾을 수 없을 때 눈을 들어 보라. 하나님은 우리에게 생명수 강을 찾아 다시 한번 영혼의 목마름을 해갈하게 해주겠다고 약속해주셨다.

19장.
그리스도의 영광을
드러내는 목회자

바라건대 당신의 균형을 위협하는 공통된 요인들을 확인하는 데 이 책이 도움이 되었기를 바란다. 또한 당신 혼자만 이런 어려움과 싸우는 것은 아니라는 사실을 알았으면 좋겠다.

예수 그리스도가 당신에게 인생의 소명을 주셨을 때 특정 영역에 과도하게 몰입하고 다른 영역은 무시하도록 하실 의도는 전혀 없었다. 어떤 영역은 성령으로 행하고 다른 영역은 타고난 재능으로 감당하기를 바라시지도 않는다. 인생과 사역의 각 영역을 같은 확신으로 감당하기 위해서는 그리스도로 충분하다는 확신이 서야 한다. 주님은 어떤 일이 닥치더라도 흔들리지 않고 굳건히 서도록 우리를 도와주실 수 있다. 물론 목표는 매사에 성숙하며 온전함으로 주님을 닮아가는 것이다.

주님은 이 책에서 언급한 균형의 문제들과 맞닥뜨리게 하심으로 우리가 소명과 비전, 팀 사역, 겸손한 마음, 고민, 과도기적 문제, 영혼의 메마름과 같은 모든 일에 흔들림 없이 서도록 준비시켜주기를 원하신다. 이런 문제들은 그 위험성을 인식하지 못하거나 이런 문제들로 얼마나 심각한 타격을 입을 수 있을지 예상하지 못하면, 균형을 잃고 낙마할 수도 있다. 그러나 영적 전쟁이나 개인적 문제 때문이든 인간관계나 전반적 환경 때문이든, 어떤 문제가 생겨도 우리는 견고하게 서 있을 수 있다. 하나님이 준비해주신 자원들을 이용하면 균형 잡힌 삶을 살 수 있다. 바울은 하나님이 부르신 모든 선한 일을 행하도록 준비하는 최고의 방법과 우리가 감당해야 할 과제를 이야기한다. 바로 "하나님의 전신 갑주를 취하라 이는 악한 날에 너희가 능히 대적하고 모든 일을 행한 후에 서기 위함이라"(엡 6:13).

성령과 말씀의 능력을 힘입어 함께 굳건히 서서 주님이 우리 앞에 두신 특별한 소명을 좇으며 성경적인 균형을 유지할 수 있는 우리가 되기를 기도한다. 주어진 삶을 잘 감당함으로 균형 잡힌 생생한 증언을 전할 때 그리스도의 영광이 우리를 통해 드러나고 그분만이 찬양받으시기를 바란다.

부록

상충하는 요구 사이에서 균형 잡기

아래 표를 이용해 하나님이 당신을 부르신 소명 가운데 서로 상충하는 요구나 관심사가 무엇인지 써보라. 그런 다음 균형을 유지하기 위해 보완해야 할 부분이 어디인지 확인해보라.

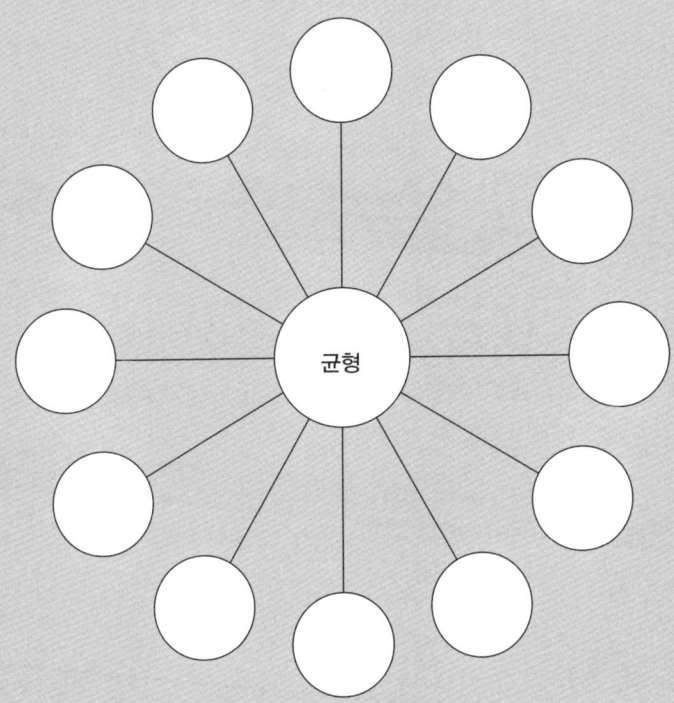